Menü MODIFIZIEREN `Alt` + `M` (Forts.)

Spalte einfügen	`Strg` + `⇧` + `A`
Zeile löschen	`Strg` + `⇧` + `M`
Spalte löschen	`Strg` + `⇧` + `-`
Linksbündig anordnen	`Strg` + `⇧` + `1`
Rechtsbündig anordnen	`Strg` + `⇧` + `3`
Oben ausrichten	`Strg` + `⇧` + `4`
Unten ausrichten	`Strg` + `⇧` + `6`
Auf gleiche Breite einstellen	`Strg` + `⇧` + `7`
Auf gleiche Höhe einstellen	`Strg` + `⇧` + `9`

Menü FORMATIEREN `Alt` + `O`

Einzug	`Strg` + `Alt` + `ä`
Negativeinzug	`Strg` + `Alt` + `ö`
Keine Absatzformat	`Strg` + `0`
Absatz	`Strg` + `⇧` + `P`, `↵` im Entwurfsfenster
Überschrift 1	`Strg` + `1`
Überschrift 2	`Strg` + `2`
Überschrift 3	`Strg` + `3`
Überschrift 4	`Strg` + `4`
Überschrift 5	`Strg` + `5`
Überschrift 6	`Strg` + `6`
Links ausrichten	`Strg` + `Alt` + `⇧`
Zentrieren	`Strg` + `Alt` + `⇧`
Rechts ausrichten	`Strg` + `Alt` + `⇧` + `R`
Blocksatz	`Strg` + `Alt` + `⇧` + `J`
Fett (HTML-Stil)	`Strg` + `B`
Kursiv (HTML-Stil)	`Strg` + `I`

Menü BEFEHLE `Alt` + `L`

Aufzeichnung starten	`Strg` + `⇧` + `X`
Rechtschreibung prüfen	`⇧` + `F7`

Menü SITE `Alt` + `S`

Abrufen	`Strg` + `⇧` + `D`
Auschecken	`Strg` + `Alt` + `⇧` + `D`
Bereitstellen	`Strg` + `⇧` + `U`
Einchecken	`Strg` + `Alt` + `⇧` + `U`
Hyperlinks auf der ganzen Site prüfen	`Strg` + `F8`

Menü FENSTER `Alt` + `F`: **Bedienfelder öffnen / schließen**

Einfügen	`Strg` + `F2`
Eigenschaften	`Strg` + `F3`
CSS-Stile	`⇧` + `F11`
AP-Elemente	`F2`
Dateien	`F8`
Verhalten	`⇧` + `F4`
Verlauf	`⇧` + `F10`
Suchen	`F7`
Referenz	`⇧` + `F1`
Verlauf	`⇧` + `F10`
Fenster aus- / einblenden	`F4`

Menü HILFE `Alt` + `H`

Dreamweaver-Hilfe	`F1`
Referenz	`⇧` + `F1`

jetzt lerne ich **Dreamweaver CS4**

jetzt lerne ich

Dreamweaver CS4

**Websites entwickeln mit HTML,
CSS und JavaScript**

SUSANNE RUPP

Markt+Technik

Bibliografische Information Der Deutschen Nationalbibliothek
Die Deutsche Nationalbibliothek verzeichnet diese Publikation in der Deutschen
Nationalbibliografie; detaillierte bibliografische Daten sind im Internet
über http://dnb.d-nb.de abrufbar.

10 9 8 7 6 5 4 3 2 1

11 10 09

ISBN 978-3-8272-4449-9

© 2009 by Markt+Technik Verlag,
ein Imprint der Pearson Education Deutschland GmbH,
Martin-Kollar-Straße 10–12, D-81829 München/Germany
Alle Rechte vorbehalten
Lektorat: Brigitte Bauer-Schiewek, bbauer@pearson.de
Herstellung: Martha Kürzl-Harrison, mkuerzl@pearson.de
Fachlektorat und Korrektorat: Frank Heppes, Grünstadt
Coverkonzept: independent Medien-Design, Widenmayerstraße 16, 80538 München
Covergestaltung: Thomas Arlt, tarlt@adesso21.net
Satz: text&form GbR, Fürstenfeldbruck
Druck und Verarbeitung: Bercker, Kevelaer
Printed in Germany

Übersicht

jetzt lerne ich

Inhaltsverzeichnis

Vorwort

Herzlich willkommen bei Dreamweaver CS4 von Adobe!

Sie haben schon immer von einem eigenen Internetauftritt geträumt? Mit Dreamweaver und diesem Buch geht Ihr Traum in Erfüllung! Das Buch zeigt Ihnen in ganz kleinen Schritten und mit vielen Bildern, wie Sie zu Ihrer eigenen Webseite kommen.

Einsteigern wird das grundlegende Wissen für die Arbeit mit Dreamweaver CS4 anschaulich und praxisorientiert vermittelt. Vorkenntnisse schaden zwar nicht, sind für dieses Buch jedoch nicht erforderlich. Durch das Feedback zahlreicher Leser und Seminarteilnehmer habe ich das Konzept dieses Buches gegenüber den Vorgängern in der easy-Reihe von Markt + Technik weiter verfeinert und auf die Bedürfnisse von Anfängern optimiert.

Mit Dreamweaver CS4 besitzen Sie ein Programm aus der Premium-Liga der Webentwicklungstools, das für Anfänger genauso interessant ist wie für professionelle Anwender.

Wenn Sie Dreamweaver erst einmal testen möchten, installieren Sie die auf der CD-ROM gespeicherte Trial-Version, die Sie 30 Tage lang kostenlos und unverbindlich nutzen können. Damit können Sie sofort loslegen! Arbeiten Sie auf dem Macintosh, laden Sie sich das Programm bitte von der Adobe-Website herunter. Möchten Sie anschließend damit weiterarbeiten, benötigen Sie die Seriennummer für die Freischaltung.

In der übersichtlichen Arbeitsoberfläche werden Sie sich schnell zurechtfinden. Sie lernen, wie Sie vordefinierte CSS-Layouts verwenden, Texte und Bilder integrieren und damit rasch gute Ergebnisse erzielen. Gemeinsam erstellen wir zuerst eine Vorab-Visitenkarte und anschließend den kompletten Internetauftritt für ein fiktives Restaurant. Damit bekommen Sie die grundlegenden Dreamweaver-Kenntnisse am praktischen Beispiel vermittelt und können diese leichter auf Ihre eigenen Projekte übertragen bzw. anwenden.

Ist ein Bild mal nicht so optimal, können Sie es direkt in Dreamweaver bearbeiten. Dieses Buch zeigt, wie's geht! Sie arbeiten mit Tabellen und Ebenen und erfahren auch, wie Sie vordefinierte Layouts bearbeiten und Ihren Wünschen anpassen. Schritt für Schritt wächst Ihr Webauftritt! Haben Sie dieses Buch durchgearbeitet, können Sie einzelne Webseiten miteinander verknüpfen, E-Mail-Verweise hinterlegen, Navigationsleisten erstellen und mit CSS arbeiten. Mit JavaScript wird die Site dann interaktiver. Auf diese Weise öffnen Sie weitere Browser- und Meldungsfenster mit zusätzlichen Informationen. Auch Rollover-Effekte sind in Dreamweaver realisierbar, ohne dass Programmierkenntnisse erforderlich sind.

Abschließend veröffentlichen Sie die Site durch Kopieren auf den Webserver. Haben Sie zuvor ein Formular erstellt, dürfen Sie sich auf das Feedback Ihrer Besucher freuen.

Der folgende Workshop erklärt in vierzehn Kapiteln die wichtigsten Seitenelemente. Am Anfang eines jeden Kapitels sind die Ziele kurz zusammengefasst. Alle Arbeitsschritte sind anschaulich mit vielen Bildern erklärt.

Zudem finden Sie alle gezeigten Beispiele auf der CD-ROM zum Buch. Dabei erhält die Datei *index.htm* im Hauptverzeichnis eine Übersicht über die in den einzelnen Workshop-Kapiteln gespeicherten Dokumente. Diese Beispielseiten sind nach Kapiteln sortiert und im Buch exakt beschrieben. Sie können die Dateien in Dreamweaver öffnen und begutachten. Machen Sie mit, probieren Sie alles aus und erstellen Sie Ihre eigenen Webseiten. Dabei runden zahlreiche Tipps und Tricks die einzelnen Workshop-Einheiten ab und liefern Ideen und Anregungen für eigene Projekte. Sie erhalten wertvolle Hintergrundinformationen über Projektplanung, gutes Webdesign und rechtliche Rahmenbedingungen. Am besten legen Sie gleich los!

Wichtige Informationen hebt ein Icon in der Randspalte hervor.

Am Ende des jeweiligen Kapitels können Sie Ihr Wissen und Ihren Lernerfolg testen. Die Lösungen der *kleinen Erfolgskontrolle* finden Sie im Anhang. Auch der Abschluss-Workshop zeigt Ihnen, wo Ihre Stärken und Schwächen liegen.

Die Kapitel sind möglichst einfach gehalten und erklären verwendete Fachbegriffe, die zudem im *Lexikon* nochmals zusammengefasst sind. Benötigen Sie eine genaue Begriffsbeschreibung, schlagen Sie hier einfach nach. Diese Fachbegriffe sollten Sie kennen.

Im Anhang gibt es auch eine erste *Pannenhilfe*, in der ich Ihnen die häufigsten Fehler vorstelle und Problemlösungen aufzeige. Zudem habe ich für Sie interessante und weiterführende Online-Information auflistet.

Auf meiner Website *www.Susanne-Rupp.de* beantworte ich gerne Ihre Fragen. Hier erhalten Sie auch weitere Informationen, Tipps und Anregungen.

Ich wünsche Ihnen viel Spaß und viel Erfolg mit Dreamweaver CS4 und Ihrem M+T-Buch.

Ihre Susanne Rupp

16

PS: Über Ihre Meinung freuen sich Autorin und Verlag unter folgender Mailadresse: *info@pearson.de*

jetzt lerne ich

Los geht's: Der Start

In unserem ersten Workshop installieren Sie zunächst Dreamweaver CS4 und führen die Aktivierung durch. Anschließend lernen Sie die Arbeitsoberfläche kennen. Mit diesem notwendigen Basiswissen finden Sie sich später schnell und einfach im Programm zurecht. Schritt für Schritt eignen Sie sich dabei auch die in Dreamweaver eingesetzte Terminologie an.

Sie lernen in diesem Kapitel

- Dreamweaver installieren und aktivieren
- Startfenster und Arbeitsoberfläche erkunden
- mit Bedienfeldgruppen und Bedienfeldern arbeiten.

1.1   Dreamweaver installieren

Bevor Sie Dreamweaver CS4 auf Ihrem Rechner installieren, sollten Sie überprüfen, ob Ihr Computer die notwendigen Systemanforderungen erfüllt. Diese Mindestanforderungen sind auf der Produktverpackung aufgedruckt, auf der Adobe-Website (*http://www.adobe.de*) veröffentlicht und auszugsweise auf der beiliegenden CD-ROM im Verzeichnis *Software* gespeichert. Das hier gespeicherte Programm installieren Sie unter Windows folgendermaßen:

1. Doppelklicken Sie auf die EXE-Datei (*ADBEDRWVCS4_LS4.exe*).

2. Ändern Sie ggf. den Ordner, in dem die extrahierten Dateien gespeichert werden.

3. Klicken Sie auf WEITER. Die benötigten Dateien werden in dem von Ihnen angegebenen Ordner gespeichert. Anschließend wird Ihr System automatisch überprüft und nach bereits vorhandenen Elementen durchsucht.

4. Falls Sie eine Seriennummer besitzen, tragen Sie diese in die dafür vorgesehenen Felder ein. Möchten Sie Dreamweaver erst einmal testen, aktivieren Sie die Option rechts daneben. Das Programm können Sie auch später noch freischalten (vgl. Kapitel 1.2).

Abb. 1.1:
Seriennummer
eingeben oder
testen

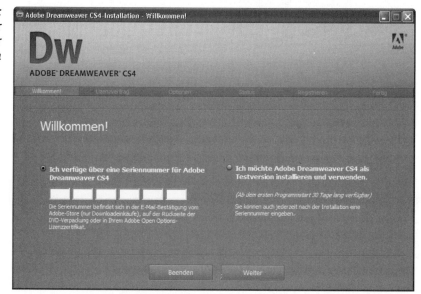

5. Drücken Sie auf WEITER, wird der Lizenzvertrag angezeigt. Erst nachdem Sie diesen akzeptiert haben, können Sie Dreamweaver installieren.

6. Klicken Sie auf AKZEPTIEREN. Dreamweaver wird gemeinsam mit weiteren Anwendungen, wie dem *Media Player*, *AIR* oder *Bridge* von Adobe installiert.

7. Überprüfen Sie, dass alle Kontrollkästchen aktiviert sind, und klicken Sie dann auf die Schaltfläche INSTALLIEREN (vgl. Abb. 1.2).

8. Nach der Installation schließen Sie das Meldefenster mit einem Klick auf die Schaltfläche BEENDEN.

Besitzen Sie Dreamweaver auf DVD, legen Sie den ersten Datenträger ein. Die Installation startet automatisch. Auch hier führt Sie der Assistent durch die einzelnen Stationen, in denen Sie die beschriebenen Informationen eingeben.

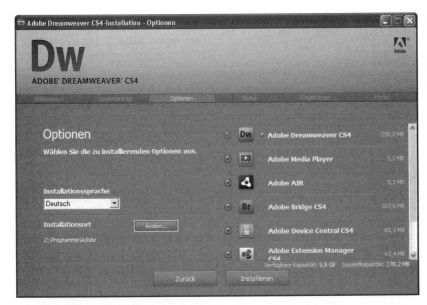

Abb. 1.2:
Dreamweaver
wird mit weite-
ren Anwendun-
gen installiert.

Haben Sie eine *Creative Suite* erworben, installieren Sie am besten gleich das komplette Paket mit allen Programmen.

Das war der erste Streich, die Aktivierung folgt sogleich …

1.2　Dreamweaver aktivieren

Wenn Sie Dreamweaver nun starten, werden Sie aufgefordert, die Aktivierung durchzuführen und die Seriennummer einzugeben. Mit der Aktivierung möchte Adobe sichergehen, dass die Software-Lizenz entsprechend des Lizenzvertrages verwendet wird. Aber keine Angst: Sie senden keine persönlichen Daten oder Dateien von Ihrer Festplatte. Übermittelt werden vielmehr Produktinformationen (Produktname, Version, Seriennummer, Sprache) und allgemeine Angaben über Ihren Rechner (System, CPU, etc.). Dabei wird eine anonyme Hardware-ID angelegt. Ein Assistent führt Sie durch die Aktivierung.

1. Aktivieren Sie die erste Option, wenn Sie Dreamweaver zunächst 30 Tage lang kostenlos testen möchten. Hierzu wird das Programm nicht aktiviert.

   Aktivieren Sie die zweite Option, wenn Sie eine Seriennummer haben und geben Sie diese in die Felder darunter ein. Ihre korrekten Angaben bestätigt ein grüner Haken.

2. Klicken Sie auf die Schaltfläche WEITER.

19

Abb. 1.3:
Seriennummer
eingeben

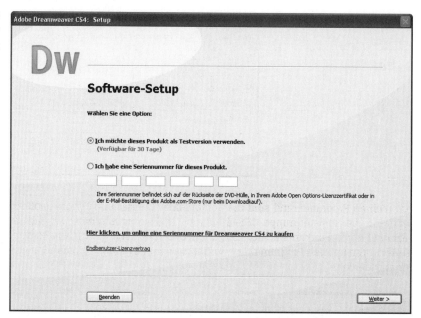

3. Dreamweaver erläutert Ihnen auf der Folgeseite die Aktivierung. Da die Aktivierung über das Internet erfolgt, stellen Sie die Internet-Verbindung her, bevor Sie auf OK klicken. Alles Weitere läuft nun automatisch innerhalb weniger Sekunden ab. Ist die Aktivierung abgeschlossen, wird Dreamweaver CS4 geöffnet.

Die Aktivierung eines Produktes aus der Adobe Creative Suite gilt auch für die anderen installierten Produkte.

Die Lizenzierung, bei der persönliche Daten übertragen werden, bleibt weiterhin nicht verpflichtend und kann jederzeit über die Menüleiste des Programms (HILFE / REGISTRIERUNG) durchgeführt werden. Stellen Sie hierzu die Verbindung zum Web her.

1.3 Den Arbeitsbereich erkunden

Beim ersten Programmstart geben Sie zunächst die Dateitypen an, für die Sie Dreamweaver als Standardeditor einsetzen möchten. Bestätigen Sie Ihre Angaben mit OK (vgl. Abb 1.4).

Dreamweaver wird nun gestartet und zeigt zunächst in der Mitte das Hauptfenster, darüber die Menüleiste, in der die DESIGNER-Arbeitsumgebung bereits voreingestellt ist.

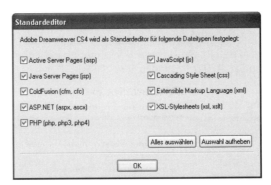

*Abb. 1.4:
Ausgewählte
Dateitypen in
Dreamweaver
öffnen und
bearbeiten.*

Am rechten Programmrand sind die Bedienfelder EINFÜGEN und DATEIEN geöffnet,
während die Registergruppe CSS-STILE und AP-ELEMENTE minimiert ist und Sie
nicht auf deren Funktionen zugreifen können. Das Gleiche gilt für das Register
ELEMENTE. Am unteren Programmrand ist der noch inaktive Eigenschafteninspektor angesiedelt.

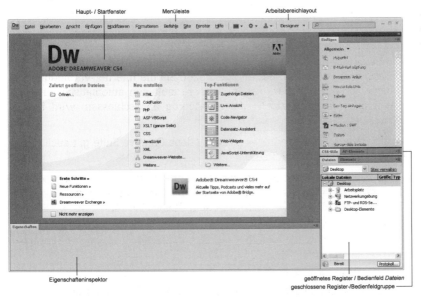

*Abb. 1.5:
Dreamweaver
nach dem
ersten Pro-
grammstart*

Dreamweaver verwendet standardmäßig die Ansicht DESIGNER. Bedienfeldgruppen werden am linken Programmrand angeordnet, wenn Sie in der Menüleiste
FENSTER / ARBEITSBEREICHLAYOUT / CODER wählen. Dieses Programmlayout können Sie
auch über das Menü ARBEITSBEREICHLAYOUT am oberen Programmrand einstellen.
Mit dem Arbeitsbereichlayout DUAL SCREEN werden einzelne Programmelemente
als schwebende Fenster über dem Arbeitsbereich angeordnet. Dies ist bei der
Arbeit mit zwei Monitoren sehr hilfreich. Im Folgenden verwenden wir die Standardeinstellung DESIGNER.

1.3.1 Das Hauptfenster für den perfekten Start

Über das Startfenster erstellen Sie neue, leere Dokumente, wobei Ihnen in der mittleren Spalte (Neu erstellen) unterschiedliche Dateiformate zur Verfügung stehen (z. B. HTML, ColdFusion, PHP).

Über die rechte Spalte starten Sie Videos zu unterschiedlichen Dreamweaver-Funktionen von der Adobe-Website im Webbrowser. Auch über die Hilfen im unteren linken Bereich des Startfensters gelangen Sie zu unterschiedlichen Webseiten von Adobe.

Abb. 1.6:
Das Startfenster

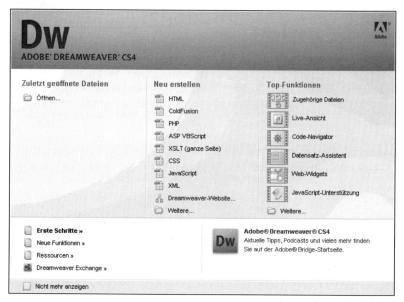

Haben Sie in Dreamweaver bereits Dokumente bearbeitet, werden diese in der linken Spalte (Zuletzt geöffnete Dateien) angezeigt. Klicken Sie einfach auf den Eintrag, um das entsprechende Dokument zu öffnen.

Das Hauptfenster wird angezeigt, wenn Sie Dreamweaver starten und noch keine Dokumente geöffnet sind.

■ Klicken Sie unter Neu Erstellen auf HTML, wird im Dokumentfenster eine leere HTML-Seite angelegt, wie Sie für einfache statische Webseiten benutzt wird. Dabei erkennen Sie in der geteilten Ansicht, dass bereits wesentliche Codeelemente vorhanden sind. Diese werden im oberen Bereich angezeigt. Darunter sehen Sie die Entwurfsansicht. Das Dokumentfenster lernen Sie in Kapitel 2.2 näher kennen. Auch sind nun Symbolleiste(n), der Eigenschafteninspektor und das Bedienfeld Einfügen aktiviert.

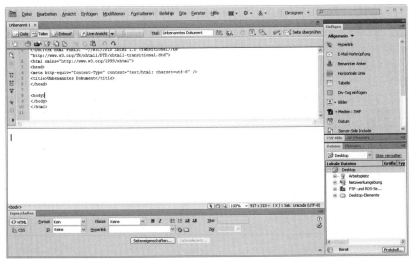

Eine einfache Webseite wird mit HTML kodiert und benötigt ein Grundraster mit folgenden Code-Elementen, den so genannten Tags (sprich: *Täggs*):

```
<html>
  <head>
  </head>
  <body>
  </body>
</html>
```

Listing 1.1:
Basisstruktur
einer statischen
HTML-Seite

Dabei ist das HTML-Dokument in einen Kopfbereich (<head>) und einen Dokumentkörper (<body>) unterteilt. Der <head> ist der Kopfteil einer HTML-Datei. Er enthält Angaben und Anweisungen für den Webbrowser, für den Server-Rechner und für Suchmaschinen. Texte, Bilder und andere Seiten-elemente sind zwischen dem öffnendem und dem schließenden body-Tag eingebunden. Hierfür werden ebenfalls spezifische HTML-Tags benötigt. Das schließende Tag erkennen Sie gut an dem Schrägstrich nach der ersten ecki-gen Klammer. Auch die meisten anderen Tags haben sowohl ein öffnendes als auch ein schließendes Tag. Im Laufe unseres Workshops lernen Sie wei-tere Codeelemente kennen.

Haben Sie im Startfenster unten das Kontrollkästchen Nɪᴄʜᴛ ᴍᴇʜʀ ᴀɴᴢᴇɪɢᴇɴ ak-tiviert, wird dieses nicht mehr angezeigt, nachdem Sie alle Dokumente ge-schlossen haben bzw. nach einem Programmneustart. Um diesen Schritt rückgängig zu machen, wählen Sie in der Menüleiste Bᴇᴀʀʙᴇɪᴛᴇɴ / Vᴏʀᴇɪɴsᴛᴇʟ-ʟᴜɴɢᴇɴ. In der Kategorie Aʟʟɢᴇᴍᴇɪɴ aktivieren Sie anschließend das Kontroll-kästchen Bᴇɢʀüssᴜɴɢsʙɪʟᴅsᴄʜɪʀᴍ ᴀɴᴢᴇɪɢᴇɴ.

1.3.2 Bedienfeldgruppen mit wichtigen Funktionen

Rechts vom Start- bzw. Dokumentfenster sind die meisten Bedienfelder angeordnet, die häufig in Gruppen zusammengefasst sind. Dabei wechseln Sie über
die Registerkarte in ein anderes Bedienfeld innerhalb einer Gruppe. Klicken Sie
in den Bereich daneben, um einzelne Bedienfelder, wie etwa das Register Einfügen, zu öffnen.

Abb. 1.8:
In ein anderes
Bedienfeld
wechseln

Über das geöffnete Fenster greifen Sie dann ganz einfach auf benötigte Seitenelemente, Funktionen und Einstellungen zu, ohne dass Ihr Arbeitsbereich unübersichtlich wird.

 Die Begriffe Bedienfelder, Bedienfeldgruppe, Register oder Fenster werden
synonym für Programmbereiche mit thematisch sortierten Funktionen verwendet. Der Begriff Inspektor bezieht sich immer nur auf das Bedienfeld
Eigenschaften.

Bedienfelder öffnen, schließen und minimieren

Neben den bereits sichtbaren Bedienfeldern gibt es noch weitere. Die einzelnen
Bedienfelder werden über die Menüleiste unter Fenster geöffnet. Hinter dem
Menü-Eintrag erscheint dann ein Häkchen. Wählen Sie den Eintrag erneut aus,
schließen Sie das Bedienfeld. Der Haken verschwindet. In Abbildung 1.9 ist das
Bedienfeld Dateien noch geschlossen. Innerhalb der gleichen Bedienfeldgruppe
ist dagegen das Fenster Elemente geöffnet. Über die Register der einzelnen Bedienfeldgruppen öffnen Sie immer nur ein Bedienfeld.

Abb. 1.9:
Das Menü
FENSTER

Benötigen Sie ein Bedienfeld vorerst nicht mehr, wird der Arbeitsbereich übersichtlicher, wenn Sie es minimieren. Hierzu klicken Sie in den grauen Bereich rechts neben den Registerkarten. Das minimierte Fenster ist dann weiterhin sichtbar und Sie können schnell wieder darauf zugreifen. Hierzu klicken Sie einfach erneut in den grauen Bereich hinein.

Abb. 1.10:
Bedienfeld
minimieren

Das Dokumentfenster vergrößern Sie, indem Sie auf den Doppelpfeil ▶▶ über den angedockten Bedienfeldern klicken. Dadurch minimieren Sie alle geöffneten seitlichen Fenster. Klicken Sie auf die nun dargestellte Schaltfläche, wenn Sie auf die darin enthaltenen Funktionen zugreifen möchten.

*Abb. 1.11:
Auf Symbole
minimierte
Register*

Drücken Sie F4 oder wählen Sie FENSTER / FENSTER AUSBLENDEN, wird kein Bedienfeld mehr angezeigt und Sie können sich ganz Ihrer Arbeit im Dokumentfenster widmen. Die Bedienfelder erscheinen wieder, wenn Sie anschließend erneut F4 drücken bzw. FENSTER / FENSTER EINBLENDEN wählen.

Soll ein Register oder eine komplette Bedienfeldgruppe nicht mehr im Arbeitsbereich erscheinen, finden Sie den entsprechenden Befehl im Optionsmenü ▾≡.

Das Optionsmenü enthält zentrale Funktionen

Klicken Sie in einer geöffneten Bedienfeldgruppe rechts oben auf den Button ▾≡, öffnet sich das entsprechende Optionsmenü. Allen Optionsmenüs gemeinsam sind die drei unteren Einträge, mit denen Sie die Online-Hilfe aufrufen, das aktuell geöffnete Register oder gleich die komplette Gruppe schließen. Geschlossene Bedienfelder öffnen Sie dann wieder über das FENSTER-Menü.

*Abb. 1.12:
Optionsmenü
unterschied-
licher Register*

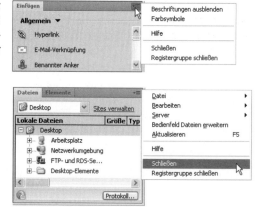

Die übrigen Einträge des Optionsmenüs finden Sie auch in der Menüleiste oder im Kontextmenü eines ausgewählten Elements. Das Kontextmenü öffnen Sie mit einem rechten Mausklick im Dokumentfenster.

Bedienfelder neu gruppieren und schwebend anordnen

Geöffnete Bedienfelder können Sie einfach zu neuen Gruppen zusammenfassen. Dadurch erweitern Sie entweder eine vorhandene Bedienfeldgruppe oder definieren eine neue.

■ Klicken Sie in das Register des Bedienfelds hinein, das Sie verschieben möchten. Halten Sie die linke Maustaste gedrückt und ziehen Sie das Fenster an die gewünschte Position. Die neue Position markiert ein blauer Rahmen bzw. Balken. Dabei können Bedienfelder auch neben dem vorhandenen Verbund andocken. Wird die richtige Stelle markiert, lassen Sie die Maustaste los.

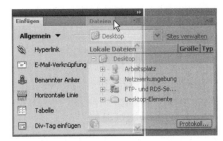

Abb. 1.13:
Dateien und
Einfügen sollen
eine neue Re-
gistergruppe
bilden.

In einer neuen Bedienfeldgruppe fassen Sie geschickt häufig verwendete Bedienfelder für Ihre speziellen Bedürfnisse zusammen.

Ziehen Sie ein Bedienfeld aus dem Verbund in den Arbeitsbereich hinein, ordnet Dreamweaver es als schwebendes Fenster an. Dieses können Sie an jede Position verschieben, wobei andere Elemente verdeckt werden. Besonders hilfreich sind schwebende Fenster bei einem großen Monitor oder wenn Sie mit mehreren Bildschirmen arbeiten.

Soll das Fenster wieder zurück in den Verbund der Bedienfelder, ziehen Sie es wie zuvor beschrieben an die entsprechende Stelle zurück.

Abb. 1.14:
Schwebendes
Fenster Dateien

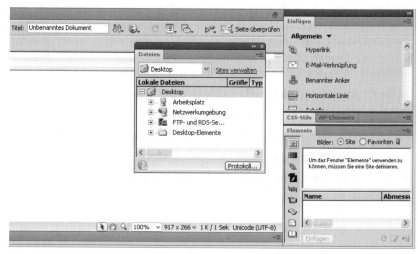

Jedes schwebende Fenster lässt sich bewegen, schließen und in seiner Größe
ändern. Je mehr schwebende Fenster Sie jedoch geöffnet haben, umso unüber-
sichtlicher wird die ganze Arbeit.

Wir arbeiten in diesem Workshop mit den Standardeinstellungen!

▨ Setzen Sie das Arbeitsbereichlayout zurück, indem Sie im Menü am oberen
Programmrand 'Designer' zurücksetzen wählen.

Abb. 1.15:
Arbeitsbereich-
layout zurück-
setzen

Haben Sie Fenster mit F4 oder über das Menü Fenster aus- und wieder eingeblendet, zeigt Dreamweaver die zuvor geöffneten Fenster wieder an der gleichen Stelle. Auch wenn Sie Dreamweaver ganz schließen und später wieder
neu starten, bleiben die Positionen der einzelnen Fenster erhalten.

Speichern Sie das aktuelle Arbeitsbereichlayout, indem Sie in der Menüleiste
Fenster / Arbeitsbereichlayout / Neuer Arbeitsbereich wählen und im nun offenen
Dialogfenster einen Namen für Ihre individuelle Einstellung angeben. Dieser
erscheint dann ebenfalls im Menü.

1.4　Kleine Erfolgskontrolle

Am Ende jedes Kapitels finden Sie ein paar Fragen zum Thema. Damit überprüfen Sie, ob Sie den Stoff der vorangegangenen Seiten verstanden haben. Die Auflösung finden Sie im Anhang. Viel Spaß und viel Erfolg!

1. Das Startfenster ist nicht mehr sichtbar. Was tun?

   a) Pech gehabt – das Fenster ist ab ins Nirwana.

   b) In den Voreinstellungen die Startseite aktivieren.

   c) Dreamweaver neu starten.

2. Über welches Menü öffnen und schließen Sie Bedienfelder?

   a) FENSTER

   b) ANSICHT

   c) DATEI

3. Wozu wird die Aktivierung benötigt?

   a) Damit alle Funktionen in Dreamweaver zur Verfügung stehen.

   b) Das ist die Programminstallation, damit Dreamweaver auf meinem Rechner überhaupt vorhanden ist.

   c) Damit ich Dreamweaver auch nach der Testphase noch nutzen kann.

KAPITEL 2

Die erste Webseite: Webvisitenkarte erstellen

Für den Anfang genügt häufig eine einfache Webvisitenkarte, auf der Name, Adresse, E-Mail und andere Kontaktdaten vorhanden sind. In einem kurzen Text können Sie sich, Ihren Verein, Ihr Handwerk bzw. Ihre Dienstleistung kurz vorstellen. In diesem Workshop legen Sie eine neue Webseite an, fügen Textinformationen ein und strukturieren diese durch Überschriften, Absätze, Zeilenumbrüche sowie Listen und legen damit das Layout einer Seite mit HTML fest. Ganz nebenbei lernen Sie dabei das Dokumentfenster und diverse Symbolleisten mit zentralen Funktionen näher kennen.

Sie lernen in diesem Kapitel

- neue HTM-Seite anlegen
- Text eingeben und mit HTML strukturieren
- Sonderzeichen einfügen
- Eigenschafteninspektor verwenden
- Überschriften, Absätze und Listen definieren
- Symbolleisten mit wichtigen Funktionen einsetzen
- eine einfache Webvisitenkarte erstellen.

In Kapitel 3 formatieren Sie dann Seite und Text. In Kapitel 4 fügen Sie geeignete Bilder ein. Abbildung 2.1 zeigt die unterschiedlichen Entwicklungsstufen dieser Webseite unseres Workshops:

Abb. 2.1:
Entwicklungs-
stadien einer
Webvisiten-
karte

Ist dann später der eigentliche Internetauftritt fertig, ersetzen Sie diese Kurzpräsentation durch detaillierte Inhalte. In diesem Workshop erstellen Sie Ihre erste Webseite.

Auf der CD-ROM sind alle Dateien im jeweiligen Kapitelverzeichnis gespeichert. Das Verzeichnis zu diesem Workshop heißt *kap02*. Im Text sage ich Ihnen ganz genau, welche Datei ich durch den beschriebenen Arbeitsgang erstellt habe. Möchten Sie diese dann in Dreamweaver öffnen und begutachten, wählen Sie DATEI / ÖFFNEN.

Zudem finden Sie im Hauptverzeichnis der CD-ROM die Datei *index.htm* mit einer Übersicht der gespeicherten Dokumente. Diese Datei können Sie im Browser öffnen. Da alle Einträge verlinkt sind, gelangen Sie per Mausklick zur entsprechenden Beispielseite.

Zudem können Sie die Datei in Dreamweaver öffnen. Wählen Sie in der Menüleiste MODIFIZIEREN / VERKNÜPFTE SEITE ÖFFNEN, laden Sie in Dreamweaver das verlinkte Dokument. Sie müssen dann nicht umständlich nach der richtigen Datei suchen und ersparen sich unnötige Arbeit.

2.1 Eine neue HTML-Seite anlegen

Im letzten Workshop haben Sie eine neue HTML-Seite über das Startfenster angelegt. Noch sind in dieser Webseite keine Inhalte platziert. Diese füllen wir in diesem Workshop mit Leben.

Haben Sie die Seite geschlossen können Sie ein neues Dokument wie beschrieben über das Startfenster erstellen. Dies ist häufig jedoch recht umständlich und wenn Sie weitere Webseiten benötigen, arbeiten Sie besser folgendermaßen:

1. Wählen Sie DATEI / NEU. Ganz schnell geht es mit der Tastenkombination
   Strg + N.

   Haben Sie bereits ein Dokument geöffnet, können Sie auch über den Button NEU in der Symbolleiste STANDARD das Dialogfenster aufrufen. Die Symbolleiste öffnen Sie über ANSICHT / SYMBOLLEISTEN / STANDARD. Sichtbare Symbolleisten sind hier durch einen Haken markiert. Bei verborgenen Symbolleisten erscheint dieser nicht.

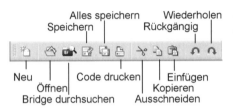

Abb. 2.2:
Die Symbolleiste STANDARD

Die in der Symbolleiste aufrufbaren Standardfunktionen werden Sie immer wieder benötigen und an entsprechender Stelle kennen lernen. Einige Funktionen, wie Öffnen, Speichern, Kopieren und Einfügen oder das Rückgängigmachen von Arbeitsschritten kennen Sie bestimmt schon aus anderen Programmen. Weitere Informationen zu diesem Thema erhalten Sie in Kapitel 5.5.

2. Im Dialogfenster NEUES DOKUMENT wählen Sie dann in der Kategorie LEERE SEITE den SEITENTYP *HTML*.

3. Unter LAYOUT finden Sie zahlreiche vordefinierte CSS-Webseiten mit unterschiedlichem Seitenaufbau und verschiedenen Text-Platzhaltern. Mit einem solchen Layout werden Sie in Kapitel 5 arbeiten.

   Für diese Übung benötigen Sie eine leere Webseite und wählen darum unter LAYOUT *<Kein>*.

CSS ist eine Formatierungssprache, die das Aussehen einzelner Seitenbereiche bestimmt. Deren logische Struktur wird mit HTML bestimmt (vgl. Kapitel 3.1.

DOCTYPE bestimmt den Dokumenttyp und legt damit fest, welche Elemente das Dokument enthalten darf und welche Eigenschaften diesen zugewiesen werden können. Dabei müssen Sie an der Standardeinstellung *XHTML 1.0 Transitional* nichts ändern. Diese Sprachvariante wird von allen modernen Browsern unterstützt. Damit wird die Webseite korrekt wiedergegeben.

Typ und Kodierung eines Dokuments können Sie jederzeit über die Seiteneigenschaften ändern (vgl. Kapitel 3.2.6).

4. Drücken Sie auf die Schaltfläche Erstellen, fügt Dreamweaver eine neue HTML-Seite in das Dokumentfenster ein.

Abb. 2.3:
Neues HTML-
Dokument
erstellen.

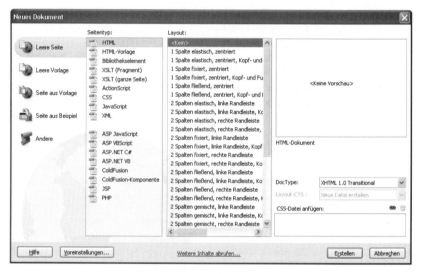

2.2 Ansichten im Dokumentfenster

Das Dokumentfenster ist das Herzstück von Dreamweaver. Dabei kommt die Ansicht Entwurf im Dokumentfenster der Darstellung im Browser sehr nahe, weshalb Dreamweaver auch als WYSIWYG-Editor bezeichnet wird.

WYSIWYG: »What You See Is What You Get«

Dies bedeutet, dass alle Elemente, die Sie im Dokumentfenster von Dreamweaver platzieren und in der Entwurfsansicht sehen, dann auch genauso auf der Webseite im Browser erscheinen werden. Allerdings kann es Unterschiede bei den einzelnen Browsern geben.

Zu den unterschiedlichen Ansichten im Dokumentfenster wechseln Sie über die Symbolleiste Dokument.

▨ Ist die Symbolleiste noch nicht eingeblendet, wählen Sie Ansicht / Symbolleisten / Dokument.

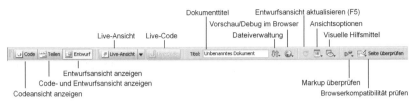

Abb. 2.4:
Die Symbol-
leiste DOKUMENT

Sie können übrigens alle Symbolleiste aus dem Verbund herausholen über dem Arbeitsbereich schwebend anordnen. Hierzu klicken Sie mit der linken Maustaste auf den gepunkteten linken Balken der Leiste und ziehen Sie dann an die neue Position. Anders als Bedienfelder können Symbolleisten jedoch nur am oberen Programmrand unter der Menüleiste oder unter dem Dokumentregister andocken. Anders als bei den Bedienfeldern ändern Sie durch das Zurücksetzen des Arbeitsbereichslayouts jedoch nicht die neue Position der Symbolleisten. Um die Symbolleiste wieder unterhalb der Menüleiste anzuordnen, doppelklicken Sie auf den blauen Balken der Leiste.

Eine schwebende Symbolleiste schließen Sie über ⊠ in deren rechten oberen Ecke. Öffnen Sie die Leiste anschließend erneut über ANSICHT / SYMBOL-LEISTEN, hat sich an deren Position nichts geändert.

Abb. 2.5:
Schwebende
Symbolleisten

Mit den ersten drei Buttons in der Symbolleise DOKUMENT bestimmen Sie, ob im Dokumentfenster das Layout Ihrer Webseite oder der im Browser interpretierte Quelltext angezeigt wird. Außerdem können Sie in der geteilten Ansicht sowohl den ENTWURF als auch den CODE sehen. Diese Darstellungen rufen Sie auch über die Menüleiste unter ANSICHT auf. Die übrigen Funktionen lernen Sie an passender Stelle noch kennen.

Button	Menüleiste	Beschreibung / Auswirkung
⟨⟩ Code	ANSICHT / CODE	Zeigt nur den Quelltext der Webseite an.
Teilen	ANSICHT / CODE UND ENTWURF	Öffnet Code- und Entwurfsfenster.
Entwurf	ANSICHT / ENTWURF	Das Entwurfsfenster zeigt die Webseite wie Sie in Ihrem Browser erscheinen wird. Wegen dieser grafischen Benutzeroberfläche wird Dreamweaver als WYSIWYG-Editor bezeichnet.

Tabelle 2.1:
Ansicht-But-
tons in der
Symbolleiste
DOKUMENT

Im Menü LAYOUT rechts neben der Menüleiste wechseln Sie ebenfalls die Ansicht. Hier sowie in der Menüleiste unter ANSICHT wechseln Sie zudem in die Darstellung CODETEILUNG, die das Codefenster in zwei Teile trennt. Mit dieser Einstellung können Sie gut unterschiedliche Codebereiche im gleichen Dokument miteinander vergleichen.

Wenn Sie im Entwurfsfenster arbeiten, setzt Dreamweaver jede Änderung automatisch in den entsprechenden Quelltext um. Umgekehrt wird auch jede Änderung im Code im Entwurfsfenster angezeigt. Hierbei kann es jedoch passieren, dass Sie diese Entwurfsansicht zunächst aktualisieren müssen. Klicken Sie hierzu auf den Button ⟳ in der Symbolleiste DOKUMENT oder drücken die Taste ⎡F5⎤.

Im Folgenden arbeiten wir zunächst in der Entwurfsansicht. Unsere vorerst noch leere Seite wird also in diesem Fenster entstehen.

2.3 Absätze und Zeilenumbrüche erstellen

Absatz:
<p>...</p>

In Dreamweaver geben Sie neuen Text direkt in das Dokumentfenster ein. Dabei erstellen Sie Absätze wie in einem Textverarbeitungsprogramm (z. B. Microsoft Word oder Open Office):

▨ Drücken Sie die ⎡↵⎤-Taste, springt der Cursor springt in die nächste Zeile und damit in den nächsten Absatz. Dies funktioniert jedoch nur in der Entwurfs- und nicht in der Codeansicht.

Der Text eines Absatzes steht im Quelltext zwischen dem öffnenden und schließenden p-Tag. Wie die meisten anderen Tags ist auch das p aus einem englischen Begriff abgeleitet. <p> steht für Paragraf, also für einen Absatz.

```
<p>Das ist ein Absatz, engl. paragraph.</p>
```

Zwischen zwei Absätzen stellen Browser und damit auch Dreamweaver einen Standardabstand von einer Zeilenhöhe dar, den Sie mit CSS konkret bestimmen können. Dazu kommen wir in Kapitel 6.2.6 zurück. Der übrige Text wird am Zeilenende automatisch umbrochen und in der nächsten Zeile fortgesetzt. Dabei bestimmt der Webbrowser, eine Tabellenzelle oder ein anderer Container den zur Verfügung stehenden Platz. Wie Sie einen Zeilenumbruch erzwingen, erfahren Sie im nächsten Kapitel.

Abb. 2.6:
Zwischen
einzelnen Ab-
sätzen ist ein
Abstand.

Das ist ein Absatz. Das ist ein Absatz. Das ist ein Absatz.
Das ist ein Absatz. Das ist ein Absatz. Das ist ein Absatz.
Das ist ein Absatz. Das ist ein Absatz. Das ist ein Absatz.

Das ist ein neuer Absatz. Das ist ein neuer Absatz.
Das ist ein neuer Absatz. Das ist ein neuer Absatz.
Das ist ein neuer Absatz. Das ist ein neuer Absatz.

Ist der Text bereits vorhanden, bestimmen Sie zusammengehörende Texteinheiten folgendermaßen:

1. Markieren Sie den Text, den Sie zu einem Absatz zusammenfassen wollen.

2. Öffnen Sie das Bedienfeld EIGENSCHAFTEN, indem Sie FENSTER / EIGENSCHAFTEN wählen oder [Strg] + [F3] drücken.

3. Sie sollen sich im Modus HTML befinden. Ist der Button im linken Bereich des Inspektors nicht eingedrückt, klicken Sie hierauf.

   Im CSS-Modus definieren Sie Regeln für die Darstellung einzelner Seitenelemente. Diesen Modus werden Sie in Kapitel 3.4 für die Zeichenformatierung einsetzen.

4. Wählen Sie im Menü FORMAT die Einstellung *Absatz* aus.

   Haben Sie einen bereits vorhandenen Absatz markiert oder den Cursor hierin platziert, zeigt das Menü diese Einstellung ebenfalls an. Der Eigenschafteninspektor zeigt stets die Attribute eines ausgewählten Seitenelements an. Diese können Sie hier einfach verändern. Wenn Sie ein Eingabefeld im Inspektor verlassen, übernimmt Dreamweaver die Einstellungen in der Regel automatisch. Alternativ drücken Sie die [↵]-Taste.

Abb. 2.7: Einen Absatz mit HTML strukturieren.

Mit HTML bestimmen Sie den logischen Aufbau einer Webseite. Hiermit definieren Sie Überschriften, Absätze, Listen und fügen einzelne Seitenelemente, wie Bilder oder Tabellen, ein. Mit CSS verändern Sie die Standarddarstellung dieser Elemente im Browser. CSS ist also für Formatierung und Design verantwortlich (vgl. Kapitel 3.1).

Bei einem Zeilenumbruch beginnt der umbrochene Text ohne Abstand direkt in der nächsten Zeile. Diesen Umbruch (engl. *break*) definiert das Tag `<br />`, für das es keine öffnende bzw. schließende Variante gibt.

Zeilenumbruch, [⇧] + [↵]: `<br />`

░ Einen Zeilenumbruch erstellen Sie im Entwurfsfenster durch Drücken der Tastenkombination [⇧] + [↵]. Dies funktioniert auch im Codefenster.

Im Dokumentfenster kann der Zeilenumbruch durch ein Icon 🄱🅁 angezeigt werden (vgl. Kapitel 2.4). Damit können Sie diese besser von automatischen Umbrüchen unterscheiden.

Für Ihre Webvisitenkarte geben Sie Ihre Kontaktdaten und andere Textinformationen in das Dokumentfenster ein. Erstellen Sie an geeigneter Stelle Absätze und Zeilenumbrüche. Das in Abbildung 2.8 gezeigte Beispiel eines Restaurants ist auf der CD-ROM im Verzeichnis *kap02* gespeichert (*webvisitenkarte.htm*). Hier sind bereits weitere HTML-Formate enthalten, die im Folgenden beschrieben sind. Wie Sie Hyperlinks definieren, lernen Sie in Kapitel 8.

Abb. 2.8:
Webvisiten-
karte eines
Restaurants

Ist der Text bereits in einem anderen Dokument gespeichert, ersparen Sie sich lästige Tipparbeit, wenn Sie diesen kopieren oder importieren. Wie das geht, erfahren Sie in Kapitel 5.4.

Auch über das Bedienfeld EINFÜGEN erstellen Sie Absätze und Zeilenumbrüche sowie andere HTML-Formate, die Sie noch kennen lernen werden. Wie das geht und welche Möglichkeiten dieses Fenster noch bietet, erläutert Kapitel 2.5, in dem Sie Sonderzeichen integrieren.

2.4 Unsichtbare Elemente zur Orientierung

In diesem Absatz
gibt es
mehrere Zeilenumbrüche.

Damit Sie Zeilenumbrüche schneller im Dokument erkennen, hebt Dreamweaver diese mit dem Icon 🔳 hervor. Dieses wird im Browser natürlich nicht angezeigt und in Dreamweaver darum als unsichtbares Element bezeichnet.

Ein unsichtbares Element wird im Entwurfsfenster durch ein Symbolbild, ein so genanntes Icon, gekennzeichnet.

Neben diesem Icon gibt es noch weitere solcher visuellen Hilfsmittel für unterschiedliche Elemente, wie beispielsweise benannte Anker, Kommentare oder JavaScript-Funktionen. Diese lernen Sie im Laufe des Workshops noch kennen. Eine Übersicht erhalten Sie in den Voreinstellungen (vgl. Abbildung 2.9). So viel sei jedoch schon verraten: Erkennbare unsichtbare Elemente erleichtern Ihnen die Arbeit, beeinträchtigen aber WYSIWYG. Sie können diese wie sichtbare Seitenelemente auswählen, verschieben oder im Eigenschafteninspektor bearbeiten.

Wird das unsichtbare Element in der Entwurfsansicht nicht angezeigt, nehmen Sie folgende Einstellungen in Dreamweaver vor:

1. Öffnen Sie das Dialogfenster VOREINSTELLUNGEN, indem Sie in der Menüliste BEARBEITEN / VOREINSTELLUNGEN auswählen.

2. Wechseln Sie dort in die Kategorie UNSICHTBARE ELEMENTE.

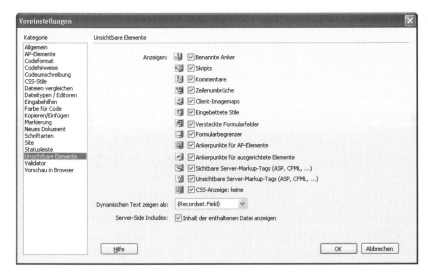

Abb. 2.9:
Voreinstellun-
gen für unsicht-
bare Elemente

3. Damit ein unsichtbares Element im Dokumentfenster angezeigt wird, muss es in den Voreinstellungen mit einem Häkchen markiert sein. Deaktivieren Sie ein Kontrollkästchen, werden Elemente aus der Ansicht entfernt. Damit Zeilenumbrüche also dargestellt werden, aktivieren Sie das Kontrollkästchen hinter .

Für diesen Workshop aktivieren Sie ebenfalls die übrigen Symbole.

4. Klicken Sie auf OK. Sie sehen noch immer nichts? Dann müssen Sie noch den nächsten Arbeitsschritt erledigen:

5. Damit unsichtbare Elemente tatsächlich im Dokumentfenster eingeblendet werden, wählen Sie in der Menüleiste ANSICHT / VISUELLE HILFSMITTEL / UNSICHTBARE ELEMENTE.

Außerdem darf vor ALLES AUSBLENDEN kein Häkchen erscheinen. Ist dieses doch sichtbar, wählen Sie ANSICHT / VISUELLE HILFSMITTEL / ALLES AUSBLENDEN.

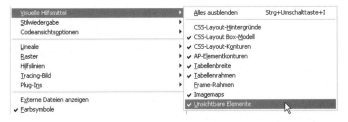

Abb. 2.10:
Visuelle Hilfs-
mittel im AN
SICHT-Menü

Damit die Webseite wie im Browser dargestellt wird, blenden Sie unsichtbare Elemente vorübergehend aus. Hierzu wählen Sie ANSICHT / ALLES AUSBLENDEN oder drücken [Strg] + [⇧] + [i]. Alternativ drücken Sie auf den Button LIVE-ANSICHT in der Symbolleiste Dokument. Drücken Sie erneut auf diese Schaltfläche bzw. wählen Sie nochmals Ansicht / Alles ausblenden, kehren Sie zur vorherigen Darstellung zurück.

Auch unsichtbare Elemente und andere visuelle Hilfsmittel benötigen Platz. Daher stimmt die Position der einzelnen Seitenelemente in der Entwurfsansicht nicht mit der im Webbrowser überein. Die wichtigsten Hilfsmittel werden in den einschlägigen Kapiteln erklärt.

2.5 Sonderzeichen im Bedienfeld Einfügen

Geben Sie einen Text in das Entwurfsfenster ein, kodiert Dreamweaver automatisch einige Zeichen. Dies ist notwendig, damit diese korrekt im Browser wiedergegeben werden. Beispielsweise müssen eckige Klammern (< >) oder Anführungszeichen (" ") kodiert in den Quelltext eingebunden werden, damit der Browser diese von den HTML-Tags und Attributen unterscheiden kann. Auch für Symbole bzw. Sonderzeichen, die nicht über die Tastatur eingegeben werden, gibt es entsprechende Kodierungen. Diese Codes müssen Sie nicht kennen, wenn Sie Folgendermaßen arbeiten:

1. Platzieren Sie den Cursor an die Stelle im Dokumentfenster, an der Sie das Sonderzeichen einfügen möchten.

2. Öffnen Sie das Bedienfeld Einfügen mit Fenster / Einfügen oder indem Sie Strg + F2 drücken. Im Bedienfeld ist standardmäßig zunächst die Kategorie Allgemein geöffnet.

   Diese Objektpalette enthält alle benötigten Seitenelemente sowie HTML-Auszeichnungen für Textblöcke, die Sie noch kennen lernen werden.

3. Wechseln Sie in die Kategorie Text. Hierzu klicken Sie auf die Schaltfläche Allgemein unter dem Registernamen und wählen dann im Menü Text.

   Insgesamt gibt es acht Kategorien mit thematisch sortierten Elementen. Im Laufe des Workshops werden Sie immer wieder darauf zugreifen.

   Häufig benötigte Objekte stellen Sie in der individuellen Favoriten-Kategorie zusammen (vgl. Kapitel 5.9).

Abb. 2.11:
Kategorie im
Bedienfeld Ein-
füGen wechseln

4. Klicken Sie auf den Erweiterungs-Pfeil des unteren Buttons Zeichen 📝▾ . Im Menü finden Sie die am häufigsten benötigten Sonderzeichen.

Je nachdem, ob Sie schon einmal ein Zeichen aus diesem Menü eingefügt haben, kann dieser Button auch anders aussehen. Dieser zeigt immer das zuletzt ausgewählte Element. Das gilt übrigens für alle Menübuttons im Bedienfeld Einfügen. Über den Erweiterungspfeil rufen Sie also thematisch verwandte Objekte auf.

5. Wählen Sie im Menü das Symbol aus, das Sie einbauen wollen. Dreamweaver setzt das Sonderzeichen an der entsprechenden Stelle ein.

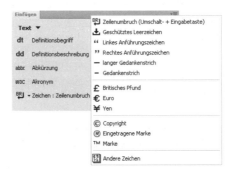

Abb. 2.12: Sonderzeichen im Bedienfeld Einfügen

Kennen Sie bereits die einzelnen Buttons im Bedienfeld Einfügen, können Sie über das Optionsmenü ▾≣ die Beschriftung ausblenden und damit viel Platz sparen. Dabei werden Symbole schwarzweiß oder farbig dargestellt. Dies stellen Sie über die Option Farbsymbole ein

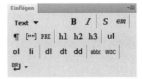

Abb. 2.13: Bedienfeld Ein-fügen *mit ausge-blendeter Be-schriftung*

Sollten Sie ein Sonderzeichen benötigen, das nicht in diesem Menü eingetragen ist, …

1. … wählen Sie hier den Eintrag Andere Zeichen.

2. Klicken Sie auf das entsprechende Symbol, erscheint dessen Kodierung automatisch im oberen Textfeld Einfügen.

3. Fügen Sie das Symbol dann ein, indem Sie auf OK klicken.

Abb. 2.14:
Sonderzeichen
einfügen

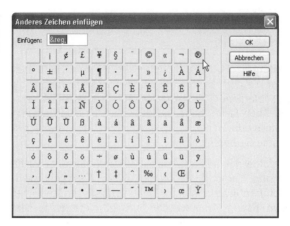

 Auch über die Menüleiste können Sie Sonderzeichen einfügen: Wählen Sie EINFÜGEN / HTML / SONDERZEICHEN. Auf der CD-ROM finden Sie weitere Codes in der Datei *sonderzeichen.htm*.

Geben Sie mehrere Leerzeichen hintereinander ein, zeigt der Webbrowser dennoch nur ein Zeichen an. Die übrigen werden ignoriert. Nur wenn Sie so genannte geschützte Leerzeichen einbinden, werden alle Zeichen dargestellt:

1. Wählen Sie EINFÜGEN / HTML / SONDERZEICHEN / GESCHÜTZTES LEERZEICHEN oder drücken Sie `Strg` + `⇧` + `Leertaste`.

Das Symbol im Bedienfeld EINFÜGEN (Kategorie TEXT) sieht folgendermaßen aus: ⎓·

Im Quelltext wird ein solches geschütztes Leerzeichen mit   gespeichert. Wenn Sie Textstellen in Spalten anordnen wollen, sollten Sie keine Leerzeichen verwenden, sondern eine Tabelle anlegen (Kapitel 9).

 Schauen Sie sich den HTML-Code eines Sonderzeichens an, werden Sie fast immer einen ähnlichen Aufbau feststellen. Für das Copyright-Symbol lautet der Quelltext beispielsweise ©. Das eingetragene Warenzeichen wird mit ® kodiert. Auch viele andere Zeichen leitet HTML mit dem kaufmännischen »&« ein. Dahinter steht der Name des Zeichens, gefolgt vom abschließenden Semikolon.

2.6 Weitere HTML-Formate für die Seitenstruktur

Neben Absätzen gibt es weitere HTML-Tags, mit denen Sie Textbereiche formatieren und die Inhalte auf der Webseite in eine logische Reihenfolge bringen. So fassen Überschriften den nachfolgenden Text zusammen, der in ein oder mehrere Absätze gegliedert ist. Auch Listen geben übersichtlich einzelne Aufzählungspunkte wieder. Mit Ziffern oder Buchstaben bringen Sie die einzelnen Listenelemente in eine geordnete Reihenfolge.

Diese Struktur bzw. Reihenfolge der unterschiedlichen Seitenelemente ist für barrierefreie Webseiten wichtig. Nur wenn die einzelnen Tags korrekt verwendet werden, sind die hier veröffentlichten Informationen behinderten Menschen zugänglich. Diese benutzen häufig so genannte Bildschirmlesegeräte oder Screenreader, die den Inhalt einer Seite vorlesen und sich dabei an der logischen HTML-Struktur orientieren. Auch Suchmaschinen lieben sauber strukturierte Webseiten und berücksichtigen dies bei der Anzeige der Ergebnisse.

Im Browser werden diese HTML-Tags in einer Standardeinstellung präsentiert. Damit werden beispielsweise alle Hauptüberschriften gleich dargestellt. Auch ein Absatz wird immer mit der gleichen Schriftart und Zeichengröße wiedergegeben.

Diese logische Textauszeichnung können Sie mit CSS detailliert ändern und neu formatieren. Wie das geht, erfahren Sie in Kapitel 3.

In Kapitel 5.5 erfahren Sie, wie Sie einzelne oder mehrere durchgeführte Arbeitsschritte rückgängig machen. Kapitel 5.6 erläutert die Suche nach einzelnen Text- oder Codestellen. Diese können schnell durch eine andere Zeichenfolge ersetzt werden. Informationen zur Rechtschreibprüfung erhalten Sie in Kapitel 5.7. Online-Ressourcen zum Thema Barrierefreiheit sind im Anhang aufgelistet.

2.6.1 Überschriften hierarchisch definieren

HTML unterscheidet sechs **Überschriftenebenen**, mit denen Sie einzelne Hierarchieverhältnisse darstellen und den Seiteninhalt übersichtlich strukturieren. Dabei sollte eine Webseite stets durch mindestens eine Hauptüberschrift (\<h1>) und eine oder mehrere Unterüberschriften (\<h2>, \<h3>, \<h4>, \<h5>, \<h6>) strukturiert sein. Diese HTML-Tags weisen Sie jeweils einem ganzen Textblock zu, aber nie einzelnen Wörtern oder Zeichen innerhalb einer Zeile.

Im Browser werden alle Überschriften in der gleichen Schriftart dargestellt, üblicherweise einer Times. Die einzelnen Hierarchieebenen werden dagegen durch unterschiedliche Schriftgrößen realisiert:

ÜBERSCHRIFT 1 (**\<h1>**) definiert die Überschriftenebene erster Ordnung. Hier wird der Text in der größten Schrift dargestellt.

ÜBERSCHRIFT 6 (**\<h6>**) definiert dagegen die Überschrift sechster Ordnung in der kleinsten Schriftgröße.

*Abb. 2.15:
Hierarchisch
strukturierte
Überschriften*

\<h1>Überschrift 1\</h1>

\<h2>Überschrift 2\</h2>

\<h3>Überschrift 3\</h3>

\<h4>Überschrift 4\</h4>

\<h5>Überschrift 5\</h5>

\<h6>Überschrift 6\</h6>

1. Geben Sie in Ihre Webvisitenkarte einen passenden Text für die Überschriften ein. Diese sollten den Inhalt des darunter stehenden Absatzes zusammenfassen (z. B. *Kontakt, Unsere Öffnungszeiten, Unser Service*).

2. Klicken Sie in einen solchen Absatz hinein oder markieren Sie den kompletten Textblock, den Sie für die Überschrift verwenden möchten.

3. Wechseln Sie im Eigenschafteninspektor in den Modus HTML, falls dieser nicht mehr eingestellt ist. Wählen Sie im Menü FORMAT die gewünschte *Überschrift* aus.

Dieses Format bestimmen Sie auch über die Menüleiste unter FORMATIEREN / ABSATZFORMAT.

Außerdem können Sie die Überschriften der ersten bis dritten Ordnung über die Kategorie TEXT des Bedienfelds EINFÜGEN definieren. In der Randspalte sehen Sie die entsprechenden Buttons.

*Abb. 2.16:
Überschrift im
Inspektor oder
in der Menü-
leiste aus-
wählen.*

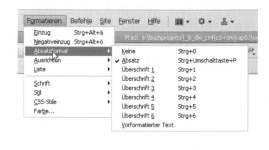

Eine bereits definierte Überschriftenebene ändern Sie jederzeit wie zuvor beschrieben und berichtigen damit die Struktur der Information. Achten Sie auf einen logischen Aufbau und verwenden Sie nicht *Überschrift 1* und dann beispielsweise *Überschrift 3*, weil diese kleiner dargestellt wird. Die Formatierung der einzelnen Bereiche und Zeichen erledigen Sie später mit CSS.

Mit CSS bestimmen Sie Schriftgröße und Farbe einzelner Überschriftenebenen. Diese hinterlegen Sie in der Kategorie ÜBERSCHRIFTEN (CSS) des Dialogfensters SEITENEIGENSCHAFTEN. Hier bestimmen Sie auch Schriftart und einen Stil aller Überschriften. Die Seiteneigenschaften definieren Sie in Kapitel 3.3.

2.6.2 Vorformatierter Text für Codeelemente

Ein vorformatierter Text wird im Browser mit allen Leerzeichen und den damit definierten Abständen wiedergegeben. Auch Tabulatorabstände werden berücksichtigt. Dabei sind alle Zeichen gleich breit und werden standardmäßig in einer Standard-Monotype- bzw. Courier-Schrift angezeigt. Auch Zeilenschaltungen werden dargestellt, ohne dass ein p- oder br-Tag erforderlich sind. Vorformatierter Text wird häufig für die Anzeige von Code oder einzelnen Listingelementen verwendet. Auch Daten können damit übersichtlich in Zeilen und Spalten angezeigt werden, ohne dass eine Tabelle eingesetzt wird. Für unser Restaurant-Beispiel wird dieses HTML-Format für die übersichtliche Darstellung der Öffnungszeiten verwendet:

1. Öffnen Sie Ihre Webvisitenkarte.

2. Klicken Sie an die Stelle Ihres Dokuments, an der Sie den vorformatierten Text eingeben möchten.

3. Wählen Sie *Vorformatiert* aus dem Menü FORMAT des Eigenschafteninspektors. Diese Einstellung finden Sie auch in der Menüleiste unter FORMATIEREN / ABSATZFORMAT. Alternativ klicken Sie auf den Button [PRE] in der Kategorie TEXT des Bedienfelds EINFÜGEN.

4. Geben Sie jetzt die Öffnungszeiten für das fiktive Restaurant ein. Beenden Sie eine Zeile mit [↵]. Dabei wird kein Absatz erstellt. Lediglich Zeilenumbrüche werden mit dem br-Tag eingefügt.

Möchten Sie einem bereits vorhandenen Text das Format *Vorformatiert* zuweisen, markieren Sie diesen zunächst und wählen dann diese Einstellung wie beschrieben.

Abb. 2.17:
Übersichtliche Darstellung mit vorformatiertem Text

Die Darstellung eines vorformatierten Textes können Sie mit CSS ändern und beispielsweise Hintergrund-, Zeichenfarbe und Anstände festlegen (vgl. Kapitel 3.4). Dabei sollten Sie ebenfalls eine Monotype-Schriftart verwenden, weil sonst das regelmäßige Erscheinungsbild verloren geht.

Im Quellcode steht vorformatierter Text innerhalb des öffnenden und schließenden pre-Tags:

```
<pre>Das ist ein vorformatierer Text.</pre>
```

2.6.3 Listen sorgen für eine bessere Übersicht

Man unterscheidet zwischen ungeordneten Punktlisten (Aufzählungen), nummerierten und damit geordneten Aufstellungen sowie Definitionslisten. Letztere werden häufig in Glossaren zur Erklärung einzelner Begriffe verwendet.

Ungeordnete Listen mit gleichwertigen Aufzählungspunkten

Ungeordnete Listen präsentieren die einzelnen Aufzählungselemente standardmäßig mit einem runden Aufzählungspunkt. Die Reihenfolge der einzelnen Elemente ist weitgehend unbedeutend.

1. Geben Sie den Text eines Listenelements ein und drücken Sie dann ⏎ . Für das Restaurant erstellen wir eine Angebotsübersicht, mit denen sich das Haus von seinen Mitbewerbern abhebt.

2. Geben Sie den Text für das nächste Listenelement ein. Damit steht jeder Textblock in einem separaten Absatz.

Abb. 2.18: Jeder Begriff steht hier in einem Absatz.

3. Markieren Sie die Absätze.

4. Klicken Sie im Eigenschafteninspektor auf den Button ⊞ oder wählen Sie in der Menüleiste FORMATIEREN / LISTE / UNGEORDNETE LISTE. Alternativ klicken Sie auf den Button ul in der Kategorie TEXT des Bedienfelds EINFÜGEN.

Dreamweaver erstellt nun die Liste mit den runden Aufzählungspunkten.

Wenn Sie Probleme beim Erstellen einer Liste haben, überprüfen Sie, ob das öffnende <p> und das schließende </p> Absatz-Tag vorhanden sind.

Möchten Sie statt der standardmäßig verwendeten runden Punkte quadratische verwenden, arbeiten Sie folgendermaßen:

1. Platzieren Sie den Cursor in der Aufzählung.

   Möchten Sie lediglich die Darstellung einzelner Listenelemente ändern, markieren Sie diese.

2. Klicken Sie im unteren Teil des Eigenschafteninspektors auf die Schaltfläche [Listenelement...] oder wählen Sie in der Menüleiste FORMATIEREN / LISTE / EIGENSCHAFTEN.

Ist der untere Bereich des Inspektors nicht sichtbar, klicken Sie auf den Erweiterungspfeil ▽ in der rechten unteren Ecke dieses Bedienfelds. Wenn Sie erneut auf diesen Button △ klicken, verkleinern Sie dessen Darstellung wieder.

3. Damit aus den runden Aufzählungspunkten eckige werden, wählen Sie *Quadrat* im Menü STIL des Dialogfensters LISTENEIGENSCHAFTEN. Hier ändern Sie die Darstellung der kompletten Liste (Abbildung 2.20).

   Möchten Sie lediglich ausgewählte Listenelemente ändern, wählen Sie diese Option im Menü NEUER STIL.

Im Dialogfenster können Sie zudem eine ungeordnete *Aufzählungs Liste* in eine *Nummerierte Liste* oder in einen anderen LISTENTYP verwandeln. Hierzu wählen Sie die gewünschte Einstellung im oberen Menü.

4. Bestätigen Sie Ihre Angaben mit OK.

Abb. 2.20:
Stil einer unge-
ordneten Liste
ändern

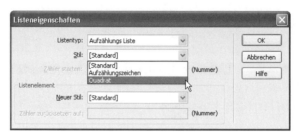

Im Quelltext definiert das `type`-Attribut im `ul`-Tag den neuen Stil:

```
<ul type="square">
```

Am übrigen Code ändert sich nichts.

Statt der Aufzählungspunkte einer ungeordneten Liste können Sie auch individuelle Grafiken einfügen (vgl. Kapitel 4.7.2). Längere Aufzählungen strukturieren Sie dann am besten über Tabellen. Wie das geht, erfahren Sie in Kapitel 9.

 Code

Wechseln Sie in die Code-Ansicht, sehen Sie die von Dreamweaver eingefügten HTML-Tags. Jede ungeordnete Liste hat folgende Struktur:

Listing 2.1:
HTML-Struktur
einer ungeord-
neten Liste

```
<ul>
  <li>Brunch</li>
  <li>Lunch-Pakete</li>
  <li>Magic Dinner</li>
  <li>Kochkurse</li>
  <li>Pilztouren</li>
  <li>Feiertagsangebote</li>
</ul>
```

Das `ul`-Tag definiert die ungeordnete Liste. `<ul>` seht für *unordered list*. Dabei sind die einzelnen Listenelemente mit dem `li`-Tag eingefügt.

Wie Sie einzelne Listenelemente im Entwurfsfenster entfernen oder neue hinzufügen, erfahren Sie auf Seite 50. Zunächst erstellen wir eine geordnete Aufzählung.

Geordnete Listen mit geordneter Reihenfolge

Bei einer geordneten Liste ist die Reihenfolge der einzelnen Elemente wichtig. Um deren Hierarchie zu gliedern, steht vor jedem Listenelement standardmäßig eine Zahl. Auch römische Ziffern oder Buchstaben sind möglich.

1. Markieren Sie die Absätze oder die Elemente einer bereits vorhandenen ungeordneten Liste.

2. Klicken Sie auf den Button ⊞ im Eigenschafteninspektor oder wählen Sie in der Menüleiste FORMATIEREN / LISTE / GEORDNETE LISTE. Alternativ klicken Sie auf den Button ⊡ in der Kategorie TEXT des Bedienfelds EINFÜGEN.

Abb. 2.21:
Geordnete Liste mit Zahlen

In der Code-Ansicht hat Dreamweaver folgende HTML-Struktur eingefügt:

*Listing 2.2:
HTML-Struktur einer geordneten Liste*

```
<ol>
  <li>…</li>
  <li>…</li>
</ol>
```

`<ol>` steht hier für *ordered list*, also für geordnete Liste. Die einzelnen Listenelemente stehen ebenfalls im `li`-Tag. Möchten Sie im Code den ungeordneten in einen geordneten Listentyp ändern, müssen Sie also nur aus dem `<ul>` ein `<ol>` machen. Das gilt sowohl für das öffnende als auch für das schließende Tag!

Die Listeneigenschaften ändern Sie wie im vorherigen Kapitel beschrieben. Allerdings ist die Schaltfläche im Inspektor nur aktiv und anklickbar, wenn Sie den Cursor in einem Listenelement platzieren und nicht die komplette Aufzählung auswählen. Auf das Ergebnis hat dies keinen Einfluss.

Auch hier bestimmt das `type`-Attribut im `ol`-Tag den neuen Stil. Bei einer alphabetischen Liste sieht dieses Tag folgendermaßen aus:

```
<ol type="square">
```

Eine Liste muss nicht unbedingt bei *1*, *A*, *I* und den entsprechenden kleinen Varianten beginnen.

▪ Damit die Aufzählung mit der Zahl *3* beginnt, geben Sie diesen Wert in das Feld ZÄHLER STARTEN ein. Auch bei anderen Stilen geben Sie entsprechende Werte an. Beispielsweise definiert die Zahl *3* ebenfalls den Großbuchstaben *C*.

Im Quelltext bestimmt das `start`-Attribut im `ol`-Tag diesen Zähler.

Soll ab einem bestimmten Listenelement mit einer anderen Nummerierung fortgesetzt werden, …

1. … platzieren Sie den Mauszeiger in diesem Element.

2. Anschließend öffnen Sie die LISTENEIGENSCHAFTEN.

3. Im Feld ZÄHLER ZURÜCKSETZEN AUF bestimmen Sie den Wert, mit dem die Liste fortgesetzt werden soll.

49

Abb. 2.22:
Eigenschaften
einer numme-
rierten Liste

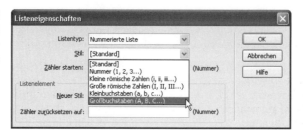

Listenelemente entfernen, hinzufügen und untergeordnete Liste erstellen

Wenn Sie einen Punkt aus der geordneten Liste entfernen, nummeriert Dreamweaver diese neu:

1. Markieren Sie das Listenelement, das Sie entfernen möchten.

2. Drücken Sie zweimal auf die [Entf]- oder [←]-Taste.

Abb. 2.23:
Ein Listen-
element ent-
fernen.

Um in einer vorhandenen Liste einen neuen Punkt einzufügen ...

1. ... positionieren Sie den Cursor am Ende des vorhergehenden Aufzählungstextes.

2. Drücken Sie [↵]. Die Nummerierung wird bei den geordneten Listen um einen neuen Punkt erweitert und fortgesetzt.

3. Geben Sie den Text des neuen Listenelements ein.

4. Möchten Sie die Liste beenden, drücken Sie zweimal die [↵]-Taste drücken. Geben Sie nun neuen Text ein, steht dieser automatisch in einem Absatz.

Diese Vorgehensweise ist bei allen Listen die gleiche.

Aus einer geordneten oder ungeordneten Liste machen Sie wieder einen normalen Absatz, indem Sie im Eigenschafteninspektor erneut auf die entsprechende Listenschaltfläche ⊞ bzw. ⊞ klicken.

Markieren Sie ein Listenelement und klicken Sie auf den Button ⊞ bzw. ⊞, der nicht mit dem aktuellen Listentyp übereinstimmt, erstellen Sie eine neue Liste. Dabei werden die Listenelemente darüber und darunter jeweils in eine neue Aufzählung gesetzt.

Eine in die aktuelle Liste untergeordnete weitere Aufzählung erstellen Sie dagegen mit dem Button TEXTEINZUG ⊞ im Eigenschafteninspektor. Bei einer ungeordneten Liste wird dabei automatisch statt des geschlossenen ein offener Aufzählungspunk angezeigt. Quadrate werden dagegen immer gleich dargestellt.

- Element 1.1
  - Element 2.1
  - Element 2.2
- Element 1.2

Rücken Sie eine geordnete Liste ein, ist kein `type`-Attribut für die nun eingeschobene neue Liste definiert. Diese Listenelemente werden damit automatisch durchnummeriert.

Definitionslisten für Erklärungen

Bei einer Definitionsliste steht direkt unter einem Begriff dessen Erklärung. In unserem Restaurant-Angebot steht beispielsweise unter dem Begriff *Brunch* dessen Kurzbeschreibung: *Langes Frühstück mit Mittagessen*. So kann sich jeder etwas darunter vorstellen.

1. Geben Sie den Text ein. Dabei geben Sie zunächst den zu erklärenden Begriff ein, drücken dann ⏎ und schreiben anschließend dessen Erklärung. Diese beenden Sie ebenfalls mit ⏎. Auf diese Weise stehen alle Texteinheiten wieder in einem Absatz.

2. Wählen Sie aus der Menüleiste FORMATIEREN / LISTE / DEFINITIONSLISTE.

Abb. 2.24:
Definitionsliste
eines Restaurant-Angebots

Eine Definitionsliste enthält zum einen den Begriff, der zu definieren ist <dt>, zum anderen die eingerückte Definition <dd>. Diese Codeelemente können Sie über die in der Randspalte abgebildeten Buttons in der Kategorie TEXT des Bedienfelds EINFÜGEN definieren. Auch bei Definitionslisten können Sie die Darstellung des Textes mit CSS formatieren (vgl. Kapitel 3.4).

Listing 2.3:
HTML-Struktur
einer Definiti-
onsliste

```
<dl>
  <dt>Brunch</dt>
  <dd>Langes Frühstück mit Mittagessen</dd>
  <dt>…</dt>
  <dd>…</dd>
</dl>
```

Möchten Sie weiteren Text außerhalb der definierten Liste erstellen, drücken Sie zweimal ⌐⌐. Das Listenformat wird dadurch beendet.

Eine Definitionsliste verwandeln Sie wieder in einen Absatz, indem Sie im Eigenschafteninspektor auf TEXT-NEGATIVEINZUG 🔳 klicken oder in der Menüleiste FORMATIEREN / NEGATIVEINZUG wählen. Den Einzug lernen Sie im nächsten Kapitel näher kennen.

Die auf der CD-ROM gespeicherte Webvisitenkarte enthält eine ungeordnete Aufzählung. Sämtliche Listentypen sind in der Datei *aufzaehlungen.htm* gegenübergestellt. Auch dieses Dokument ist im Kapitelverzeichnis *kap02* gespeichert.

2.6.4 Texteinzug für Zitate

Häufig werden Absätze nicht innerhalb einer Definitionsliste, sondern mit einem Texteinzug eingerückt. Dabei wird der Text nicht nur links, sondern auch rechts eingeschoben dargestellt. Entsprechend der HTML-Konvention sollten Texteinzüge jedoch nur für Zitate verwendet werden:

1. Klicken Sie in den Absatz, den Sie einrücken möchten. Um mehreren Absätzen einen Einzug zuzuweisen, markieren Sie diese Absätze.

2. Drücken Sie im Eigenschafteninspektor auf den Button TEXTEINZUG 🔳 oder wählen Sie in der Menüleiste FORMATIEREN / EINZUG. Alternativ klicken Sie auf den Button 🔳 in der Kategorie TEXT des Bedienfelds EINFÜGEN.

Blockquote
= Blockzitat

Der Text wird um eine Einheit nach rechts eingerückt. Hierzu fügt Dreamweaver das blockquote-Tag in den Quelltext ein.

```
<blockquote>Das ist ein Zitat.</blockquote>
```

3. Wiederholen Sie den vorherigen Arbeitsschritt so oft, bis der Text an der gewünschten Stelle steht.

Abb. 2.25:
Eingerückte
Blockzitate

Zitate

Wilhelm Busch über das Essen:

> Das Trinkgeschirr, sobald es leer,
> macht keine rechte Freude mehr.

Und das meint Ludwig Feuerbach:

> Der Mensch ist, was er ißt.

Mit dem Button Text-Negativeinzug im Inspektor verschieben Sie einen einge-rückten Absatz wieder um eine Einheit nach außen. Der Negativeinzug hebt je-weils ein `<blockquote>` auf. Sie entfernen damit also eine Einzugsebene. Daher funktioniert dieser Befehl nur, wenn Sie bereits einen Einzug platziert haben.

Drücken Sie erneut diesen Button, um weitere `blockquote`-Elemente zu entfer-nen. Alternativ wählen Sie Formatieren / Negativeinzug in der Menüleiste.

Verzichten Sie auf den Einsatz mehrerer `blockquote`-Tags hintereinander. Mit CSS können Sie die gewünschten Abstände exakt definieren. Wie das geht, erfahren Sie in Kapitel 4.7.3.

Möchten Sie ein Zitat kennzeichnen ohne dass hierzu der Text eingerückt wird, verwenden Sie das q-Tag. Mit dem darin definierten `cite`-Attribut nennen Sie zudem den Urheber. In einigen Browsern, wie etwa Firefox, wird das Zitat dann automatisch in Anführungszeichen gesetzt. Auch die Live-Ansicht von Dream-weaver zeigt diese an.

"Der Mensch ist, was er ißt."

```
<q cite="Ludwig Feuerbach">Der Mensch ist, was er isst.</q>
```

Eine Variante des Zitat-Tags fügen Sie über Formatieren / Stil in das Dokument ein (vgl. Kapitel 2.7). Hierbei wird die Quelle nicht genannt: `<cite>…</cite>`

Einige Zitate finden Sie in der Datei *zitate.htm* auf der CD-ROM.

2.7 Logische Stile für die Textauszeichnung

Bislang haben wir lediglich HTML-Tags für die Textauszeichnung verwendet. Im Bedienfeld Eigenschaften gibt es zudem die beiden logischen Stile Fett **B** und Kursiv *I*, mit denen Sie die Darstellung einzelner Zeichen bestimmen können. Das **B** steht für **bold** (= fett); das *I* für *italic* (= kursiv). Dabei legen diese Stile je-doch nur den Charakter eines Textes fest und überlassen dem Browser die ge-naue Interpretation.

bold = fett

So definiert `<strong>` lediglich, dass der eingeschlossene Text hervorgehoben werden soll. Die meisten grafischen Browser zeigen diesen Text dann zwar in fetter Schrift an, doch es gibt auch einige, welche die Anweisung anders inter-pretieren.

B

italic = kursiv

Ebenso verhält es sich mit dem em-Tag. Ein Screenreader betont den hierin ein-geschlossenen Text bei der »Aussprache«. In den meisten visuellen Browsern, wird dieser dann kursiv hervorgehoben.

I

Mit CSS können Sie das Erscheinungsbild dieser logischen Stile und der bereits besprochenen Tags individuell bestimmen und damit die Standardeinstellungen der Webbrowser ändern. Wie das geht, erfahren Sie in Kapitel 3.

Im Menü FORMATIEREN / STIL definieren Sie weitere Stile.

 Öffnen Sie die Datei *stile.htm* in *kap02* auf der CD-ROM. Hier sind sämtliche Stile angewendet. Überprüfen Sie deren Darstellung in unterschiedlichen Browsern. Beachten Sie, dass nicht alle Textstile in allen Browsern gleich umgesetzt werden. Testen Sie darum Ihre Seite in mehreren Browsern und überprüfen Sie, ob die Textdarstellung Ihren Vorstellungen entspricht. Wie Sie in Dreamweaver die Browservorschau hierzu einsetzen, erfahren Sie in Kapitel 5.8.

2.8   Dokumente speichern

Sichern Sie regelmäßig Ihre Arbeit in Dreamweaver. Es ist immer ärgerlich, wenn der Rechner plötzlich abstürzt oder sonst etwas schief läuft und die ganze Arbeit umsonst war. Gehen Sie daher immer auf Nummer Sicher.

1. Wählen Sie DATEI / SPEICHERN UNTER oder drücken Sie die Tastenkombination ⌈Strg⌉ + ⌈⇧⌉ + ⌈S⌉. Auch wenn Sie auf die Schaltfläche SPEICHERN 🖫 in der Symbolleiste STANDARD klicken erscheint das Dialogfenster SPEICHERN UNTER.

2. Wählen Sie den Ordner aus, in dem Sie die Datei speichern möchten.

 Ist dieser noch nicht vorhanden, klicken Sie auf NEUEN ORDNER ERSTELLEN 🗁 am oberen Dialogfensterrand. Überschreiben Sie den Namen *Neuer Ordner* und beachten Sie die Konventionen bei der Benennung.

3. Geben Sie einen DATEINAMEN ein.

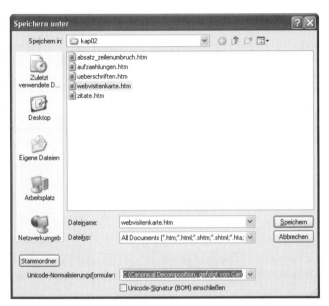

Konventionen für Datei- und Verzeichnisnamen: Wenn Sie Ihre Dokumente sichern, sollten Sie Leer-, Sonder- und Satzzeichen in Datei- und Verzeichnisnamen vermeiden. Viele Server ändern während des Datei-Uploads diese Zeichen. Dadurch werden alle Verweise auf die Datei unterbrochen. Verwenden Sie ggf. den Unterstrich (z. B. statt des Leerzeichens).

Wenn Sie eine andere Dateiendung (z. B. *.css*, *.cgi* oder *.asp*) benutzen möchten, müssen Sie noch den DATEITYP im Menü darunter bestimmen.

4. Klicken Sie auf die Schaltfläche SPEICHERN oder bestätigen Sie Ihre Eingabe mit der Taste ⏎.

Falls Sie mehrere Dokumente auf einmal speichern möchten, klicken Sie in der Symbolleiste STANDARD auf den Button 🖫 oder wählen Sie in der Menüleiste DATEI / ALLES SPEICHERN.

Das Dialogfenster SPEICHERN UNTER erscheint, wenn sich unter den gleichzeitig zu speichernden Dokumenten eine Datei befindet, die Sie noch nie gesichert haben. Geben Sie den gewünschten Dateinamen an und legen Sie den Speicherort fest.

In Dreamweaver werden Dokumente wie in anderen Programmen auch geschlossen, indem Sie beispielsweise DATEI / SCHLIESSEN wählen (vgl. Kapitel 5.2.2). Haben Sie die Änderungen in einer Datei vor dem Schließen noch nicht gespeichert, erscheint folgendes Dialogfenster:

Klicken Sie auf Ja, erscheint das Dialogfenster SPEICHERN UNTER, falls Sie noch keinen Dateinamen vergeben haben. Drücken Sie NEIN, wird die Datei ohne Speichern geschlossen. Klicken Sie auf ABBRECHEN, bleibt das Dokument geöffnet.

In der Titelleiste bzw. im Register eines Dokuments erkennen Sie noch nicht gesicherte Webseiten gut an dem Sternchen neben dem Dateinamen (Abbildung 2.29, linkes Register). Wurde ein Dokument noch nie gespeichert und damit noch kein Dateiname angegeben, steht hier *Unbenannt-X*. Weitere Informationen über die Arbeit mit mehreren Dokumenten erhalten Sie in Kapitel 5.

*Abb. 2.29:
Register mit
Dateinamen*

Speichern Sie Webseiten mit vordefiniertem Layout bzw. einem Verweis auf externe Dateien, können Sie neben der HTML-Datei auch die abhängigen Dateien sichern.

Gespeicherte Dateien öffnen Sie über DATEI / ÖFFNEN bzw. den Button ÖFFNEN ⬀ in der Symbolleiste STANDARD. Ganz schnell geht's mit [Strg] + [o].

Die fertige Webvisitenkarte unseres Beispiel-Restaurants ist auf der CD-ROM im Verzeichnis *kap02* gespeichert (*webvisitenkarte.htm*).

Ihre Webvitenkarte enthält zwar jetzt die wesentlichen Informationen und kann online veröffentlicht werden, doch mit dem Aussehen werden Sie wohl noch nicht richtig zufrieden sein. Im nächsten Kapitel wenden wir uns dem Feinschliff und dem Design dieser Seite zu. Wie Sie die Seite selbst in Dreamweaver publizieren, erfahren Sie in Kapitel 14. Doch bevor wir Farbe ins Spiel bringen, beantworten Sie bitte die folgenden Fragen der kleinen Erfolgskontrolle.

2.9   Kleine Erfolgskontrolle

4. Worin liegt der Unterschied zwischen HTML und CSS? (Mehrere Antworten sind richtig!)

   a) HTML bestimmt die logische Auszeichnung einzelner Bereiche.

   b) CSS bestimmt die logische Auszeichnung einzelner Bereiche.

   c) Die Seitenstruktur wird von HTML bestimmt.

   d) CSS ist eine Formatierungssprache.

   e) CSS steht für *Computerspiele spielen*.

   f) HTML bestimmt das Grundgerüst einer Webseite.

5. Sie drücken [Strg] + [↵]. Hiermit erstellen Sie …

   a) …einen Absatz.

   b) …einen Zeilenumbruch.

6. Welches HTML-Format verwenden Sie sinnvollerweise für ein Glossar?

   a) ungeordnete Liste

   b) geordnete Liste

   c) Definitionsliste

   d) Texteinzüge

7. Was ist ein <blockquote>?

   a) Tag, das einen Absatz einrückt

   b) Statistische Berechnung

   c) Tag zur Zeichenformatierung

KAPITEL 3

Texte und Absätze
mit CSS formatieren

Dreamweaver unterscheidet strikt zwischen der logischen Auszeichnung mit HTML und der Formatierung mit CSS. Letzteres bestimmt das Erscheinungsbild einer Webseite und darum geht es in diesem Kapitel. Hier erfahren Sie, wie Sie ausgewählte Schriftzeichen und Absätze formatieren, Schriftart und Textgröße festlegen oder einzelne Textzeichen einfärben.

Wenn Sie schon eine ältere Dreamweaver-Version kennen oder von der Arbeitsweise in anderen Programmen ausgehen, fragen Sie sich vielleicht jetzt, warum ich diesem Thema ein ganzes Kapitel widme.

Ganz einfach: Wenn Sie bereits mit Microsoft Word oder einem anderen Textverarbeitungsprogramm gearbeitet haben, kennen Sie die Grundlagen der Textformatierung. Durch die strikte Trennung von HTML und CSS benötigen Sie für diese recht trivialen Arbeiten zudem noch profunde Kenntnisse über CSS. Oder wissen Sie schon, was Elementstile, CSS-Klassen, IDs oder Pseudoelemente sind? Dann sollten Sie vielleicht gleich in mein Dreamweaver-Kompendium schauen, das sich an fortgeschrittene Anwender richtet und tiefer in die Materie eintaucht.

In diesem Workshop bestimmen Sie zunächst allgemein gültige Seiteneigenschaften und formatieren anschließend ausgewählte Textzeichen und Absätze Ihrer Webvisitenkarte. Sie erfahren, wie Sie das Erscheinungsbild von Überschriften, Listenelementen und anderen Textblöcken mit CSS regeln.

Sie lernen in diesem Kapitel

- die Vorteile von CSS nutzen
- Schriftart, -größe und Farbe festlegen
- Zeichenattribute für die gesamte Seite bestimmen
- Seitenränder definieren
- Elementstile, CSS-Klassen, IDs, Inline-Stile einsetzen
- die Symbolleiste STILWIEDERGABE einsetzen
- Seitentitel für Suchmaschinen bestimmen.

3.1   Wozu HTML? Wozu CSS?

Lassen Sie uns zusammenfassend nochmals festhalten, worin die wesentlichen Unterschiede von HTML und CSS liegen. Damit können Sie besser die Vorteile und die grundlegende Arbeitsweise von Dreamweaver verstehen:

HTML Wie erwähnt, ist HTML die führende Sprache im Web. Die Abkürzung steht für **H**yper**T**ext **M**arkup **L**anguage. HTML ist also eine Auszeichnungssprache, die der Browser in ein optisches Bild übersetzt. Fehlen spezifische Formateinstellungen, bestimmt der Browser die Darstellung der einzelnen Seitenelemente. Beispielsweise zeigen die meisten Browser Hauptüberschriften <h1> mit schwarzen Zeichen und in der Schriftart *Times*. Allerdings ist diese Darstellung nicht einheitlich in allen Browsern geregelt.

Häufig wird HTML als Programmiersprache bezeichnet. Das ist nicht richtig, denn HTML beinhaltet keine Schleifen, Wenn-dann-Anweisungen und sonstige Funktionen, die eine klassische Programmiersprache auszeichnen.

CSS **C**ascading **S**tyle **S**heets (CSS) definieren Stilregeln, welche das Format und damit die Darstellung einzelner Elemente beeinflussen. Hierdurch ändern Sie die mit den HTML-Tags verbundenen Standardeinstellungen der Browser. Mit CSS erzielen Sie eine weitgehend einheitliche Darstellung Ihrer Seite in den verschiedenen Browsern.

Dabei kann beispielsweise eine Elementregel festlegen, dass alle Überschriften der ersten Ordnung (<h1>) in roter Schrift dargestellt werden. Ist diese Regel in einer externen CSS-Datei gespeichert und verweisen alle Dokumente eines Internetauftritts darauf, werden automatisch alle Überschriften <h1> in dieser Farbe präsentiert. Ändern Sie nun die CSS-Regel und bestimmen Sie, dass statt Rot nun Grün verwendet werden soll, wirkt sich dies automatisch auf alle Webseiten aus, die mit dieser CSS-Datei verknüpft sind. Bei großen Webpräsentationen mit mehreren 1.000 Seiten sparen Sie damit viel Zeit. Sie müssen nur die

CSS-Datei ändern, nicht aber die einzelne HTML-Seite mit den logisch struktu-
rierten Textinformationen aktualisieren.

Ein weiterer Vorteil liegt in der Flexibilität und Genauigkeit der CSS-Anwei-
sung. Während bei HTML die Position eines Elements im Code dessen Darstellung im Entwurfsfenster bzw. im Webbrowser bestimmt, durchbricht CSS diese
Anordnung. Eine CSS-Regel kann ein Seitenelement vom Seitenende an den
Seitenanfang setzen, ohne dass dazu die Position im HTML-Code geändert wird.
Zudem können Sie die Abstände zwischen den einzelnen Objekten exakt definieren.

HTML und CSS sind plattformübergreifend und werden damit von unterschiedlichen Betriebssystemen und Browsern interpretiert. Die beiden Sprachen entsprechen einem offenen Standard, den das Konsortium W3C festlegt und ständig weiterentwickelt. Im Web finden Sie weitere Informationen hierzu unter
http://www.w3c.org.

3.2   Arten unterschiedlicher CSS-Regeln

In Dreamweaver müssen Sie den Code nicht manuell eingeben, wenn Sie eine
Webseite formatieren möchten. Allerdings erleichtern grundlegende Kenntnisse
das Verständnis der CSS-Funktionalität und damit Ihre Arbeit. Der Code einer
CSS-Regel ist nach einer festen Struktur aufgebaut.

```
Selektor {  Attribut: Wert;  }
```

Damit beispielsweise alle Überschriften erster Ordnung rot dargestellt werden,
geben Sie als Selektor zunächst das zu ändernde HTML-Element h1 an. Anschließend folgt die Formatierung in geschweiften Klammern:

Element / Tag

Den Code für das Attribut *Farbe* geben Sie mit `color`, gefolgt von den dem ge-
wünschten Farbwert, an. Farbwerte werden ebenfalls kodiert und häufig als
Hexadezimalcode angegeben. Diesen Hexadezimalcode erkennen Sie gut an der
Raute #, hinter der entweder drei oder sechs Zeichen stehen (vgl. Kapitel 3.3.3).
Zudem können Sie weitere Attribute, wie etwa Schriftgröße (`font-size`) oder
Schriftart (`font-family`), in der gleichen Regel ändern.

```
h1 {  color: #F00; font-size: 14px;  }
```

Ein Elementstil bestimmt also das Aussehen spezifischer HTML-Typen auf einer
Seite. Diesen Typ definieren Sie in den Seiteneigenschaften (Kapitel 3.3). Hierin
ist die Formatierung einzelner Textteile weiterhin möglich, zum Beispiel mit einer CSS-Klasse:

Verwenden Sie stattdessen als so genannten Selektor eine CSS-Klasse, können
Sie die Anweisung unterschiedlichen Elementen zuweisen. CSS-Klassen erkennen Sie im Codefenster gut an dem Punkt vor dem Klassennamen (`.selektor-
name`). Mit diesem Stiltyp beschäftigt sich Kapitel 3.4.

Klasse

Andererseits formatieren Sie mit einem ID-Stil genau ein bestimmtes Element in
einer Webseite. ID-Stile erkennen Sie im Stylesheet an der Raute vor dem
Selektornamen (`#selektorname`). ID-Stile werden hauptsächlich für das exakte

ID

Positionieren eindeutig identifizierbarer Seitenelemente benötigt. Beispielsweise gilt #selektorstil nur für das Tag mit dem Attribut-Wert-Paar id="selektorstil". Mit solchen Stilen arbeiten Sie in Kapitel 4.7.3 und 6.

Pseudoklassen   Daneben gibt es noch so genannte Pseudoklassen, mit denen Sie unterschiedliche Zustände für Hyperlinks definieren. Wie das geht, zeigt Kapitel 8.8.

Inline-Stile   Zudem gibt es noch die so genannten Inline-Stile. Diese stehen innerhalb des HTML-Tags, dessen Aussehen sie definieren. Im folgenden Beispiel wird nur eine bestimmte h1-Überschrift an Ort und Stelle formatiert:

```
<h1 style="color: red;">Das ist ist Überschrift</h1>
```

Da Inline-Regeln nicht an zentraler Stelle gespeichert werden, erleichtern Sie nicht die Aktualisierung des kompletten Webauftritts.

CSS-Befehle können im head-Bereich eines HTML-Dokuments eingebunden werden. Leistungsfähiger und flexibler sind Sie allerdings, wenn Sie die Befehle in einer externen Datei anlegen. Ändern Sie die Formatierung in der CSS-Datei, wird diese automatisch in allen Webseiten, welche auf diese Datei verweisen, aktualisiert.

In diesem Kapitel lernen Sie, wie Sie Textformate mit CSS definieren. Die Vorgehensweise bei anderen Seitenelementen, wie Bildern und Tabellen, lernen Sie im entsprechenden Kapitel kennen.

Vordefinierte CSS-Layouts mit Stilregeln für unterschiedliche Seitenelemente finden Sie im Dialogfenster NEUES DOKUMENT (DATEI / NEU) in der Kategorie SEITE AUS BEISPIEL.

Abb. 3.1:
Vordefinierte
CSS-Style-
sheets unter
SEITE AUS BEISPIEL

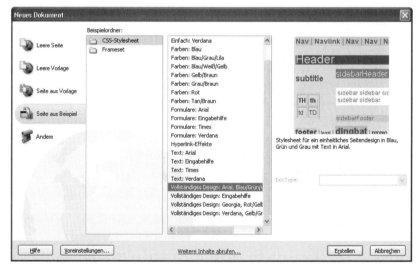

3.3 Allgemeine Seiteneigenschaften für Text

Ist für einen Text keine Schrift definiert, verwendet der Webbrowser eine Standardschrift. Da diese jedoch nicht immer zum Gesamtbild einer Webseite passt, sollten Sie immer eine Schriftart definieren. Diese weisen Sie nicht jedem einzelnen Textelement separat zu, sondern halten die CSS-Regel als allgemein gültige Seiteneigenschaft fest. Auch Größe und Farbe legen Sie hier fest.

Anschließend bestimmen Sie das Aussehen der Textelemente, die davon abweichen. Wie das geht, erfahren Sie in Kapitel 3.4.

1. Öffnen Sie Ihre Webvisitenkarte in Dreamweaver. Alternativ verwenden Sie für diesen Workshop das Dokument aus der letzten Übung (*webvisitenkarte.htm*). Dieses finden Sie auf der CD-ROM im Verzeichnis *kap02*.

2. Wählen Sie in der Menüleiste MODIFIZIEREN / SEITENEIGENSCHAFTEN oder drücken Sie ⌷Strg⌷ + ⌷J⌷. Dreamweaver öffnet das Dialogfenster SEITENEIGENSCHAFTEN.

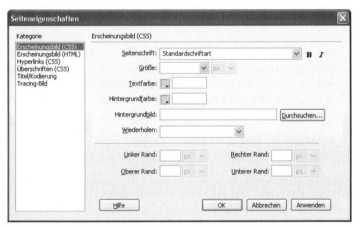

Abb. 3.2: Seiteneigenschaften definieren

In den folgenden Abschnitten lernen Sie die einzelnen Einstellungen näher kennen. Im Rahmen unseres Workshops können Sie diese Arbeiten hintereinander im geöffneten Dialogfenster erledigen.

Drücken Sie auf die Schaltfläche ANWENDEN, wenn Sie die Einstellungen im Entwurfsfenster überprüfen möchten. Das Dialogfenster SEITENEIGENSCHAFTEN bleibt dabei weiterhin geöffnet. Korrigieren Sie ggf. die Einstellungen.

3.3.1   Seitenschrift mit gruppierten Schriftarten

Wählen Sie die allgemein gültige SEITENSCHRIFT im gleichnamigen Menü des Dialogfensters SEITENEIGENSCHAFTEN aus. Dieses finden Sie in der Kategorie ERSCHEINUNGSBILD (CSS).

▦ Für die Webvisitenkarte wählen Sie *Arial, Helvetica, sans-serif*. Diese Schriftfamilie ist am Monitor am besten lesbar.

Abb. 3.3:
Seitenschrift
auswählen

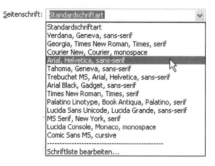

Dreamweaver fasst verwandte Schriftarten in Gruppen zusammen. Ist die erste Schrift bei Ihrem Seitenbesucher nicht installiert, verwendet der Browser automatisch die nächste. Fehlt auch diese wird die dritte genannte Schriftart angezeigt. Dabei handelt es sich um eine so genannte generische Schrift (z. B. *sans-serif*). Bei einer generischen Schrift wird die hierfür definierte systemspezifische Standardschriftart gewählt. Wie Sie die Schriftliste bearbeiten, erfahren Sie in Kapitel 3.5.

Über die Buttons rechts daneben bestimmen Sie, ob der Fließtext fett B oder kursiv I hervorgehoben werden soll. Diese Einstellungen erschweren die Lesbarkeit des Textes und sollten nur im Ausnahmefall verwendet werden.

Dreamweaver speichert die Seiteneigenschaften in einem dokumentinternen CSS-Stil für die HTML-Elemente body, h1, ..., h6. Wie Sie diese in eine separate externe Datei verschieben und auf mehrere Dokument anwenden, erfahren Sie in Kapitel 8.8.1 – Exkurs.

3.3.2 Schriftgröße absolut oder relativ bestimmen

Bestimmen Sie im Menü die GRÖSSE des Fließtextes: Für unsere Restaurant-Visitenkarte stellen Sie bitte 14 Pixel ein.

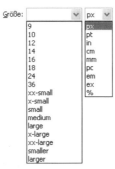

Abb. 3.4:
Größe und Einheit festlegen

□ **Exakte Größen** zwischen *9* und *36* stellen Sie über das linke Menü ein. Im Menü dahinter definieren Sie die gewünschte Einheit. Diese wird als Abkürzung im Code hinterlegt. Dabei ist zwischen absoluten und relativen Größen zu unterscheiden.

Eine **relative Einheit** bezieht sich auf die Größe des übergeordneten Elements. Hierzu zählen *%, em, ex, px* (Pixel, bezieht sich auf die Bildschirmauflösung). Die Standardschriftgröße der meisten Browser beträgt 16 Pixel, die 1 em entsprechen.

Bei einer **absolute Einheit** handelt es sich dagegen um einen festen Wert ohne Bezugsgröße: *cm, mm, pc* (Pica), *pt* (Punkt), *in* (Zoll / Inch).

□ Auch **ungenaue Angaben** sind im Menü GRÖSSE möglich. Dabei bestimmen System und Browser die Darstellung der jeweiligen Ausprägung.

xx-small	=	winzig
x-small	=	sehr klein
small	=	klein
medium	=	mittel (Voreinstellung im Browser)
large	=	groß
x-large	=	sehr groß
xx-large	=	riesig
smaller	=	kleiner als normal
larger	=	größer als normal

Tabelle 3.1:
Ungenaue, systembezogene Größen

xx-small	x-small	small	medium	large	x-large	xx-large

Abb. 3.5:
Systembezogene Größen im Browser

Auf der CD-ROM finden Sie in der Datei *groessen.htm* Beispieltext für ungenaue Einheiten. Die Datei ist im Verzeichnis *kap03* gespeichert. In Dreamweaver sind alle CSS-Attribute und ihre Werte wie später im Code hinterlegt.

3.3.3　Farben von Text und Seitenhintergrund

Standardmäßig ist die Textfarbe einer Webseite schwarz. Der Seitenhintergrund wird weiß dargestellt.

Die TEXTFARBE der Seite legen Sie fest, ...

1. ... indem Sie auf den Farbwähler ▣ klicken.

2. Mit der Pipette ✐ wählen Sie den gewünschten Farbwert aus der offenen Farbpalette aus. Oder Sie geben den Hexadezimalwert der gewünschten Farbe manuell in das Feld ein (s. u.).

Damit der Text auf dem weißen Hintergrund der Webvisitenkarte gut lesbar ist, wählen Sie einen dunklen Farbton, wie etwa Dunkelblau.

Abb. 3.6:
Farbe für Text
auswählen

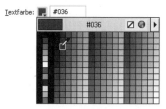

Mit der Pipette lassen sich auch Farben außerhalb der Dreamweaver-Farbpalette aufnehmen. Halten Sie die linke Maustaste ständig gedrückt, wenn Sie das Dreamweaver-Fenster verlassen und Farben aus anderen Anwendungen aufgreifen. Hierzu muss Dreamweaver schwebend auf dem Arbeitsbereich angeordnet sein (vgl. Kapitel 5.2).

Wenn Sie im geöffneten Farbwähler auf ▶ rechts oben klicken, öffnet sich das Menü mit weiteren Farbpaletten. Die aktive Palette erkennen Sie an dem Häkchen. Mit einem Mausklick ändern Sie diese Anzeige.

Standardmäßig zeigt Dreamweaver die FARBWÜRFEL an. Beachten Sie bei Ihrer Auswahl, dass nur die Paletten FARBWÜRFEL und KONTINUIERLICHER FARBTON websichere Farben enthalten.

Abb. 3.7:
Farbpalette
ändern

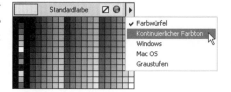
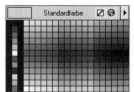

Insgesamt gibt es 216 so genannte **websichere Farben**. Betrachten Sie die Farben mit einer Grafikkarte, die 256 Farben darstellen kann, erscheinen diese **Web-Safe-Farben** unter Windows und Mac OS in der gleichen Weise. Auch zwischen Microsoft Internet Explorer und Mozilla-Browsern gibt es keine Unterschiede.

Im HTML-Quelltext werden Farben entweder mit **Hexadezimalwerten** (z. B. #FF0000) oder als Farbname (z. B. red) definiert. Jeder Hexadezimalcode für websichere Farben ist eine Kombination der Werte 00, 33, 66, 99, CC und FF. Diese entsprechen den **RGB**-Werten 0, 51, 102, 153, 204 und 255. Statt der ausführlichen sechsstelligen Schreibweise verwendet Dreamweaver die abgekürzte dreistellige Form, bei der doppelte Ziffern und Zahlen nur einmal angegeben werden (z. B. #F00).

Die aktuelle Farbe löschen Sie, indem Sie entweder eine neue Farbe auswählen oder auf den durchgestrichenen Button ⊘ (STANDARDFARBE) klicken. Alternativ entfernen Sie den Code im Feld TEXTFARBE oder tragen hier einen anderen ein.

Wenn Sie auf den Button SYSTEMFARBEN ● klicken, stehen Ihnen im Dialogfenster FARBEN Millionen von weiteren Farben zur Verfügung. Diese können Sie hier individuell zusammenmischen:

1. Platzieren Sie zuerst den Farbmischer auf dem gewünschten Farbton. Der Farbmischer ist das große Farbfeld im oberen rechten Dialogfensterbereich.

2. Schieben Sie den Farbregler rechts daneben auf den gewünschten Helligkeitswert. Die darunter stehenden RGB-Werte (ROT, GRÜN, BLAU) werden automatisch ermittelt. Alternativ tragen Sie die Farbwerte selbst in die Eingabefelder rechts unten ein.

3. Klicken Sie auf OK, um zu den Seiteneigenschaften zurückzukehren. Dreamweaver hat in das Eingabefeld automatisch den Hexadezimalcode der ausgewählten Farbe eingetragen.

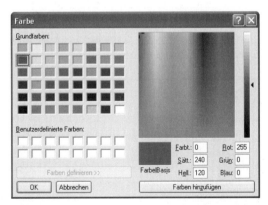

Abb. 3.8:
Farbton zusammenmischen

Die HINTERGRUNDFARBE bestimmen Sie im Farbwähler darunter. Achten Sie auf einen guten Kontrast zwischen dem Hintergrund und den darauf platzierten Seitenelementen sowie der Textfarbe. Einige Browser stellen den Hintergrund grau dar, wenn keine Farbe bestimmt ist. Um sicher zu sein, dass dieser tatsächlich wie im Entwurfsfenster angezeigt wird, sollten Sie Weiß (#FFF) im Feld einstellen.

 Informationen über das Hintergrundbild erhalten Sie in Kapitel 2.2.1.

Text- und Hintergrundfarbe können Sie auch als HTML-Code hinterlegen. Hierzu wechseln Sie in die Kategorie ERSCHEINUNGSBILD (HTML). Die Angaben werden direkt im body-Tag gespeichert.

Diese Attribute sollten Sie für neue Webseiten nicht mehr angeben. Aktualisieren Sie dagegen ältere Seiten, können Sie die Angaben hier entweder ändern oder durch entsprechende Attribute in der Kategorie ERSCHEINUNGSBILD (CSS) ersetzen. Diese Attribute sind in einer CSS-Regel für das body-Element gespeichert. Diese Regel ist standardmäßig im head-Bereich des Dokuments gespeichert.

Abb. 3.9:
Attribute mit
HTML defi-
nieren

Seiteneigenschaften	⊠
Kategorie	**Erscheinungsbild (HTML)**

Erscheinungsbild (CSS)
Erscheinungsbild (HTML)
Hyperlinks (CSS)
Überschriften (CSS)
Titel/Kodierung
Tracing-Bild

Hintergrundbild: [   ] [Durchsuchen...]

Hintergrund: [□] [   ]

Text: [□] [   ]   Besuchte Hyperlinks: [□] [   ]

Hyperlinks: [□] [   ]   Aktive Hyperlinks: [□] [   ]

Linker Rand: [   ]   Randbreite: [   ]

Oberer Rand: [   ]   Randhöhe: [   ]

[Hilfe]   [OK] [Abbrechen] [Anwenden]

3.3.4   Seitenränder angeben

Damit Text und andere Inhalte nicht zu dicht am Seitenrand kleben, geben Sie den gewünschten Abstand im Dialogfenster SEITENEIGENSCHAFTEN an:

■ Tragen Sie die Breite der Seitenränder in die unteren Felder der Kategorie ERSCHEINUNGSBILD (CSS) ein und geben Sie die gewünschte Einheit im Menü dahinter an. Die Angaben der Webvisitenkarte entnehmen Sie Abbildung 3.10.

Abb. 3.10:
Seitenränder
festlegen

Linker Rand: [30] [px ▼]   Rechter Rand: [   ] [px ▼]

Oberer Rand: [50] [px ▼]   Unterer Rand: [   ] [px ▼]

Wenn Sie die Angaben in der Kategorie Erscheinungsbild (HTML) hinterlegen, bestimmen Sie lediglich Werte für Linker Rand und Oberer Rand. Allerdings kann nur der Internet Explorer diesen <body>-Eintrag interpretieren. Netscape Navigator und Firefox ignorieren diese Werte und interpretiert stattdessen Randbreite und Randhöhe, womit wiederum der Internet Explorer nichts anfangen kann. Die beste, browserunabhängige Darstellung erzielen Sie mit den Angaben in der Kategorie Erscheinungsbild (CSS).

3.3.5 Überschriften mit CSS formatieren

Wenn Sie Überschriften in HTML definieren, werden diese in unterschiedlichen Größen dargestellt – je nachdem, ob es sich um eine Headline erster, zweiter … sechster Ordnung (<h1>, <h2>, … <h6>) handelt. Während die Überschrift <h1> am größten dargestellt wird, ist die Headline <h6> die kleinste (vgl. Kapitel 2.6.1).

Mit den CSS-Seiteneigenschaften bestimmen Sie einzelne Größen ganz konkret in der gewünschten Einheit. Diese geben Sie in der Kategorie Überschriften (CSS) an. Zudem können Sie Überschriften unterschiedlich einfärben und damit vom übrigen Text abheben.

Standardmäßig werden alle Überschriften in der gleichen Schriftart wie der Fließtext dargestellt. Dies ändern Sie im Menü Schrift für Überschriften. Über die Buttons dahinter bestimmen Sie den gewünschten Stil (fett, kursiv). Diese Angaben gelten stets für alle Hierarchien.

Um Überschriften vom Fließtext besser abzuheben, stellen Sie für die Webvisitenkarte eine andere Schrift ein. Diese soll mit 28 Pixel dargestellt werden. Farblich soll sich diese nicht besonders hervortun.

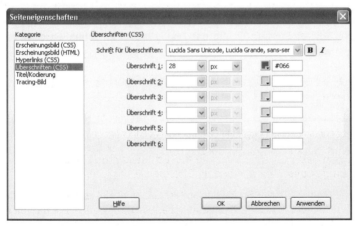

Abb. 3.11: Seiteneigenschaften für Überschriften

3.3.6 Seitentitel für Suchmaschinen und Favoriten

Jede Webseite sollte einen aussagekräftigen Seitentitel besitzen, der den Inhalt kurz zusammenfasst. Diese Information wird in der Ergebnisliste der Suchmaschinen angezeigt und verlinkt. User speichern diese Information zudem als Favorit bzw. Lesezeichen im Browser. Dieser zeigt den Titel zudem in der oberen Titelleiste (Abbildung 3.14).

Zunächst sind alle Seiten in Dreamweaver mit *Unbenanntes Dokument* betitelt. Diesen ändern Sie folgendermaßen:

1. Wechseln Sie im Dialogfenster SEITENEIGENSCHAFTEN in die Kategorie TITEL/KODIERUNG.

2. Überschreiben Sie den Platzhalter-Seitentitel *Unbenanntes Dokument*.

Abb. 3.12:
Titel und Kodierung in den Seiteneigenschaften

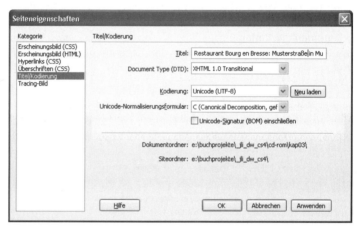

3. Klicken Sie auf OK, um das Dialogfenster zu schließen oder verändern Sie weitere Seiteneigenschaften.

Der Seitenname wird als <title> im **head**-Bereich des Dokuments gespeichert:

<title>Restaurant Bourg en Bresse: Musterstr. in Musterstadt</title>

Den TITEL können Sie auch in der Symbolleiste DOKUMENT eintragen oder ändern. Wird diese Leiste nicht angezeigt, wählen Sie ANSICHT / SYMBOLLEISTEN / DOKUMENT.

Abb. 3.13:
Der Titel in der Symbolleiste
DOKUMENT

Auch wenn Sie mit einer Dreamweaver-Vorlage mit vordefiniertem Layout arbeiten, sollten Sie einen aussagekräftigen Titel vergeben. Solche Vorlagen lernen Sie in Kapitel 5.1 und 6 kennen.

Abb. 3.14:
Titel im
Browser

Ihr Dokument sollte den XHTML-Anforderungen entsprechen, damit es in älteren und zukünftigen Browsern problemlos geladen werden kann. Darum haben Sie beim Erstellen des Dokuments an den Standardeinstellungen nichts geändert (vgl. Kapitel 2.1). Wählen Sie daher als DOCUMENT TYPE (DTD) zumindest *XHTML 1.0 Transitional*.

Dokumenttyp & Kodierung

Im Menü KODIERUNG legen Sie fest, wie der Browser die einzelnen Schriftzeichen Ihres Dokuments interpretieren soll. Wählen Sie *Unicode (UTF-8)* oder *Westeuropäisch*, wenn es sich um Deutsch, Englisch oder andere Sprachen mit lateinischen Zeichen handelt. Für Schriftzeichen anderer Sprachen, z. B. Kyrillisch, Griechisch, Isländisch, Japanisch, Chinesisch und Koreanisch stehen weitere Dokumentkodierungen zur Verfügung.

3.4   Zeichen und Absätze formatieren

Auf den folgenden Seiten ändern Sie die Formatierung einzelner ausgewählter Zeichen auf der Webseite und durchbrechen damit die allgemein gültigen Seiteneigenschaften. Bis jetzt hat sich unsere Visitenkarte folgendermaßen geändert:

Abb. 3.15:
HTML-Struktur
und CSS-Formatierung
(rechts)

3.4.1   Text auswählen und Tag-Selektor nutzen

Zunächst markieren Sie im Entwurfsfenster den Textblock bzw. die Zeichen, deren Aussehen Sie ändern möchten. Hierzu gibt es mehrere Möglichkeiten:

■ Klicken Sie zweimal hintereinander in das auszuwählende **Wort**. Dieses ist nun markiert.

    Um eine **Textzeile** zu markieren, klicken Sie diese im Entwurfsfenster links an oder setzen Sie den Mauszeiger an die gewünschte Stelle und drücken Sie ⇧ + → bzw. ⇧ + ←.

    Platzieren Sie den Mauszeiger in den Absatz <p>, die Überschrift <h1>, die ungeordnete Aufzählung <ul> oder einen anderen Textblock, den Sie formatieren möchten.

Der Tag-Selektor links in der Statusleiste am unteren Rand des Dokumentfensters zeigt das entsprechende Tag an. Dabei spiegelt der Tag-Selektor die übergeordnete HTML-Struktur des aktuellen Seitenelements wider, das folglich rechts in dieser Leiste steht. In Abbildung 3.16 ist im linken Beispiel eine Überschrift und im rechten ein fett hervorgehobener Textbereich in einem Absatz ausgewählt. Ganz links im Tag-Selektor finden Sie immer das body-Tag, mit dem Sie die gesamte Seite auswählen. Diesem Element können Sie dann allgemeine Seiteneigenschaften zuweisen (vgl. Kapitel 3.3).

Abb. 3.16:
Tag-Selektor
mit ausgewähl-
ten Elementen

<body> <h1>   <body> <p> <strong>

Möchten Sie eine bereits definierte CSS-Regel ändern oder erweitern, genügt es, wenn Sie in das entsprechende Element im Entwurfsfenster hineinklicken. Nur wenn Sie einen bestimmten Bereich neu definieren möchten, müssen Sie ihn exakt markieren.

3.4.2   Regel im Modus CSS des Inspektors erstellen

Am schnellsten formatieren Sie den ausgewählten Text im Bedienfeld EIGEN-SCHAFTEN. Alternativ bestimmen Sie Zeichenfarbe und Schriftart über FORMATIEREN in der Menüleiste. Im Bedienfeld CSS-STILE definieren Sie auch komplexe CSS-Anweisungen. Wie das geht, erfahren sie in Kapitel 4.7.

1. Markieren Sie den zu formatierenden Text (vgl. Kapitel 3.4.1).

2. Den Inspektor öffnen Sie über FENSTER / EIGENSCHAFTEN oder mit Strg + F3. Dabei kennen Sie den Modus HTML bereits aus Kapitel 2, in dem Sie die HTML-Struktur festgelegt haben.

3. Wechseln Sie nun in den Modus CSS, in dem Sie das Textformat bestimmen. Sind dem Text bereits entsprechende Attribute zugewiesen, werden diese hier angezeigt.

Abb. 3.17:
Standard-
formatierung
im Inspektor
ändern

Haben Sie beispielsweise eine Überschrift in der Webvisitenkarte markiert (siehe Randspalte), zeigt der Inspektor die zuvor definierten Seiteneigenschaften (vgl. Abbildung 3.17). Die mit der CSS-Regel verknüpften Elemente listet das Menü ZIELREGEL auf. Diese Formatierungen können Sie dann direkt im Bedienfeld ändern oder Sie öffnen erneut die SEITENEIGENSCHAFTEN, indem Sie auf die Schaltfläche im unteren Bereich des Inspektors klicken. Alternativ klicken Sie auf die Schaltfläche REGEL BEARBEITEN und ändern die Einstellungen im Bedienfeld CSS-STILE (vgl. Kapitel 4.7).

Kontakt:|

Restaurant Bourg
Max Mustermann
Musterstraße 1
12345 Musterstadt

Im Folgenden soll der Name des Restaurants in roter Schrift und in der Größe 16 px hervorgehoben werden. Dieser wird in unserem aktuellen Beispiel wegen des HTML-Stils nur fett hervorgehoben.

1. Markieren Sie im Entwurfsfenster die Zeile mit dem Restaurant-Namen.

2. Wählen Sie im Menü ZIELREGEL <*Neue CSS-Regel*> aus.

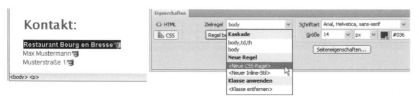

Abb. 3.18: Neue CSS-Regel erstellen

Wählen Sie alternativ <*Neuer Inline-Stil*>, wenn die Formatierung nur für das ausgewählte Element benötigt wird. Das anschließend definierte Format wird entweder in das HTML-Element oder mit einem neuen span-Tag in den Code eingefügt. Spätere Aktualisierungen sind recht aufwändig, so dass Sie Inline-Stile nur im Ausnahmefall verwenden sollten.

3. Geben Sie SCHRIFTART, GRÖSSE, FARBE ▢, einen STIL (**B**, *I*) oder eine ABSATZAUSRICHTUNG (▤ ▤ ▤ ▤) an. Die meisten Einstellungen kennen Sie bereits aus Kapitel 3.3.

   Für unseren Workshop wählen wir zunächst eine rote Farbe im Farbwähler aus.

   Dreamweaver öffnet das Dialogfenster NEUE CSS-REGEL, über das Sie die Grundinformationen für den neuen Stil hinterlegen.

Ausgewählte Absätze können Sie ebenfalls mit HTML ausrichten, indem Sie in der Menüleiste FORMATIEREN / AUSRICHTEN auswählen. Mit CSS können Sie jedoch noch weitere Einstellungen vornehmen und beispielsweise die Abstände zu benachbarten Elementen konkret definieren. Daher ist die Formatierung mit CSS der mit HTML vorzuziehen.

Abb. 3.19:
Neue CSS-
Regel anlegen

Neue CSS-Regel

Selektor-Typ:

Wählen Sie einen kontextbezogenen Selektor-Typ für die CSS-Regel aus.

Klasse (kann auf beliebige HTML-Elemente angewendet werden)

Selektor-Name:

Wählen Sie einen Namen für den Selektor aus oder geben Sie ihn ein.

[OK] [Abbrechen]

Weniger Details   Mehr Details

Regel-Definition:

Legen Sie fest, wo die Regel definiert sein soll.

(Nur dieses Dokument)

[Hilfe]

4. Möchten Sie nicht nur den markierten Restaurant-Namen, sondern später auch andere Zeichen rot einfärben und in dieser Größe zeigen, erstellen Sie eine *Klasse*, die auf beliebige Elemente angewendet werden kann. Den standardmäßig eingestellten SELEKTOR-TYP müssen Sie also nicht ändern.

Benötigen Sie dagegen einen anderen Stiltyp, wählen Sie diesen hier aus. Die entsprechenden Unterschiede haben Sie bereits in Kapitel 3.2 kennen gelernt.

Abb. 3.20:
Selektor-Typ
auswählen

Selektor-Typ:

Wählen Sie einen kontextbezogenen Selektor-Typ für die CSS-Regel aus.

Klasse (kann auf beliebige HTML-Elemente angewendet werden)

SelekKlasse (kann auf beliebige HTML-Elemente angewendet werden)
WähleID (wird nur auf jeweils ein HTML-Element angewendet)
Tag (definiert ein HTML-Element neu)
Zusammengesetzter Ausdruck (beruht auf Ihrer Auswahl)

[OK] [Abbrechen]

5. In das Feld darunter geben Sie den SELEKTOR-NAMEN an. Da es sich um eine Klasse handelt, muss vor dem Namen ein Punkt stehen (*.hervor*). Vergessen Sie diesen, fügt Dreamweaver ihn automatisch ein.

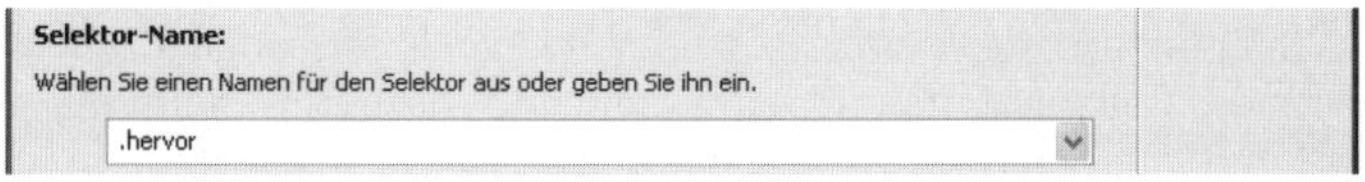

Abb. 3.21:
Selektor-Name
angeben
(hier: Klasse)

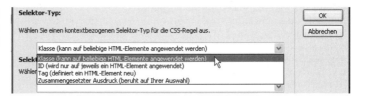

Selektor-Name:

Wählen Sie einen Namen für den Selektor aus oder geben Sie ihn ein.

.hervor

Definieren Sie dagegen einen Elementstil (SELEKTORTYP: *Tag*), wählen Sie im Menü das HTML-Tag aus, dessen Aussehen Sie mit der CSS-Regel beeinflussen möchten. Um mehrere Elemente gleichzeitig zu formatieren, geben Sie die Tags hier manuell ein und trennen sie durch ein Komma voneinander.

Die Seiteneigenschaften werden für HTML-Tags definiert. So beziehen sich Textformate und Ränder auf das body-Tag; Überschriften werden für die Tags h1, h2, h3, h4, h5, h6 erstellt.

Zusammengesetze Ausdrücke bzw. Pseudoklassen definieren Sie in Kapitel 8.8 für Hyperlinks. Weitere Informationen über *IDs*, vor deren Regelnamen die Raute # steht, finden Sie in Kapitel 4.7.3 und 6.

6. Im Menü am unteren Rand des Dialogfensters geben Sie den Speicherort der CSS-Regel an:

Nur dieses Dokument: Die CSS-Anweisungen werden im head-Bereich gespeichert. Listing 3.1 zeigt den später von Dreamweaver gespeicherten Code für die neue CSS-Klasse. Diese ist im Listing fett hervorgehoben. Das komplette Stylesheet wird mit dem öffnenden und schließenden style-Tag integriert. Die CSS-Anweisungen stehen in Kommentarzeichen <!-- CSS-Regeln --> und werden dadurch von älteren Browsern ignoriert, welche diese Regeln nicht umsetzen können.

```
<style type="text/css">
<!--
.hervor {
    color: #F00;
}
-->
</style>
```

Listing 3.1:
CSS-Klasse im
Webdokument

Neue Stylesheet-Datei: Die CSS-Anweisungen werden in eine separate Datei ausgegliedert und gespeichert. Speicherort und Dateinamen bestimmen Sie gleich. Die CSS-Datei enthält nur CSS-Regeln, also den in Listing 3.1 hervorgehobenen Code. Darüber fügt Dreamweaver noch die Dokumentkodierung ein (@charset "utf-8";).

Da Sie die Formatierungen der Webvisitenkarte noch für andere Webseiten benötigen, wählen Sie diese untere Option aus.

Abb. 3.22:
Speicherort
der CSS-Regel
festlegen

Sind bereits CSS-Dateien in der Site gespeichert, können Sie die neue CSS-Regel auch in eine bereits vorhandene Datei einfügen. Diese wird dann im Menü angezeigt und kann hier ausgewählt werden. Wie Sie die Site definieren, erfahren Sie in Kapitel 7.1.

7. Drücken Sie auf OK. Dreamweaver fügt ein dokumentinternes Stylesheet in den head-Bereich der Webseite ein. Möchten Sie weitere Attribute in diesem Stil definieren, setzen Sie Ihre Arbeit mit Schritt 9 fort.

   Haben Sie dagegen *Neue Stylesheet-Datei* gewählt, erledigen Sie zuvor noch den folgenden Arbeitsschritt 8.

8. Geben Sie das Verzeichnis und den Dateinamen der neuen Stylesheet-Datei (*format.css*) im Dialogfenster an und bestätigen Sie mit SPEICHERN.

Abb. 3.23: Neue Style-sheet-Datei speichern

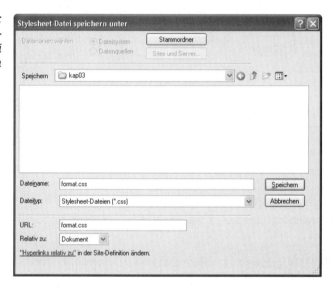

Dreamweaver speichert die Regeln im neuen Dokument und fügt in die bereits bestehende Webseite einen entsprechenden Verweis innerhalb des head-Bereichs ein:

```
<link href="format.css" rel="stylesheet" type="text/css" />
```

9. Definieren Sie weitere Formateinstellungen im Inspektor:

   Da der Restaurant-Name nicht nur rot, sondern gleichzeitig auch in der Größe 16 px erscheinen soll, müssen Sie dies noch angeben. Möchten Sie stattdessen wieder die Standardschriftgröße des Webbrowsers verwenden, wählen Sie *Keine* im Menü.

   Dabei verwenden Sie die gleiche ZIELREGEL.

Der aktuelle Stand der Webvisitenkarte *webvisitenkarte.htm* ist im Verzeichnis *kap03* gespeichert.

Am oberen Rand des Dokumentfensters blendet Dreamweaver alle abhängigen Dateien ein, die mit dem aktuellen Dokument verknüpft sind. Da Sie eine externe CSS-Datei gespeichert und eingebunden haben, erscheint deren Name *format.css*. Klicken Sie hierauf, zeigt das Dokumentfenster den in dieser Datei gespeicherten Code. Auch hier zeigt das Sternchen hinter dem Dateinamen an, wenn Änderungen noch nicht gespeichert wurden.

▓ Drücken Sie auf ALLES SPEICHERN 🔲 in der Symbolleiste STANDARD, um alle geöffneten Dateien zu speichern. Dabei werden auch abhängige Dateien gesichert.

Abb. 3.24:
Abhängige
Datei anzeigen

3.4.3 Eine vorhandene CSS-Regel anwenden

Die in **Elementstile** festgelegten Formatierungen werden automatisch auf die entsprechenden HTML-Elemente angewendet. Dies haben Sie bereits bei den Seiteneigenschaften kennen gelernt (vgl. Kapitel 3.3). Wird ein Elementstil unerwartet nicht angewendet, überprüfen Sie den HTML-Code bzw. die festgelegte HTML-Struktur.

Wird beispielsweise eine ausgewählte Überschrift nicht wie festgelegt in blauer Schrift dargestellt, wechseln Sie in den Modus HTML des Bedienfelds EIGENSCHAFTEN. Überprüfen Sie nun die Einstellungen im Menü FORMAT.

Damit ein definierter **ID-Stil** (z. B. #stil) auf ein Element angewendet wird, wechseln Sie in den Modus HTML des Bedienfelds EIGENSCHAFTEN. Wählen Sie für den Stil im Menü ID den angezeigten ID-Namen aus. Wird dieser hier nicht angezeigt, überprüfen Sie, ob der Stil nicht bereits schon einem anderen Element zugewiesen ist. Ausführliche Informationen über ID-Stile finden Sie in Kapitel 6.

Im vorherigen Workshop haben Sie die **CSS-Klasse** .hervor definiert. Diese wird automatisch auf den zuvor ausgewählten Text angewendet. Dreamweaver integriert das hierzu erforderliche class-Attribut entweder in ein vorhandenes HTML-Tag (Listing 3.2) oder fügt es mit einem neuen span-Tag ein (Listing 3.3). Das span-Element kennzeichnet also den zu formatierenden Bereich, falls kein anderes Tag vorhanden ist. Das eingebundene class-Attribut enthält den Namen der Stilregel (hervor) ohne voran gesetzten Punkt.

class

```
<strong class="hervor">Restaurant Bourg en Bresse</strong>
```

Listing 3.2:
Klasse in vorhandenes HTML-Element einbinden

Listing 3.3:
Klasse mit
span-Tag
einfügen

```
<span class="hervor">
  <strong>Restaurant Bourg en Bresse</strong>
</span>
```

Eine vorhandene CSS-Regel können Sie auch anderen Seitenelementen zuweisen. Möchten Sie nun auch eine andere Textstelle rot einfärben und in der festgelegten Schriftgröße zeigen, gehen Sie folgendermaßen vor:

1. Markieren Sie das Element bzw. den Text, dem Sie eine bereits vorhandene Klasse zuweisen möchten. Damit in der Visitenkarte auch Telefon- und Faxnummer hervorgehoben werden, markieren Sie diese.

2. Öffnen Sie den Modus CSS im Bedienfeld EIGENSCHAFTEN.

3. Wählen Sie die Klasse (*.hervor*) im Menü ZIELREGEL aus. Diese sowie alle sonst noch vorhandenen Klassen werden hier im Bereich *Klasse anwenden* angezeigt. Unter *Kaskade* sind dagegen die Regeln aufgelistet, die auf das ausgewählte Seitenelement bereits angewendet werden.

Abb. 3.25:
Klasse als Ziel-
regel aus-
wählen

Auch im Modus HTML können Sie Klassenstile auswählen und auf den im Dokumentfenster markierten Text anwenden. Hierzu bestimmen Sie die gewünschte KLASSE im gleichnamigen Menü.

Abb. 3.26:
Klasse im
HTML-Modus
anwenden

3.5 Schriftkombination ändern und erweitern

Im Dialogfenster SEITENEIGENSCHAFTEN und im Bedienfeld EIGENSCHAFTEN finden Sie die gleichen vordefinierten Schriftkombinationen mit jeweils drei Schriftarten:

Sollte auf dem System des Users die erste Schrift nicht installiert sein, wird die zweite **Alternativschrift** angezeigt. Sollte keine dieser drei Schriften installiert sein, wird die Standardschrift des Browsers angezeigt. Diese kann jeder Nutzer in seinen Browser-Voreinstellungen selbst festlegen.

Die in Dreamweaver verwendeten Schriftkombinationen können Sie beliebig ändern, erweitern und löschen:

1. Wählen Sie im Menü SCHRIFTART des Inspektors (Modus CSS) *Schriftliste bearbeiten*. Oder wählen Sie diesen Befehl in der Kategorie ERSCHEINUNGSBILD (CSS) der Seiteneigenschaften. Alternativ wählen Sie in der Menüleiste FORMATIEREN / SCHRIFT / SCHRIFTENLISTE BEARBEITEN.

Das Dialogfenster SCHRIFTLISTE erscheint (Abbildung 3.27).

Abb. 3.27: Schriften in der Schriftliste

2. Markieren Sie die Schriftliste, die Sie bearbeiten möchten. Diese wird nun in das Feld AUSGEWÄHLTE SCHRIFTEN übertragen.

3. Möchten Sie eine neue Schriftartkombination hinzufügen, klicken Sie auf den Button ⊞.

   Drücken Sie auf den Button ⊟, entfernen Sie die markierte Schriftkombination. **Achtung:** Dreamweaver fragt nicht nach, ob Sie diese Schriftkombination wirklich löschen wollen.

4. Wählen Sie aus der Liste der VERFÜGBAREN SCHRIFTEN die Schrift, die in der Kombination erscheinen soll. Diese Liste enthält alle Schriftarten, die auf Ihrem Computer installiert sind.

Sollte eine Schrift einen sehr langen Namen haben, schreiben Sie diesen im Textfeld darunter um. Hier tragen Sie auch Schriftarten ein, die nicht auf Ihrem Computer installiert ist.

5. Wenn Sie auf die Schaltfläche ⊞ klicken, wird die ausgewählte Schrift in die Liste integriert. Die Schrift erscheint dann im Feld AUSGEWÄHLTE SCHRIFTEN.

   Wiederholen Sie diesen Schritt, um weitere Schriften einzureihen. Pro Kombination sollten Sie nicht mehr als drei Schriftarten definieren. Bei der letzten sollte es sich um eine generische Schrift handeln.

   Als dritte Schriftfamilie wird häufig *sans-serif* für eine serifenlose Schrift angegeben, die sich besser auf dem Bildschirm lesen lässt als eine serifennormale (*serif*). Serifen sind feine Abschlussstriche an den einzelnen Buchstaben und Ziffern.

79

6. Drücken Sie auf OK, wird die geänderte Schriftliste gespeichert. Dreamweaver aktualisiert automatisch die Menüleiste, den Eigenschafteninspektor und das Dialogfenster SEITENEIGENSCHAFTEN.

Möchten Sie nicht die komplette Kombination sondern lediglich eine bestimmte Schriftart daraus entfernen, markieren Sie diese im Feld AUSGEWÄHLTE SCHRIFTEN und klicken dann auf ⧉.

Eine ausgewählte Schriftkombination verschieben Sie mit dem Button ▲ nach oben und mit ▼ nach unten.

3.6 Die Symbolleiste STILWIEDERGABE

Die zuvor beschriebene strikte Trennung von HTML und CSS können Sie nun am Beispiel der Webvisitenkarte selbst nachvollziehen.

1. Öffnen Sie Ihre Webseite oder verwenden Sie für diese Übung die Datei *webvisitenkarte.htm* im Verzeichnis *kap03* auf der CD-ROM.

2. Blenden Sie die Symbolleiste STILWIEDERGABE ein, indem Sie ANSICHT / SYMBOLLEISTEN / STILWIEDERGABE wählen.

Abb. 3.28:
Symbolleiste
STILWIEDERGABE

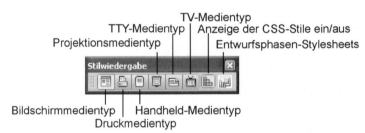

3. Drücken Sie auf den Button 🔳, deaktivieren Sie die CSS-Anzeige. Im Entwurfsfenster werden die Inhalte nur entsprechend ihrer HTML-Struktur angezeigt.

4. Klicken Sie erneut auf diesen Button, um die Anzeige der CSS-Stile wieder einzublenden.

Haben Sie Stylesheets für unterschiedliche Medien definiert, blenden Sie diese über die Symbolleiste STILWIEDERGABE ein und aus. Auf diese Weise testen Sie nicht nur die Bildschirm-Wiedergabe, sondern beispielsweise auch den Papierausdruck.

Da wir hier Webseiten für den Computerbildschirm entwickeln, müssen Sie an den Standardeinstellungen nichts ändern.

Abb. 3.29:
CSS ein- und
ausblenden
(rechts)

3.7   Kleine Erfolgskontrolle

8. Was ist ein Tag?

   a) Das Gegenteil von Abend

   b) Eine HTML-Anweisung

   c) Teil einer Programmiersprache

9. Was versteht man unter CSS-Stilen?

   a) HTML-Erweiterung für die exakte Gestaltung der Webseite

   b) Inhaltsfenster einer Webseite

   c) Code von Fehlern befreien

10. Was ist eine Klasse?

   a) Gruppe von Schülern

   b) CSS-Regel, die mit dem `class`-Attribut zugewiesen wird

   c) CSS-Regel, die mit einer ID eingebunden wird

   b) HTML-Code für Überschriften

KAPITEL 4

Bilder: Mehr tausend als Worte...

Die Webvisitenkarte enthält im Moment zahlreiche Textinformationen, aber noch keine Bilder. Dies ändern wir in diesem Kapitel und unterstreichen damit den Charakter des Restaurants bzw. die Botschaft Ihrer Seite.

Ist die Qualität eines Bildes mal nicht optimal, können Sie in Dreamweaver kleine Korrekturen schnell selbst durchführen und beispielsweise Kontrast und Helligkeit verändern. Wie das geht, erfahren Sie in diesem Workshop.

Sie lernen in diesem Kapitel

- Bilder einfügen
- unterschiedliche Bildformate verwenden
- Bildeigenschaften bestimmen
- Grafikdateien optimieren und bearbeiten
- Bilder positionieren und ausrichten
- ein digitales Webfotoalbum produzieren.

Abb. 4.1:
Bilder in die
Visitenkarte
integrieren

4.1   Bilder in Adobe Fireworks erstellen

Buttons, Cliparts und andere Bilder erstellen Sie in einem Grafikprogramm, wie beispielsweise *Fireworks*. Dieses Programm ist in der *Adobe Creative Suite* enthalten und kann als 30-Tage-Testversion kostenlos von der Adobe-Website heruntergeladen werden.

Mit einer Digitalkamera erstellen Sie die benötigten Bilder, die Sie in Fireworks bearbeiten und optimieren können. Auch Dreamweaver enthält zahlreiche Bildbearbeitungsfunktionen. Auch zahlreiche Bildagenturen und Fotografen bieten interessantes Material, oft zu einem recht günstigen Preis.

Um Abmahnungen und deftige Strafen zu vermeiden, sollten Sie unbedingt das Urheberrecht berücksichtigen. Generell gilt: Möchten Sie ein Bild verwenden, das Sie nicht selbst erstellt haben, benötigen Sie das (schriftliche) Einverständnis das Urhebers. Verwenden Sie Bilder von einer CD-ROM / DVD oder von einer Webseite lesen Sie unbedingt die Lizenzbestimmungen durch. Eventuell gibt es Einschränkungen für den kommerziellen Einsatz der Bilder. Im Anhang finden Sie eine Liste interessanter Online-Quellen und Bildagenturen.

Auf den folgenden Seiten erfahren Sie, wie Sie Grafiken selbst erstellen und im geeigneten Dateiformat speichern.

4.1.1 Leinwand anlegen

Fireworks ist ähnlich aufgebaut wie Dreamweaver. Zunächst benötigen Sie einen Arbeitsbereich, die so genannten Leinwand, auf der Sie die einzelnen Grafikelemente platzieren. Im Folgenden wird mit der Erstellung einer Schaltfläche die allgemeine Vorgehensweise gezeigt.

1. Klicken Sie im Startfenster auf FIREWORKS DOKUMENT (PNG) oder wählen Sie in der Menüleiste DATEI / NEU.

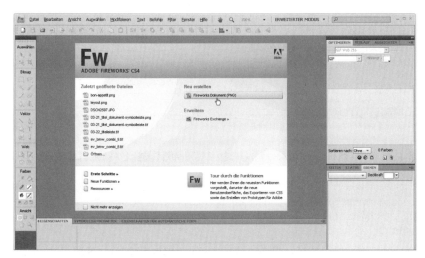

Abb. 4.2: Arbeitsoberfläche von Fireworks nach dem Programmstart

2. Im Dialogfenster NEUES DOKUMENT geben Sie die Größe der Leinwand an. Diese können Sie nachträglich ändern und den hierauf platzierten Elementen anpassen (vgl. Kapitel 4.1.3). Für Bildschirmgrafiken genügt eine Auflösung von *72 Pixel/Zoll* (dpi). Die geringe Auflösung verringert die Ladezeit für den Seitenaufbau. Anders sieht es bei Druckgrafiken aus. Hier sind mindestens 300 dpi erforderlich. Im unteren Bereich bestimmen Sie die Leinwand- bzw. Hintergrundfarbe.

3. Bestätigen Sie mit OK, erstellt Fireworks die Leinwand.

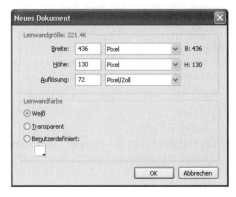

Abb. 4.3: Leinwand anlegen

4.1.2   Elemente einfügen und Aussehen bestimmen

Auf der Leinwand können Sie nun verschiedene Elemente zeichnen und positionieren.

1. Möchten Sie beispielsweise einen Button erstellen, fangen Sie mit der Grundfläche an: Hierzu verwenden Sie ein Vektor-Werkzeug, wie RECHTECK, ABGERUNDETES RECHTECK oder ELLIPSE. Die Werkzeugleiste blenden Sie über FENSTER / WERKZEUGE ein.

Abb. 4.4:
Vektor-Fläche
zeichnen

2. Im unteren Bereich der Werkzeugleiste oder im Bedienfeld EIGENSCHAFTEN wählen Sie Füll- und Pinselstrichfarbe des ausgewählten Elements.

   Alternativ wählen Sie einen vordefinierten Stil mit optischen Effekten aus dem Bedienfeld STILE ([Strg] + [F11]). Diese Effekte können Sie auch selbst im Bedienfeld EIGENSCHAFTEN zusammenstellen.

Abb. 4.5:
Button mit Stil
aus dem Be-
dienfeld STILE

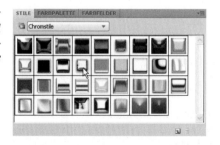

3. Aktivieren Sie das TEXT-Werkzeug [T], klicken auf die Leinwand und beschriften Sie den Button. Schriftart, Größe und weitere Einstellungen geben Sie im Bedienfeld EIGENSCHAFTEN an.

*Abb. 4.6:
Eigenschaften
eines ausge-
wählten Textes*

4. Platzieren Sie den Text in der Mitte des Buttons. Am schnellsten geht das, wenn Sie beide Objekte mit dem Zeiger-Werkzeug 🖈 markieren und im Bedienfeld Ausrichten auf die entsprechenden Buttons klicken.

*Abb. 4.7:
Elemente
ausrichten*

4.1.3 Exportieren: Bildformat speichern

Damit die Datei möglichst schnell geladen wird, sollte die Dateigröße möglichst gering sein. Hierzu passen Sie zunächst die Leinwandgröße an, indem Sie Modifizieren / Leinwand / Leinwand anpassen wählen oder [Strg] + [Alt] + [F] drücken. Anschließend exportieren Sie das Webbild:

1. Wählen Sie Datei / Bildvorschau.

2. Im Dialogfenster geben Sie das geeignete Bildformat im Menü Format der Registers Optionen an. Darunter nehmen Sie weitere Optimierungseinstellungen vor. Diese hängen vom jeweiligen Format ab.

Diese Optimierungsfunktionen sind in Dreamweaver integriert (vgl. Kapitel 4.3.7).

Generell sind für das Web vier unterschiedliche Dateiformate geeignet, die Bildinformationen als Rasterpunkte speichern: **GIF** und **JPG** bzw. **JPEG** sowie **PNG**. Vergrößern Sie ein solches Bild, erkennen Sie gut die einzelnen Bildpunkte. Dabei speichert jeder dieser Pixel unterschiedliche Farbinformationen.

Die Farbtiefe bestimmt die Anzahl gespeicherter Farben und damit die Dateigröße. Da nicht jeder User über eine schnelle Internetverbindung verfügt, sollten Bilddateien möglichst klein sein. Dabei bieten alle Formate unterschiedliche Komprimierungsmöglichkeiten. Für welches Format Sie sich bei der Grafikerstellung entscheiden, hängt wesentlich auch vom gezeigten Motiv ab.

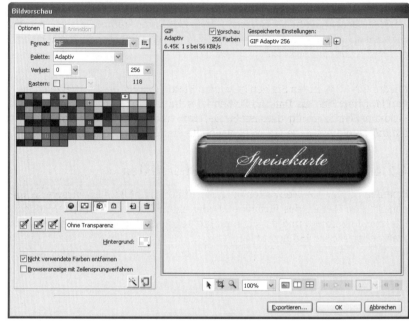

Was ist nun aber das geeignete Format?

JPGs unterstützen Millionen von Farben und stellen damit viele Details dar. Dieses Dateiformat sollten Sie für Fotos und Grafiken mit vielen Farbtönen verwenden. Allerdings gehen mit der Komprimierung auch Farbinformationen verloren. Je stärker Sie ein JPG komprimieren, umso kleiner wird die Dateigröße, aber gleichzeitig werden immer weniger Farben gespeichert. Das Bild wird unscharf und verpixelt.

Das **GIF**-Format kann höchstens 256 Farben abspeichern. Diese Farben sind nicht vordefiniert. Allerdings gibt es so genannte websichere Farben (vgl. auch Kapitel 3.3.3). Außerdem können Sie bestimmte Bild- bzw. Farbbereiche transparent definieren. Teile des transparenten GIFs erscheinen damit stärker in den Hintergrund integriert. GIFs sind besonders für Bilder mit großen farblich gleichen Bereichen und für Graustufenbilder geeignet. Außerdem speichern Sie Animationen, die aus mehreren Einzelbildern bestehen, im GIF-Format.

Das noch recht junge **PNG**-Bildformat speichert unterschiedliche Farbtiefen. In seiner 8-Bit-Version enthält es genauso viele Farben wie ein GIF, also bis zu 256. Die 24- und 32-Bit-Version ähnelt dagegen dem JPG-Format. PNG-Dateien bieten jedoch wesentlich mehr Möglichkeiten, da es Indexfarben-, Graustufen- und True-Color-Bilder sowie den Alpha-Kanal zur Darstellung von Transparenz unterstützt. Einen Qualitätsverlust durch Komprimierung gibt es hier ebenso wenig wie die Beschränkung auf eine bestimmte Anzahl von Farben. Einen Haken hat dieses Format allerdings: Es wird nicht von allen Browsern unterstützt bzw. korrekt wiedergegeben. Insbesondere bei der Darstellung transparenter Bereiche kommt es zu Problemen.

3. Abschließend speichern Sie das Fireworks-Bild im programmspezifischen PNG-Format: Wählen Sie DATEI / SPEICHERN. Damit können Sie auch später noch alle Ebenen, Pfade, Bitmaps, Effekte und sonstigen Grafikelemente bearbeiten und ergänzen.

Auf der CD-ROM finden Sie den gezeigten Button (*button.png*) im Verzeichnis *kap04*. Öffnen Sie die Datei in Fireworks, wird der Text nur bei installierter Bickham-Schrift richtig dargestellt. Bei der exportierten Rastergrafik (*button.gif*) wird diese dagegen nicht benötigt.

4.1.4 Übung: Hintergrundbild erstellen

Erstellen Sie für die Webvisitenkarte ein Hintergrundbild. Beispielsweise können Sie den Namen des Restaurants oder einen Slogan mit unterschiedlichen Effekten aufbereiten und mit einer geringeren Deckkraft exportieren. Die Deckkraft geben Sie im Bedienfeld EBENEN an. Um das ausgewählte Objekt zu drehen wählen Sie MODIFIZIEREN / TRANSFORMIEREN. Hier können Sie auch dessen Größe ändern.

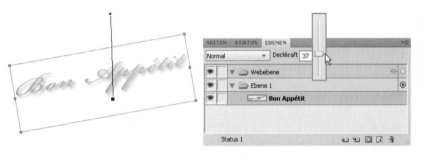

Abb. 4.9:
Slogan des
Restaurants
für den Hinter-
grund

Das Originalbild ist als *bon-appetit.png*, die exportierte Rastergrafik ist als *bon-appetit.gif* auf der CD-ROM im Verzeichnis *kap04* gespeichert. Alle für diesen Workshop zudem benötigten Bilder finden Sie im übergeordneten Verzeichnis *bilder*. Diese Dateien benötigen wir auch in anderen Workshops.

Sammeln Sie alle für die Website benötigten Bilder in einem Verzeichnis und überprüfen Sie deren Dateiformat. Liegen Ihre Bilder in einem anderen Dateityp vor, müssen Sie diese in eines der drei beschriebenen Formate umwandeln. Arbeiten Sie wie beschrieben in *Fireworks*. Sie können Bilder aber auch direkt in Dreamweaver optimieren. Wie das geht, erfahren Sie in Kapitel 4.3.

4.2 Bilder einfügen

Integrieren Sie ein Bild in den Hintergrund einer Webseite, wird es durch Text und andere Elemente überlagert. Damit können Sie Wasserzeichen oder 3D-Effekte erzeugen.

Zudem binden Sie in diesem Workshop Bilder als normale Elemente in die Webseite bzw. in den Vordergrund ein. Die Reihenfolge dieser Objekte können Sie mit CSS verändern (vgl. Kapitel 11).

Benötigen Sie ein bestimmtes Bild, kennen aber dessen Dateinamen nicht, erleichtert *Adobe Bridge* die Suche: Wählen Sie DATEI / BRIDGE DURCHSUCHEN oder klicken Sie auf 🖼 in der Symbolleiste STANDARD. Anschließend binden Sie die Bilddatei in das aktuelle Dreamweaver-Dokument ein, indem Sie es in das Dokumentfenster ziehen. Ordnen Sie Bridge und Dreamweaver so an, dass beide Programme sichtbar sind. Wie Sie vorhandene Bilder übernehmen, erfahren Sie in Kapitel 5.4.4.

4.2.1   Hintergrundbild bestimmen

Eine festgelegte Hintergrundfarbe ist sichtbar während die Webseite geladen wird. Anschließend wird diese durch das Bild überdeckt. Im GIF- oder PNG-Format kann diese Grafik transparente Pixel enthalten. An diesen Stellen scheint dann die Hintergrundfarbe durch.

1. Öffnen Sie Ihre Webvisitenkarte oder verwenden Sie für diese Übung die Datei *webvisitenkarte.htm* aus dem Verzeichnis *kap03*.

2. Wählen Sie MODIFIZIEREN / SEITENEIGENSCHAFTEN.

3. Geben Sie das HINTERGRUNDBILD in der Kategorie ERSCHEINUNGSBILD (CSS) an. Möchten Sie Verzeichnis- und Dateinamen nicht manuell in das Feld eingeben, können Sie das Bild auch über die Schaltfläche DURCHSUCHEN bestimmen. Hierzu öffnet Dreamweaver die Dialogbox BILDQUELLE AUSWÄHLEN.

Abb. 4.10:
Bildquelle
auswählen

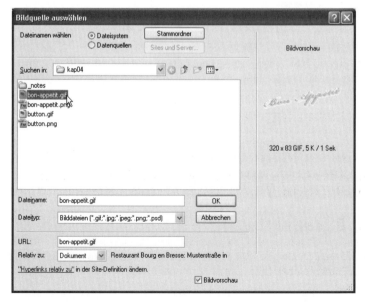

4. Markieren Sie die Bilddatei. Der Name des Bildes wird in das Feld DATEINAME übernommen. Haben Sie das Kontrollkästchen BILDVORSCHAU am unteren Fensterrand aktiviert, sehen Sie das Bild rechts. Darunter stehen Informationen über Bildgröße, Dateiformat und Downloadzeit in Sekunden. An den übrigen Standardeinstellungen müssen Sie normalerweise nichts mehr verändern.

Standardmäßig ist das Kontrollkästchen DATEISYSTEM aktiviert. Damit wählen Sie eine Grafikdatei. Wählen Sie DATENQUELLEN, um eine dynamische Bildquelle (ein Bild aus einer Datenbank) auszuwählen.

5. Klicken Sie auf OK, kehren Sie zurück in die SEITENEIGENSCHAFTEN. Die Bildinformationen sind nun eingetragen.

6. Drücken Sie auf den Button ANWENDEN. Im Entwurfsfenster wird der Hintergrund gekachelt dargestellt. Das Hintergrundbild wird also von links nach rechts und von oben nach unten so oft wiederholt, bis das Fenster gefüllt ist. Dreamweaver zeigt diesen Kacheleffekt, wie er später im Browser zu sehen sein wird.

7. Dieser Kacheleffekt ist identisch mit der Option *repeat* im Menü WIEDERHOLEN. Dagegen wird das Bild mit der Option *repeat-x* nur horizontal und mit *repeat-y* nur vertikal gekachelt wiedergegeben. Wählen Sie *no-repeat*, wird das Bild nur einmal angezeigt. Die exakte Position können Sie mit CSS festlegen. Wie das geht, erfahren Sie in Kapitel 4.7.1.

Abb. 4.11:
Hintergrundbild nicht kacheln

4.2.2 Bild als Seitenelement einbinden

Im Folgenden erfahren Sie, wie Sie ein Bild in den Vordergrund, also in das eigentliche HTML-Dokument, integrieren. Hier gibt es mehrere Möglichkeiten:

1. Setzen Sie den Mauszeiger an den Beginn des ersten Absatzes in der Visitenkarte. Hier soll das Bild *essen.jpg* aus dem *bilder*-Ordner eingefügt werden.

2. Klicken Sie auf den Button BILDER in der Kategorie ALLGEMEIN des Bedienfelds EINFÜGEN. Gegebenenfalls müssen Sie zunächst das Menü BILDER öffnen, indem Sie auf den kleinen Pfeil rechts daneben klicken. Oder wählen Sie in der Menüleiste EINFÜGEN / BILD.

Arbeiten Sie innerhalb einer definierten Site (vgl. Kapitel 7.1), listet das Bedienfeld ELEMENTE in der Kategorie 🖼 alle hierin gespeicherten BILDER auf. Diese ziehen Sie einfach aus dem Bedienfeld an die gewünschte Stelle im Dokumentfenster.

3. Bestimmen Sie im nun offenen Dialogfenster BILDQUELLE AUSWÄHLEN Ordner und Dateinamen des Bildes (*essen.jpg*).

4. Klicken Sie auf OK. Dreamweaver öffnet die Eingabehilfe.

Abb. 4.12:
Eingabehilfe
für Bild-
Attribute

5. Geben Sie einen ALTERNATIVTEXT ein. Zeigt ein Browser Bilder nicht an, erscheint dieser Text. Auch Screenreader lesen diesen Text behinderten Usern vor. Unter ALT. können Sie im Eigenschafteninspektor nachträglich den Alternativtext ändern und ergänzen. Möchten Sie die Bildinformationen nicht als Text hinterlegen, weil es sich beispielsweise um ein gestalterisches Design-Element handelt, wählen Sie im Menü *<Leer>*.

Handelt es sich um ein wichtiges Bild, sollten Sie weitere Informationen auf einer zusätzlichen Webseite abspeichern, auf die Sie unter LANGE BESCHREIBUNG verweisen.

6. Drücken Sie auf OK. Dreamweaver fügt das Bild in das Dokument ein. Dabei sieht der allgemeine Code eines Bildes folgendermaßen aus:

```
<img src="bild.jpg" width="111" height="222" alt="Text" />
```

Arbeiten Sie in einem nicht gespeicherten Dokument, erstellt Dreamweaver den Verweis `file://` auf die Bilddatei. Wenn Sie das Dokument anschließend sichern, wandelt Dreamweaver diesen Verweis in einen dokumentrelativen Pfad um.

Haben Sie einen Button eingefügt, müssen Sie diesen noch mit einem Zieldokument verknüpfen. Ausführliche Informationen über Hyperlinks finden Sie in Kapitel 8.

Soll Dreamweaver die BILDER-Eingabehilfe nicht mehr öffnen, deaktivieren Sie diese Option in den Voreinstellungen (Kategorie EINGABEHILFEN).

Ersetzen Sie jetzt noch die Überschrift Kontakt durch das Bild *logo.gif* auf der CD-ROM und entfernen Sie den Namen des Restaurants. Im Verzeichnis zu diesem Kapitel finden Sie zudem weitere Bilder für die Seite. Die Bilder richten Sie in Kapitel 4.6 aus.

Abb. 4.13:
Der aktuelle
Stand der
Workshop-
Visitenkarte

4.3 Bildeigenschaften bestimmen und ändern

Das Bedienfeld Eigenschaften zeigt die Attribute des aktuell ausgewählten Bildes an. Diese werden hier ergänzt, geändert oder entfernt. Zudem können Sie ein ausgewähltes Bild bearbeiten und neu abspeichern. Damit können Sie Bilder optimieren, zuschneiden, neu auflösen, die Helligkeit und den Kontrast verändern oder sie scharf stellen. Für die komplexere Bearbeitung starten Sie hier Fireworks oder ein anderes externes Grafikprogramm. Ist die Original-Datei im Inspektor angegeben, können Sie das ursprüngliche Bild bearbeiten.

▣ Damit der Inspektor Bildeigenschaften anzeigt, markieren Sie es mit einem Mausklick. Am rechten und unteren Rand erscheinen drei quadratische Angriffspunkte, über denen sich der Mauszeiger zu einem Doppelpfeil verändert.

Ein ausgewähltes Bild kann wie gewohnt kopiert, ausgeschnitten und wieder eingefügt werden – auch in ein anderes Dreamweaver-Dokument. Die entsprechenden Befehle finden Sie in der Menüleiste unter Bearbeiten oder in der Symbolleiste Standard.

▣ Die Markierung heben Sie auf, indem Sie an eine andere Stelle im Dokument klicken.

4.3.1 Bild austauschen

Ein in die Webseiten eingebundenes Bild ist schnell durch ein anderes ausgetauscht, wenn Sie eine andere Datei im Feld Quelle angeben. Diese tragen Sie entweder manuell in das Feld ein oder Sie klicken auf den Button Datei suchen ☐ dahinter. Wählen Sie im Dialogfenster die gewünschte Bildquelle aus.

Ist das Bedienfeld Dateien geöffnet (F8), können Sie den Button Auf Datei zeigen ⊕ auch direkt auf die gewünschte Bilddatei ziehen und diese damit auswählen. In Kapitel 8.2.1 erfahren Sie mehr darüber.

 Geben Sie zusätzlich das Original des Webbildes an, werden Bildänderungen in dieser Datei durchgeführt. Da dieses PNG- oder PSD-Bild nicht komprimiert ist, erzielen Sie ein qualitativ hochwertigeres Ergebnis als wenn Sie das Rasterbild ändern. Das Original sollten Sie vorsichtshalber an anderer Stelle noch schreibgeschützt gespeichert haben.

4.3.2 Bildname für Identifikation und Verhalten

#id Eine CSS-Regel kann die Darstellung eines bestimmten Bildes auf der Seite bestimmten und beispielsweise Ränder und Abstände festlegen. Damit das Bild eindeutig identifizier werden kann, geben Sie in dem Feld ID einen Namen an. Dieser Name findet sich dann im Selektor des ID-Stils wieder (vgl. Kapitel 4.8). Die ID ist unabhängig vom Dateinamen des Bildes im Feld Quelle.

 Einen signifikanten Bildnamen benötigen Sie auch, wenn Sie mit JavaScript (Bedienfeld Verhalten, ⇧ + F4) arbeiten möchten (vgl. Kapitel 12). Der Name erscheint nicht im Browser.

▦ Geben Sie im Bedienfeld Eigenschaften den Bildnamen in das Feld ID ein. Verwenden Sie nur Kleinbuchstaben, keine Leer- und Sonderzeichen. Diese ID darf nur einmal im Dokument verwendet werden.

4.3.3 Vergrößern, verkleinern und verzerren

 Wenn Sie ein Bild in Ihr Dreamweaver-Dokument einfügen, erscheint es zunächst in der Größe, in der es gespeichert wurde. Breite (B) und Höhe (H) zeigt das Bedienfeld Eigenschaften an. Überschreiben Sie diese Werte, ändern Sie automatisch die im Entwurfsfenster angezeigte Bildgröße und die entsprechenden Attribute im Code. Dabei kann es zu Verzerrungen kommen. Da ein neuer Wert nicht der Größe des gespeicherten Bildes entspricht, hebt der Inspektor ihn fett hervor. Drücken Sie auf den Pfeil ⊙ dazwischen, werden die ursprünglichen Werte zurückgesetzt. Möchten Sie einen Wert unabhängig vom anderen zurücksetzen, klicken Sie auf die Buchstaben B (Breite) oder H (Höhe) vor dem Textfeld.

Erkennt der Browser ein Bild und dessen angegebene Größe, wird bereits während des Ladens ein Feld für das Bild freigehalten. Die Seite erscheint schneller im richtigen Layout.

Im Entwurfsfenster ändern Sie die Bildgröße, indem Sie an einem der drei Angriffspunkte ziehen. Dabei skalieren Sie das Bild mit dem Griff in der Ecke nur dann proportional, wenn Sie während des Ziehens die ⇧-Taste drücken. Ansonsten kann es zu ungewollten Verzerrungen kommen. Der Eigenschafteninspektor übernimmt automatisch die neuen Werte.

Abb. 4.15: Bildgröße ändern

Wenn Sie die Höhe und die Breite eines Bildes oder eines anderen Seitenelements ändern, skalieren Sie es.

Wird ein sehr großes Originalbild auf der Webseite wesentlich kleiner benötigt, sollten Sie dieses auch in der kleineren Größe abspeichern. Ansonsten müssten Ihre Besucher warten, bis die unnötig große Bilddatei heruntergeladen ist.

Grafikdatei neu speichern

1. Markieren Sie das Bild im Entwurfsfenster.

2. Skalieren Sie das Bild bis es die gewünschte Größe hat. Die neuen Werte sind im Bedienfeld EIGENSCHAFTEN fett hervorgehoben.

3. Klicken Sie im Inspektor auf den Button NEU AUFLÖSEN 🖾. Diesen und weitere Bildbearbeitungsfunktionen finden Sie im unteren Teil des Bedienfelds. Ist dieser nicht sichtbar, drücken Sie auf den Erweiterungspfeil ▽ rechts unten.

4. Bestätigen Sie den Hinweis auf die Dateiänderung im Dialogfenster.

   Das Bild wird in der neuen Größe abgespeichert. Dabei wird die alte Bilddatei überschrieben. Breite und Höhe sind im Inspektor nicht mehr fett hinterlegt.

Diesen Arbeitsschritt können Sie rückgängig machen, indem Sie BEARBEITEN / RÜCKGÄNGIG wählen oder auf 🔄 in der Symbolleiste STANDARD klicken.

Vergrößern Sie ein Bild auf Ihrer Webseite zu stark, erscheint es oft unscharf und verpixelt. Verzichten Sie auf übertriebene Vergrößerungen.

4.3.4 Helligkeit und Kontrast

Häufig sind Bilder zu dunkel oder zu hell. Auch den Kontrast eines ausgewählten Bildes stellen Sie direkt in Dreamweaver neu ein:

1. Klicken Sie im Bedienfeld EIGENSCHAFTEN auf den Button 🔘.

2. Geben Sie im Dialogfenster die genauen Werte zwischen –100 und 100 in das entsprechende Feld ein. Ganz schnell geht das mit dem jeweiligen Schieberegler.

   Am besten aktivieren Sie das Kontrollkästchen VORSCHAU und schauen sich gleich das Ergebnis im Entwurfsfenster an.

Abb. 4.16:
Helligkeit und
Kontrast

  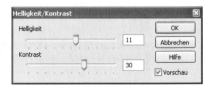

3. Klicken Sie auf OK, wenn Sie mit dem Ergebnis zufrieden sind. Das Bild wird neu abgespeichert.

Dieses und alle weiteren Beispiele sind in der Datei *bildbearbeitung_bsp.htm* im Verzeichnis *kap04* gespeichert. Zum Vergleich steht links neben dem bearbeiteten Bild das jeweilige Original. Probieren Sie die unterschiedlichen Funktionen selbst aus.

4.3.5 Bild scharf stellen

Erscheint das ausgewählte Bild etwas verschwommen, können Sie die Qualität häufig mit der Funktion SCHARF STELLEN verbessern.

1. Klicken Sie im Bedienfeld EIGENSCHAFTEN auf den Button SCHARF STELLEN 🔺.

2. Geben Sie den gewünschten Wert zwischen 1 und 10 an. Aktivieren Sie die VORSCHAU und überprüfen Sie das Ergebnis im Entwurfsfenster.

3. Sind Sie mit dem Ergebnis zufrieden, klicken Sie auf OK. Das Bild wird neu abgespeichert.

4.3.6   Bild zuschneiden

Ein bestimmtes Motiv kommt häufig erst richtig zur Geltung, nachdem Sie den überflüssigen Teil des Bildes entfernt haben. Dieser lenkt häufig nur ab. Den Ausschnitt eines markierten Bildes bestimmen Sie in Dreamweaver folgendermaßen:

1. Klicken Sie im Bedienfeld EIGENSCHAFTEN auf ZUSCHNEIDEN ▣. Ein Rahmen erscheint über dem Bild.

2. Ziehen Sie den Rahmen an den Griffen in die gewünschte Größe. Achten Sie auf die korrekte Platzierung.

3. Bestätigen Sie Ihre Änderungen mit ⏎ oder einem Doppelklick auf das Bild, damit es zugeschnitten wird. Während der Bildbereich innerhalb des Rahmens erhalten bleibt, wird der äußere entfernt. Dabei ändern sich Bildgröße und Grafikdatei.

Abb. 4.18:
Bild zuschneiden

4.3.7   Bild optimieren

Kleine Grafikdateien und gleichzeitig eine gute Bildqualität sind wesentliche Erfolgskriterien. Das Dateiformat spielt dabei eine wichtige Rolle. Sie können es in Dreamweaver ändern und wichtige Einstellungen für die Optimierung vornehmen.

1. Wählen Sie das Bild im Entwurfsfenster aus.

2. Klicken Sie im Eigenschafteninspektor auf den Button BILDEINSTELLUNGEN BEARBEITEN 🖋.

3. Das Dialogfenster BILDVORSCHAU besteht aus zwei Registern. Der rechte Bereich zeigt die angewendeten Einstellungen an. Möchten Sie unterschiedliche Optimierungen miteinander vergleichen, klicken Sie auf die Buttons ▢ bzw. ▦ und nehmen Sie für jedes Fenster eine andere Einstellung vor.

    –   OPTIONEN: Bestimmen Sie das Datei-FORMAT und die damit verbundenen Eigenschaften.

    –   DATEI: Hier verändern Sie neben der Bild-Größe den Ausschnitt und damit den Exportbereich.

Abb. 4.19:
Bildvorschau
mit Opti-
mierungs-
funktionen

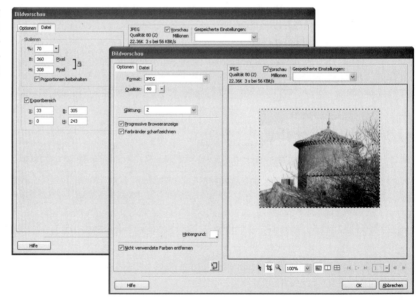

 Haben Sie im Inspektor neben dem auf der Webseite gezeigten Rasterbild auch dessen ORIGINAL angegeben, optimiert Dreamweaver automatisch das Ursprungsbild.

4. Drücken Sie auf die Schaltfläche OK, speichert Dreamweaver das Rasterbild und Sie wechseln automatisch zurück ins Entwurfsfenster.

Haben Sie im Register OPTIONEN der BILDVORSCHAU das Dateiformat geändert, speichern Sie das neue Webbild zuerst ab.

4.3.8 Bild in Fireworks bearbeiten

Für umfangreiche Bildbearbeitungen, die über die reine Optimierung hinausgehen, benötigen Sie ein Grafikprogramm. Standardmäßig ist hierfür Fireworks vorgesehen, wenn dieses Programm auf Ihrem Rechner installiert ist.

1. Markieren Sie das Bild.

2. Drücken Sie im Bedienfeld EIGENSCHAFTEN auf den Button BEARBEITEN [Fw]. Analog dazu erscheint das Photoshop-Icon, wenn Sie dieses Grafikprogramm anstelle von Fireworks installiert haben. Das Grafikprogramm wird gestartet.

Ist neben dem Rasterbild ebenfalls das Original genannt, wird dieses automatisch in Fireworks geöffnet. Ansonsten erscheint ein Meldefenster, in dem Sie die Ursprungsdatei angeben können (PNG VERWENDEN). Nur wenn dieses nicht vorhanden ist, sollten Sie das Rasterbild bearbeiten, da Sie damit in der Regel eine schlechtere Bildqualität erzielen. Drücken Sie hierzu auf die Schaltfläche DIESE DATEI VERWENDEN.

Abb. 4.20:
Originalbild
angeben

3. Haben Sie das Bild bearbeitet, klicken Sie auf FERTIG. Fireworks speichert Raster- und PNG-Datei und Sie kehren automatisch in das Entwurfsfenster von Dreamweaver zurück. Überprüfen Sie hier die Bildgröße.

Das über den Inspektor aufrufbare Grafikprogramm ist in den Voreinstellungen (Kategorie DATEITYPEN / EDITOREN) angeben.

4.4 Lineale erleichtern das Layouten

Blenden Sie Lineale am oberen und linken Rand des Entwurfsfensters ein, erleichtern Sie sich die nachfolgenden Arbeiten. Mit diesen visuellen Hilfsmitteln können Sie Größe und Position einzelner Elemente und Bereiche besser abschätzen und beispielsweise die Position eines Hintergrundbildes einfacher bestimmen (vgl. Kapitel 4.7.1).

▣ Wählen Sie ANSICHT / LINEALE / ZEIGEN oder drücken Sie die Tastenkombination ⌷Strg⌷ + ⌷Alt⌷ + ⌷R⌷. Werden Lineale angezeigt, erscheint neben dem Menüeintrag ein Häkchen.

▣ Die Einheit der Lineale ändern Sie ebenfalls unter ANSICHT / LINEALE. Zur Auswahl stehen PIXEL, ZOLL oder ZENTIMETER. Das verwendete Maß wird durch ein Häkchen markiert. Im Web werden üblicherweise Pixelwerte verwendet.

Abb. 4.21:
Eingeblendete
Lineale

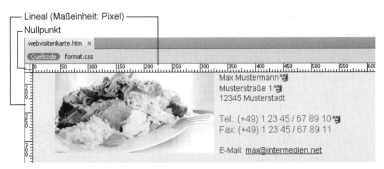

Der Nullpunkt liegt standardmäßig in der oberen linken Fensterecke. Diese Position können Sie ändern und den Nullpunkt beispielsweise dem Seitenrand anpassen:

▣ Klicken Sie in den Nullpunkt hinein und ziehen Sie diesen an die gewünschte Position (Abbildung 4.22). Halten Sie dabei die Maustaste gedrückt. Während dieser Arbeit verwandelt sich der Cursor in ein Fadenkreuz.

Abb. 4.22:
Nullpunkt ver-
schieben

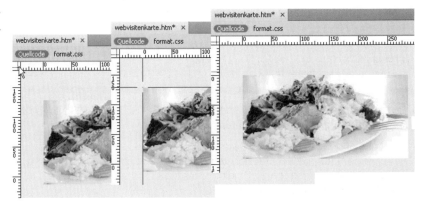

■ Über ANSICHT / LINEALE / URSPRUNG ZURÜCKSETZEN bringen Sie den Nullpunkt zurück in seine Ausgangsposition.

Auch Raster und Hilfslinien erleichtern das Layouten. Die praktische Anwendung dieser visuellen Elemente lernen Sie in Kapitel 6.2.1 und 11.3.6 kennen.

4.5 Einen Rahmen mit HTML ziehen

Auch wenn das Entwurfsfenster Bilder ohne Rahmen darstellt, sollten Sie die Rahmenstärke definieren. Damit werden auch verlinkte Bilder stets ohne Rahmen angezeigt.

1. Markieren Sie das Bild, das einen Rahmen bekommen soll.

2. Geben Sie die Rahmenstärke im unteren Teil des Bedienfelds EIGENSCHAFTEN an. Dabei handelt es sich um einen Pixelwert. Die Einheit nennen Sie nicht.

3. Drücken Sie ⏎ oder klicken Sie auf die Schaltfläche ZUWEISEN. Das ist das Bild-Icon links im Inspektor. Auch wenn Sie an eine andere Stelle in Dreamweaver klicken oder ein anderes Feld im Bedienfeld EIGENSCHAFTEN aktivieren, wird das HTML-Attribut in den Quelltext eingefügt: border="3". Das Bild selbst ist noch das alte.

Die Rahmenfarbe ist gewöhnlich **schwarz**. Sollte das Bild verlinkt sein, wird der Rahmen in der definierten Linkfarbe gezeigt (vgl. Kapitel 8.8). Mit CSS-Stilen können Sie weitere Einstellungen für den Rahmen definieren (vgl. Kapitel 4.7.3). Haben Sie beispielsweise ein Foto in den Überschriftenbereich eingefügt, wird hierum ein entsprechend eingefärbter Rahmen gezogen (siehe Randspalte).

Ziehen Sie einen Rahmen mit CSS, können Sie weitere Attribute einstellen. Die entsprechenden Angaben hinterlegen Sie in der Kategorie RAHMEN der CSS-REGEL-DEFINITION. Arbeiten Sie analog zur Beschreibung in Kapitel 4.8.

4.6 Ausrichtung und Abstände mit HTML

Gemeinsam mit dem aktuellen Absatz richten Sie Bilder über FORMATIEREN / AUSRICHTEN links, rechts, zentriert oder im Blocksatz aus. Zudem können Sie das Bild an anderen Seitenelementen ausrichten und einen Abstand zu diesen definieren. Hierzu verwenden Sie die Befehle im AUSRICHTEN-Menü des Inspektors.

1. Öffnen Sie die Webvisitenkarte und markieren Sie das Bild, das Sie an anderen Elementen ausrichten möchten.

2. Legen Sie im Bedienfeld EIGENSCHAFTEN die gewünschte Position im Menü AUSRICHTEN fest. Einige Positionen werden erst sichtbar, wenn die auszurichtende Grafik direkt neben anderen Objekten steht. In Abbildung 4.23 ist das Attribut jeweils dem Pfeil zugewiesen.

Das gezeigte Beispiel finden Sie als *ausrichten.htm* im Kapitelverzeichnis auf der CD-ROM. Die Darstellung hängt vom Browser ab. Der gezeigte Screenshot stammt aus Firefox und ist identisch mit der Live-Ansicht. Wie Sie die Browservorschau einsetzen, erfahren Sie in Kapitel 5.8.

3. Wiederholen Sie die vorherigen Arbeitsschritte und positionieren Sie die übrigen Bilder auf der Seite.

Abb. 4.23:
Ausgerichtete
Pfeile

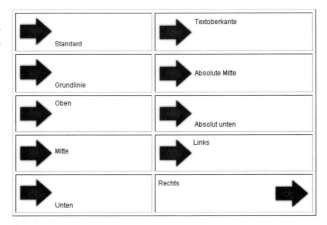

Damit ein eingefügtes bzw. ausgerichtetes Bild nicht direkt am benachbarten Text »klebt« (siehe Randspalte), bestimmen Sie einen Abstand um das entsprechende Bild. Diesen definieren wir hier zunächst mit HTML. Genauere Angaben sind mit CSS möglich (vgl. Kapitel 4.8).

1. Markieren Sie das Bild, bei dem Sie den Abstand zu den anderen Elementen festlegen möchten.

2. Tragen Sie in die Textfelder V-ABSTAND (vertikal) und / oder H-ABSTAND (horizontal) des Eigenschafteninspektors den Abstand als Pixelwert ein.

3. Bestätigen Sie mit ⏎ oder beenden Sie die Eingabe mit einem Mausklick auf die ZUWEISEN-Schaltfläche bzw. die Bildvorschau links im Bedienfeld. Im gezeigten Beispiel ist der Leerraum für das Bild in der rechten oberen Ecke definiert.

Dieser Abstand bewirkt, dass die gesamte Zeile, in der dieses Bild platziert ist, einen entsprechenden Abstand zur vorherigen einnimmt.

Sollen sich Bilder überlappen, fügen Sie diese in mehreren Ebenen bzw. als absolut positionierte Elemente ein (vgl. Kapitel 11). Wie Sie Imagemaps erstellen, erfahren Sie in Kapitel 8.6.

4.7 Das Bedienfeld CSS-Stile verwenden

In diesem Kapitel bauen Sie Ihre CSS-Kenntnisse weiter aus. Dabei werden Sie im Bedienfeld CSS-Stile arbeiten, das weit mehr Möglichkeiten als der Eigenschafteninspektor oder die Menüleiste bietet.

Zunächst erfahren Sie am Beispiel des Hintergrundbildes wie Sie vorhandene Stile bearbeiten. Die exemplarische Vorgehensweise ist auf jeden CSS-Typ anwendbar. Anschließend erstellen wir eine neue Stil-Regel und ersetzen Listenpunkte durch Bilder.

4.7.1 Vorhandene Stile bearbeiten: Hintergrundbild ausrichten

Die Webvisitenkarte ist jetzt fast fertig. Lediglich das Hintergrundbild erscheint noch an der falschen Stelle. In diesem Kapitel legen wir dessen exakte Position im Bedienfeld CSS-Stile fest.

1. Öffnen Sie das Bedienfeld CSS-Stile, indem Sie in der Menüleiste FENSTER / CSS-Stile wählen oder im Bedienfeld EIGENSCHAFTEN auf den Button `CSS-Bedienfeld` klicken. Der Button ist inaktiv, wenn das Fenster CSS-Stile bereits geöffnet ist.

▪ Im oberen Teil des Bedienfelds sind bereits definierte interne und externe Stilregeln eingetragen. Eine Übersicht dieser Stile erhalten Sie im Modus ALLE. Werden interne oder externe Stile nicht dargestellt, klicken Sie auf das Icon ⊞.

▪ Wechseln Sie in den Modus AKTUELL über den Button unter dem Register, zeigt das Fenster nur CSS-Regeln, die auf das aktuell markierte Seitenelement angewendet werden.

Für diese Übung benutzen wir den Modus ALLE.

Abb. 4.24: Bedienfeld CSS-Stile mit unterschiedlichen Ansichten

2. Markieren Sie das body-Element, für das Seiteneigenschaften definiert werden. Diese Attribute werden im unteren Bereich EIGENSCHAFTEN angezeigt. Dabei entsprechen alle englischen Angaben dem CSS-Code.

Klicken Sie einmal auf einen Wert rechts neben einem Attribut, blendet Dreamweaver Buttons, Farbwähler oder Menü zur Erleichterung der jeweiligen Eingabe ein. Der Wert ist damit schnell geändert.

Abb. 4.25:
Attribut-Wert
im Bedienfeld
CSS-STILE
ändern.

3. Die exakte Position des Hintergrundbildes fügen Sie als neue Eigenschaft hinzu. Wenn Sie sich schon etwas mit den CSS-Codes auskennen, können Sie auf den entsprechenden Link unter der Liste klicken. Einfacher geht es, wenn Sie auf den Button STILE BEARBEITEN 🖉 am unteren Bedienfeldrand klicken.

Dreamweaver öffnet die CSS-REGEL-DEFINITION mit den bereits festgelegten Regeln. Die bereits definierte Hintergrundfarbe (BACKGROUND-COLOR), das Hintergrundbild (BACKGROUND-IMAGE) und der ausgeschaltete Kacheleffekt (BACKGROUND-REPEAT) sind in der Kategorie HINTERGRUND hinterlegt. Wird diese nicht automatisch geöffnet, wechseln Sie hierhin.

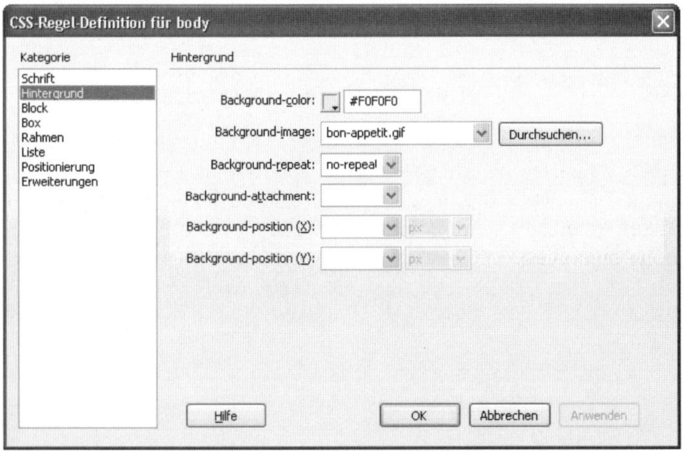

Abb. 4.26:
CSS-Regeln für
den Seiten-
hintergrund

4. Zunächst bestimmen Sie die horizontale Bildposition unter BACKGROUND-POSI-TION (X). Über das Menü können Sie das Bild links (*left*), rechts (*right*) oder zentriert (*center*) auf der Seite ausrichten.

Für die exakte Position des Bildes geben Sie stattdessen einen konkreten *Wert* an. Dieser bezieht sich auf den linken Seitenrand. Im Menü dahinter stellen Sie die gewünschte Einheit ein.

Richten Sie das Hintergrundbild einer Tabelle aus, orientieren sich diese Angaben am übergeordneten Element, also an der Tabelle.

5. Analog zum vorherigen Arbeitsschritt geben Sie die vertikale Position des Hintergrundbildes unter BACKGROUND-POSITION (Y) an. Bezugskante ist der obere Rand des Dokumentfensters.

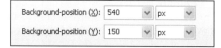

Abb. 4.27:
Exakte Koordinaten für das Hintergrundbild

6. Wählen Sie im Menü BACKGROUND-ATTACHMENT die Option *fixed*, verändert das Hintergrundbild seine Position nicht, wenn der Besucher auf der Webseite hin und her scrollt. Diese verwenden wir für die Visitenkarte.

Wählen Sie dagegen die Option *scroll*, wird das Bild später mit dem eigentlichen Seiteninhalt verschoben. Dies entspricht der Standardeinstellung der meisten Browser.

7. Drücken Sie auf ANWENDEN und überprüfen die Einstellungen im Entwurfsfenster. Sind Sie damit zufrieden, schließen Sie das Dialogfenster mit OK. Dabei fixieren Entwurfsfenster und Live-Ansicht ein Hintergrundbild nicht.

Öffnen Sie die Datei *webvisitenkarte.htm* im Verzeichnis *kap04* und überprüfen Sie die Position des Hintergrundbildes *Bon Appétit* im Entwurfsfenster.

4.7.2 Neue Stile erstellen: Bild als Listenelement

In diesem Abschnitt erstellen wir eine neue CSS-Regel im Bedienfenster CSS-STILE. In der Webvisitenkarte steht das besondere Angebot des Restaurants in einer ungeordneten Liste (vgl. Kapitel 2.6.3.1). Die Aufzählungspunkte werden hier durch Grafiken ersetzt (vgl. Abbildung 4.28). Zudem werden wir eine optimierte Zeilenhöhe einstellen.

Abb. 4.28:
Aufzählungs-
punkte durch
Grafiken er-
setzen

Angebote:

- Brunch
- Lunch-Pakete
- Magic Dinner
- Kochkurse
- Pilztouren
- Feiertagsangebote

Angebote:

➥ Brunch

➥ Lunch-Pakete

➥ Magic Dinner

➥ Kochkurse

➥ Pilztouren

➥ Feiertagsangebote

1. Markieren Sie die Aufzählung, indem Sie im Tag-Selektor auf <UL> klicken.

2. Klicken Sie am unteren Rand des Bedienfelds CSS-STILE auf den Button NEUE CSS-REGEL 🗗 .

3. Wählen Sie im Dialogfenster NEUE CSS-REGEL den SELEKTOR-TYP *Tag*. Als Selektor-Name erscheint nun automatisch das zuvor ausgewählte Tag.

   Ändern Sie die REGEL-DEFINITION, falls das neue Stylesheet in einer externen Datei gespeichert werden soll. Geben Sie anschließend Verzeichnis und Dateinamen an.

Abb. 4.29:
Neue CSS-
Regel für <ul>
definieren

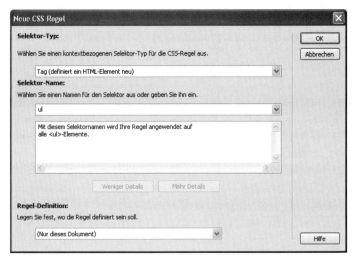

4. Drücken Sie auf OK, öffnet Dreamweaver die CSS-REGEL-DEFINITION.

5. Wechseln Sie in die Kategorie LISTE.

6. Geben Sie die zuvor in Fireworks erstellte Grafik für den Listenpunkt unter LIST-STYLE-IMAGE an. Auf der CD-ROM finden Sie hierfür im Verzeichnis *kap04* die Datei *listenpunkt.gif*.

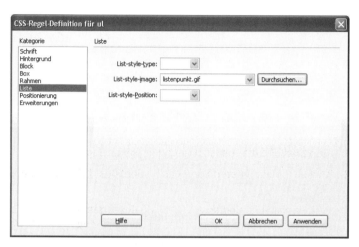

Abb. 4.30:
Bild für den
Listenpunkt
angeben

7. Bei umfangreicheren Aufzählung bestimmen Sie im Menü LIST-STYLE-POSITION darunter die Position der Listenpunkte. Diese können innerhalb (*inside*) oder außerhalb (*outside*) des Textblocks stehen.

Das ist ein längerer Text in einer ungeordneten Aufzählung.
Das ist ein längerer Text in einer ungeordneten Aufzählung.
Das ist ein längerer Text in einer ungeordneten Aufzählung.
Das ist ein längerer Text in einer ungeordneten Aufzählung.
Das ist ein längerer Text in einer ungeordneten Aufzählung.
Das ist ein längerer Text in einer ungeordneten Aufzählung.

Das ist ein längerer Text in einer ungeordneten Aufzählung.
Das ist ein längerer Text in einer ungeordneten Aufzählung.
Das ist ein längerer Text in einer ungeordneten Aufzählung.
Das ist ein längerer Text in einer ungeordneten Aufzählung.
Das ist ein längerer Text in einer ungeordneten Aufzählung.
Das ist ein längerer Text in einer ungeordneten Aufzählung.

Abb. 4.31:
*inside (links)
und outside
(rechts)*

8. Drücken Sie auf ANWENDEN und überprüfen Sie das Ergebnis im Entwurfsfenster. In unserem Beispiel erscheint die Liste etwas gequetscht. Zeilenabstand und die Höhe der Listengrafik sind nicht aufeinander optimiert.

9. Darum definieren wir einen besseren Zeilenabstand in der Kategorie SCHRIFT.

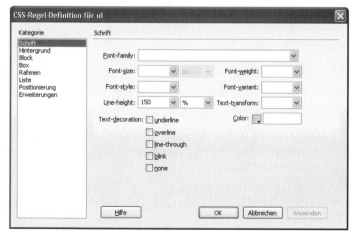

Abb. 4.32:
Zeilenhöhe
angeben

Auch wenn Sie bereits Schriftattribute für die Seite definiert haben, zeigt das Dialogfenster CSS-Regel-Definition stets nur die Attribute des aktuell ausgewählten Elements. Diese CSS-Regel zeigt das Dialogfenster in seiner Titelleiste an (hier: UL).

10. Die Zeilenhöhe geben Sie im Feld Line-height an. Da Benutzer die Schriftgröße im Browser ändern können, sollte auch die Zeilenhöhe mit einem relativen Wert variabel sein. Probieren Sie einen Wert zwischen 120 und 160 % aus und überprüfen Sie die Darstellung über die Schaltfläche Anwenden.

11. Auf diese Weise können Sie weitere Attribute für das aktuelle Element definieren. Für diese Übung haben wir alle Eigenschaften bestimmt und klicken daher auf OK.

Die definierte Regel für das ul-Tag erscheint nun im Bedienfeld CSS-Stile. Erstellen Sie nun eine neue ungeordnete Liste, wird statt der üblichen Aufzählungspunkte nun automatisch die hinterlegte Grafik *listenpunkt.gif* dargestellt.

Abb. 4.33:
CSS-Regel für
ein HTML-Tag

4.7.3   ID-Stile: Abstand, Ausrichtung und Rahmen mit CSS

Jetzt müssen Sie nur noch die Bildabstände für einzelne Bilder konkret festlegen. Entfernen Sie die im Eigenschafteninspektor angegebenen Werte für V- und H-Abstand. Diese beziehen sich auf jeweils beide Bildseiten und richten Bilder nicht linksbündig mit dem Text aus.

Abb. 4.34:
Der H-Abstand
bezieht sich auf
beide Seiten
(rechts).

Definieren Sie einen ID-Stil, der nur das ausgewählte Bild ausrichtet:

1. Markieren Sie das Bild und geben Sie im Bedienfeld Eigenschaften einen Namen in das Feld ID ein (*hallo*).

2. Drücken Sie im Bedienfeld CSS-Stile auf 🔲 .

3. Das Dialogfenster erkennt die ID, wählt den richtigen Selektor-Typ und gibt den korrekten Selektor-Namen an. Dieser setzt vor den ID-Namen die Raute # (*#hallo*). Sie müssen jetzt nur noch auf OK drücken.

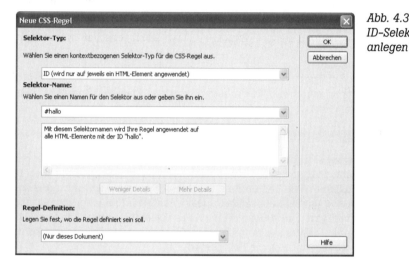

Abb. 4.35:
ID-Selektor
anlegen

4. Wechseln Sie in die Kategorie Box.

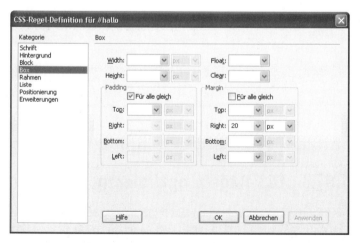

Abb. 4.36:
Kategorie Box

5. Den Außenabstand, also den Abstand des Bildes zu benachbarten Elementen, geben Sie unter MARGIN an.

6. Dabei können Sie jeder Element- bzw. Bildseite einen anderen Abstand zuweisen, wenn Sie das Kontrollkästchen FÜR ALLE GLEICH deaktivieren. Anschließend geben Sie die Werte für oben (TOP), rechts (RIGHT), unten (BOTTOM) und links (LEFT) mit der gewünschten Einheit ein.

7. Sind Sie mit dem Ergebnis zufrieden, drücken Sie auf OK.

Die neue Regel ist im Bedienfeld CSS-STILE eingetragen. Einem anderen Bild weisen Sie die gleichen Ränder zu, indem Sie dessen ID bzw. Selektor-Namen im Bedienfeld durch ein Komma getrennt hinter dem bereits vorhandenen Selektor angeben (vgl. Abbildung 4.39).

Im Menü FLOAT bestimmen Sie die Ausrichtung des Elements: links (*left*) oder rechts (*right*). Dabei legen Sie mit PADDING den Innenabstand fest, also den Abstand zwischen Elementbegrenzung und Elementinhalt. Eine ausführliche Dokumentation dieses Boxmodells, das im Rahmen dieser Einführung leider nicht erörtert werden kann, finden Sie in meinem Kompendium, das ebenfalls bei Markt+Technik erschienen ist.

In der Kategorie RAHMEN der CSS-REGEL-DEFINITION können Sie jede Bildseite unterschiedlich säumen. Dafür deaktivieren Sie das Kontrollkästchen FÜR ALLE GLEICH. Folgende Stile stehen Ihnen im Menü STYLE zur Auswahl: *none* (kein Rahmen), *dotted* (gepunktet), *dashed* (gestrichelt), *solid* (durchgezogen), *double* (doppelt durchgezogen) *groove* (Rille), *ridge* (Erhöhung), *inset* (eingelassen), *outset* (erhaben). Unter WIDTH geben Sie die gewünschte Rahmenstärke und über den Farbwähler COLOR die Rahmenfarbe an.

Abb. 4.37:
Gepunkteter
Rahmen in der
Kategorie
RAHMEN

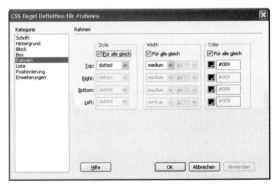

4.8   CSS-Regeln optimieren

Ihre Webvisitenkarte sollte nun fast fertig sein. Abschließend wandeln Sie noch den vorformatierten Text in einen Absatz um. Er passt dann besser zum allgemeinen Erscheinungsbild der Seite. Alternativ definieren Sie eine entsprechende CSS-Regel für das pre-Tag.

Da wir zu Beginn der Seite das Bild mit dem Essen eingebunden haben, ändern Sie die Farbe der Überschrift <h1>. Wenn Sie nicht mehr wissen wie das geht, schauen Sie in Kapitel 3.3.5 nach. Am besten passt jetzt einen Orange-Ton (z. B. #FF8000). Die Farbe können Sie also in den Seiteneigenschaften, im Eigenschafteninspektor oder im Bedienfeld CSS-STILE ändern.

Überprüfen Sie die angelegten CSS-Regeln. Fassen Sie gleiche oder ähnliche Regeln zusammen. Das Bild in der Randspalte weitet eine CSS-Regel auf Überschriftenebenen aus, die in HTML gar nicht definiert wurden (h2, h3, h4, h5, h6). Markieren Sie diese und drücken Sie die [Entf]-Taste. Die Selektor-Namen werden entfernt. Einen ausgewählten Stil löschen Sie dagegen komplett, indem Sie am unteren Bedienfeldrand auf 🗑 drücken.

Um die einzelnen Seitenbereiche besser von einander abzusetzen, integrieren Sie eine horizontale Linie an der entsprechenden Stelle. Wählen Sie EINFÜGEN / HTML / HORIZONTALE LINIE. Im Browser werden Linien standardmäßig zentriert und über die gesamte Fensterbreite dargestellt. Die Eigenschaften einer markierten Linie ändern Sie im Inspektor. Dabei ist das Ausrichten nur bei einer verkürzten Trennlinie sinnvoll. Die Höhe (H) geben Sie als Pixelwert an. Um die Schattierung zu entfernen, deaktivieren Sie das Kontrollkästchen SCHATTIERUNG.

Abb. 4.38:
Eigenschaften einer horizontalen Linie

Um einen besseren Überblick zu haben, sollten ähnliche Regeln untereinander stehen. Eine Regel verschieben Sie im Bereich ALLE REGELN des Bedienfelds.

Unsere Öffnungszeiten

Mo geschlossen
DI 12.00-14.00 Uhr
Mi 12.00-14.00 Uhr
Do 12.00-14.00 Uhr
Fr 12.00-14.00 Uhr, 18.00-23.00 Uhr
Sa 12.00-14.00 Uhr, 18.00-24.00 Uhr
So 12.00-14.00 Uhr, 18.00-22.00 Uhr

Abb. 4.39:
Bild mit rechtem Außenabstand

Jetzt ist Ihre Webvisitenkarte soweit für die Veröffentlichung im Internet fertig. Überprüfen Sie deren Darstellung noch einmal im Webbrowser (vgl. Kapitel 5.8) und geben Sie Ihrem Administrator alle benötigten Dateien. Wie Sie diese Aufgabe selbst erledigen, erfahren Sie in Kapitel 14. Möchten Sie zudem eine E-Mail-Adresse auf der Seite einbauen, schauen Sie bitte in Kapitel 8.5 nach, wie das geht.

4.9   Exkurs: Das Webfotoalbum

Abschließend stelle ich Ihnen noch eine interessante Dreamweaver-Funktion vor, mit der Sie schnell und einfach ein digitales Fotoalbum erstellen. Damit können Sie beispielsweise ein paar Bilder Ihres Unternehmens vorführen oder Ihren Freunden die letzten Urlaubsbilder online zeigen. Zunächst präsentieren Sie eine Übersichtsseite mit kleinen Vorschaubildern, die mit einer Detailansicht verknüpft sind. Die Folgeseiten sind ebenfalls untereinander verlinkt. Bevor Sie diese Funktion nutzen können, müssen Sie Fireworks installieren.

Abb. 4.40:
Bild-Übersicht
(hinten links)
und Detail-
darstellungen

1. Speichern Sie alle Fotos für das Album in ein Verzeichnis ab. Überprüfen Sie deren Qualität und drehen Sie Bilder, die »auf dem Kopf stehen«. Zur Übung finden Sie einige Beispielbilder im Verzeichnis *impressionen*. Damit möchte unser Restaurant Lust auf einen Besuch machen und die Umgebung kurz vorstellen. Die Bilder werden im Album alphabetisch nach dem Dateinamen sortiert. Möchten Sie die Reihenfolge ändern, ändern Sie die Dateinamen.

2. Legen Sie ein weiteres Verzeichnis an, in das Sie das komplette Web-Fotoalbum abspeichern möchten. Auf der CD-ROM heißt es *album*.

3. Wählen Sie in der Menüleiste BEFEHLE / WEBFOTOALBUM ERSTELLEN. Hierzu muss ein Dokumentfenster geöffnet sein.

4. Geben Sie Merkmale des Fotoalbums im Dialogfenster an:

   – TITEL DES FOTOALBUMS: Dieser Text wird in einem grauen Kasten über der Bildübersicht angezeigt.

   – ZWISCHENÜBERSCHRIFTEN-INFO, WEITERE INFOS: Dieser Text wird direkt unter dem Titel angezeigt.

   – ORDNER FÜR QUELLBILDER: Bestimmen Sie den Ordner, in dem die Originalbilder abgespeichert sind.

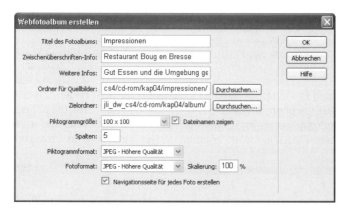

Abb. 4.41: Eigenschaften des Albums festlegen

– ZIELORDNER: Geben Sie das Verzeichnis an, in das alle verwendeten Dateien des Fotoalbums abgespeichert werden sollen.

– PIKTOGRAMMGRÖßE: Auf der Übersichtsseite sollen alle kleinen Vorschau-Bilder die gleiche Größe haben. Legen Sie diese fest.

– Deaktivieren Sie das Kontrollkästchen DATEINAMEN ZEIGEN, damit auf den Albumseiten Dateinamen nicht erscheinen. Diese sind für den Betrachter in der Regel wenig interessant.

– PIKTOGRAMMFORMAT: Bestimmen Sie Grafikformat und Qualität für die zu erstellenden Dateien.

– FOTOFORMAT: Bestimmen Sie das Dateiformat und die prozentuale SKALIERUNG der Bilder auf den Folgeseiten.

– NAVIGATIONSSEITE FÜR JEDES FOTO ERSTELLEN: Aktivieren Sie diese Option, erscheinen auf jeder Folgeseite die Hyperlinks *Zurück*, *Anfang* und *Weiter*, mit denen User sich durch das Album klicken können.

5. Drücken Sie auf die Schaltfläche OK. Das Album wird in Fireworks automatisch erstellt. Dies kann einige Zeit dauern.

6. Ist das Album fertig, drücken Sie im Meldefenster auf OK. Das Album wird im Dokumentfenster geöffnet (*index.htm*).

7. Nun können Sie die Übersichtsseite und die einzelnen Unterseiten weiter bearbeiten und entsprechende CSS-Stile definieren. Die Folgeseiten sind im Verzeichnis *Seiten* abgespeichert.

Beinhaltet eine Webseite sehr viele Bilder, kann deren Anzeige beim User recht lange dauern. Dabei gilt die Faustregel, dass die Webseite inklusive aller hierin eingebundenen Dateien nicht größer als 50 KB sein sollte. In Dreamweaver haben Sie die Dateigröße und die daraus abgeleitete Ladezeit in der Statusleiste unter dem Dokumentfenster immer im Blick. Den in den Voreinstellungen (BEARBEITEN / VOREINSTELLUNGEN) hinterlegten Standardwert für die zugrunde liegende VERBINDUNGSGESCHWINDIGKEIT ändern Sie in der Kategorie STATUSLEISTE.

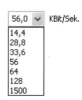

In Kapitel 5.2.1 erfahren Sie auch, wie das Dokumentfenster unterschiedliche Fenster- bzw. Monitorgrößen simulieren kann. Haben Sie einen sehr breiten Monitor, können Sie damit überprüfen, ob Ihre Zielgruppe die Inhalte ebenfalls komplett einsehen kann.

4.10   Kleine Erfolgskontrolle

11. Was versteht man unter Skalieren?

   a) Das Wiegen von Gegenständen

   b) Verändern der Bildgröße

   c) Das Messen einer Entfernung auf einer Skala

12. In welchem Format würden Sie einen einfarbigen Button abspeichern?

   a) TIF

   b) GIF

   c) JPG

13. Welcher Selektor ändert alle Bilder auf einer Seite, für die außer der Bildquelle keine weiteren Attribute angegeben sind?

   a) `.bild`

   b) `#bild`

   c) `img`

14. Welche Bildbearbeitungsfunktion gibt es in Dreamweaver nicht?

   a) Weichzeichnen

   b) Scharf stellen

   c) Kontrast einstellen

   d) Helligkeit verringern

Dokumente, Datenimport und allgemeine Funktionen

Dieser Workshop ist in einen theoretischen und einen praktischen Teil gegliedert: Da wir die Visitenkarte durch andere Webseiten mit weiteren Informationen ersetzen bzw. ergänzen werden, erfahren Sie zunächst mehr über das Dokumentfenster und den Umgang mit mehreren geöffneten Dateien.

Platzieren Sie Dokumente und Programme nebeneinander an, können Sie parallel sichtbare Quelldateien oder Bilder aus anderen Programmen (z. B. aus Adobe Bridge) direkt in das Dokumentfenster von Dreamweaver ziehen. Ebenso erleichtert die Importfunktion die Übernahme bereits vorhandener Inhalte inklusive der damit verbundenen Formatierungen. Außerdem können schwebend angeordnete Dokumentfenster unterschiedliche Browsergrößen simulieren.

Im praktischen Teil erstellen Sie dann eine Webseite mit vordefiniertem Layout. Hierin werden Sie bereits vorhandene Texte integrieren. Der erste Schritt zur individuellen Seite ist damit getan. In den weiteren Kapiteln werden Sie dann das in Abbildung 5.1 gezeigte Layout für unser Beispiel-Restaurant realisieren.

In diesem Kapitel lernen Sie weitere zentrale Funktionen kennen, auf die Sie bei Ihrer Arbeit immer wieder zugreifen werden. Hierzu zählen das Rückgängigmachen einzelner Arbeitsschritte, die Browservorschau und Rechtschreibprüfung sowie die Suchen- und Ersetzen-Funktion. Zudem werden Sie häufig benötigte Objekte als Favoriten speichern und damit effizienter Arbeiten.

Eine **Website** beinhaltet mehrere einzelne **Webseiten**, die miteinander verlinkt sind. Der Begriff Website wird häufig mit **Site** abgekürzt.

Sie lernen in diesem Kapitel

- Seite mit vordefiniertem Layout anlegen
- Fenster schwebend anordnen
- Browsergrößen simulieren
- Inhalte aus anderen Programmen übernehmen
- Arbeitsschritte rückgängig machen
- Text und Code suchen und ersetzen
- Rechtschreibprüfung nutzen
- Browservorschau einsetzen
- Objektfavoriten erstellen.

5.1   Dokumente öffnen und anordnen

In Dreamweaver öffnen und bearbeiten Sie alle HTML-Dateien. Die betreffende Datei muss dazu nicht in Dreamweaver erstellt worden sein. Außerdem öffnen Sie Textdateien wie JavaScript, XML oder CSS sowie alle dynamischen Dokumenttypen. Dabei können bestimmte Dateien, z. B. CSS-Dokumente, nur in der Code-Ansicht geöffnet und bearbeitet werden.

Bereits gespeicherte Dokumente öffnen Sie über DATEI / ÖFFNEN in der Menüleiste oder indem Sie auf den Button 🖿 in der Symbolleiste STANDARD drücken. Die zehn zuletzt geöffneten Dokumente sind in der Menüleiste unter DATEI / LETZTE DATEIEN ÖFFNEN eingetragen. Hier öffnen Sie mit einem Mausklick das Dokument – ohne umständliche Pfadsuche. Wählen Sie DATEI / LETZTE DATEIEN ÖFFNEN / DOKUMENTE BEIM START ERNEUT ÖFFNEN, wenn Sie an den zuletzt offenen Seiten später weiter arbeiten möchten. Ein Häkchen markiert hier die aktivierte Option. Falls Sie das Startfenster geöffnet haben, klicken Sie auf die gewünschte ZULETZT GEÖFFNETE DATEI in der linken Spalte oder drücken Sie auf ÖFFNEN darunter.

Außerdem können Sie mehrere neue Dokumente gleichzeitig in Dreamweaver anlegen, ohne diese sofort speichern zu müssen (vgl. Kapitel 2.1). Hierzu wählen Sie DATEI / NEU oder drücken auf 🖿.

1. Für die nächste Webseite wählen Sie im Dialogfenster NEUES DOKUMENT das vordefinierte LAYOUT *2 Spalten gemischt, linke Randleiste, Kopf- und Fußzeile*. Wie Sie in der Vorschau rechts und in der Beschreibung darunter gut erkennen (Abbildung 5.2), entspricht die Anordnung der einzelnen Inhaltsbereiche dem in Abbildung 5.1 gezeigten Entwurf. Dabei sind die Größen der einzelnen Seitenbereiche mit unterschiedlichen Einheiten definiert. Es ändert sich die Breite der rechts angeordneten Spalte (mit dem %-Zeichen) mit der Fenstergröße. Die linke Spalte (mit der EM-Einheit) ändert sich dagegen mit der im Browser eingestellten Schriftgröße.

2. In diesem Beispiel fügen wird den CSS-Code in den head-Bereich des Dokuments ein. Sollen CSS-Regeln in einer separaten Datei gespeichert werden, wählen Sie unter LAYOUT-CSS die Option *Neue Datei erstellen*. Ist diese externe Datei bereits vorhanden, können Sie die Regeln hier einfügen (*Verknüpfen mit bestehender Datei*). Diese Optionen lernen Sie in Kapitel 10.1 kennen.

3. Drücken Sie auf ERSTELLEN. Dreamweaver öffnet das neue Dokument mit Platzhaltertext in den vier Seitenbereichen. Diese Bereiche bezeichnet man auch als CSS-Container bzw. -boxen. Diese werden wir in Kapitel 6 anpassen und bearbeiten.

4. Am besten speichern Sie das Dokument gleich in einem neuen, separaten Verzeichnis (z. B. *restaurant*; vgl. Kapitel 2.8). Da es sich hierbei um eine neue Homepage handelt, wählen Sie gemäß allgemeiner Konvention *index.htm* als Dateinamen.

Auf der CD-ROM finden Sie die Datei *home.htm* im Verzeichnis *kap05*.

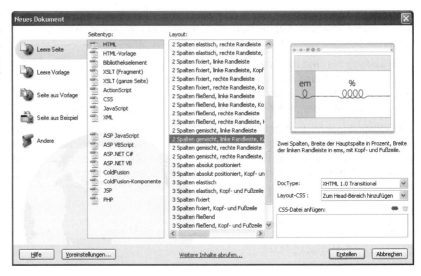

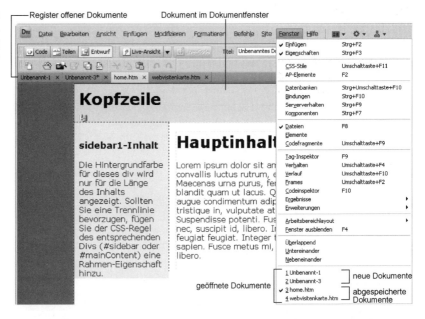

Noch nicht gespeicherte Dokumente sind in der Menüleiste unter Fenster als *Un-benannt-X* aufgeführt. Ansonsten zeigt Dreamweaver hier den entsprechenden Dateinamen an. Wählen Sie hier einen Eintrag aus, wechseln Sie in das entsprechende Dokument, wie Sie es bereits aus anderen Programmen kennen.

Über das Register oberhalb eines Dokumentfensters wechseln Sie ebenfalls schnell von einem geöffneten Dokument in ein anderes. Dokumentregister werden nur bei maximiertem Fenster angezeigt. Ist das Dokumentfenster schwebend angeordnet (vgl. Kapitel 5.2), klicken Sie auf die Schaltfläche ▣ in der rechten oberen Ecke. Dadurch maximieren Sie alle geöffneten Dokumente.

In Abbildung 5.3 sind zwei neu angelegte und zwei abgespeicherte Dokumente geöffnet, wobei *home.htm* im Entwurfsfenster angezeigt wird. Geänderte und nicht gespeicherte Dokumente erkennen Sie an dem Stern hinter dem Dateinamen im Register oder in der Titelleiste des schwebenden Dokuments.

Die Anordnung einzelner Dokumente ändern Sie im Register. Ziehen Sie ein Register mit der Maustaste an die gewünschte Position. Gleichzeitig ändert sich die Dokument-Reihenfolge im FENSTER-Menü. Übrigens: Auch die Register in den einzelnen Bedienfeldern können Sie innerhalb der Gruppe ebenso neu anordnen.

5.2 Schwebende Dokumentfenster platzieren

Sind Dokumente schwebend angeordnet, können Sie Seitenelemente einfach von einem Dokument in ein anderes verschieben oder Hyperlinks leichter erstellen (vgl. Kapitel 5.2). Drücken Sie auf den Button ▣ in der rechten oberen Ecke des jeweiligen Dokumentfensters, um alle Dokumentfenster zu verkleinern. Durch diesen Befehl werden die maximierten Fenster zu frei schwebenden. Klicken Sie in ein geöffnetes Dokument hinein, ist dieses Fenster aktiv. Alternativ wechseln Sie über das FENSTER-Menü in eine andere Webseite.

Abb. 5.4: Schwebende Dokumentfenster

5.2.1 Browsergrößen simulieren

Die Fenstergröße ändern Sie durch Ziehen der unteren rechten Ecke oder eines seitlichen Rahmenteils. Über das Menü FENSTERGRÖSSE in der Statusleiste unterhalb des Dokuments ändern Sie die Größe des schwebenden Fensters nach festgelegten Pixel-Werten. Dadurch bekommen Sie einen Eindruck, wie das Fenster bei den unterschiedlichen Bildschirmgrößen und Einstellungen im Browser beschnitten sein wird. Auf diese Weise überprüfen Sie, ob im Dokument gezeigte Inhalte beim Zielbrowser ohne Scrollen komplett angezeigt werden. Häufig verwendete Fenstergrößen sind im Menü bereits hinterlegt.

▨ Wenn Sie die Fenstergröße des Dokuments *home.htm* ändern, passt sich die rechte Spalte an. Die linke verändert sich nicht.

Abb. 5.5:
Fenstergröße in
der Statusleiste
einstellen

Die angegebene Fenstergröße entspricht nur dem Inhaltsfenster des Browsers, ohne Menüleisten und Rahmen. Dahinter stehen in Klammern die tatsächlichen Bildschirmgrößen. Zum Beispiel entsprechen 955 x 600 Pixel einer Bildschirmgröße von 1024 x 768 Pixel.

So ändern Sie die Werte im Menü FENSTERGRÖSSE **und fügen neue Werte hinzu:**

1. Wählen Sie GRÖSSEN BEARBEITEN... im Menü FENSTERGRÖSSE. Das Dialogfenster VOREINSTELLUNGEN mit der geöffneten Kategorie STATUSLEISTE erscheint.

Abb. 5.6:
Voreinstellun-
gen für die
Statusleiste

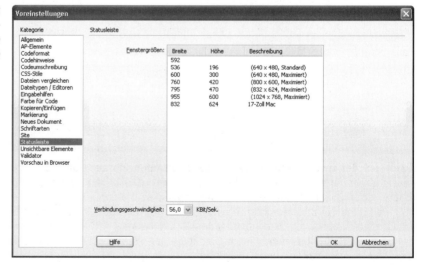

2. Um eine vorhandene Größenangabe zu ändern, klicken Sie auf den entsprechenden Eintrag für die Breite bzw. die Höhe und geben die neuen Werte ein. Ebenso ändern Sie die Beschreibung. Geben Sie hierfür einen aussagekräftigen Text an, der dann im Menü Fenstergröße angezeigt wird.

Um eine neue Fenstergröße zu definieren, setzen Sie den Cursor unter die vorhandenen Angaben und geben dann die neuen Werte ein. Mit der ⇥-Taste wechseln Sie schnell in das Feld rechts neben dem aktuellen.

Fenstergrößen:	Breite	Höhe	Beschreibung
	592		
	536	196	(640 x 480, Standard)
	600	300	(640 x 480, Maximiert)
	760	420	(800 x 600, Maximiert)
	795	470	(832 x 624, Maximiert)
	955	600	(1024 x 768, Maximiert)
	832	624	17-Zoll Mac

Abb. 5.7:
Eine neue
Fenstergröße
definieren.

Wenn Sie nur einen Wert (entweder für die Breite oder für die Höhe) eingeben, passt sich das Fenster nur diesem Wert an und behält die vorherige Einstellung für das andere Maß bei.

3. Mit OK bzw. durch zweimaliges Drücken der ⏎-Taste sichern Sie die Einstellungen und kehren zum Dokumentfenster zurück.

Um einen Wert zu entfernen, löschen Sie einfach die entsprechenden Angaben mit der Entf - oder ← -Taste.

5.2.2 Anordnung und Position schwebender Fenster

Klicken Sie auf den oberen blauen Bereich eines schwebenden Fensters, können Sie es mit gedrückter linker Maustaste an die gewünschte Position verschieben. Während Sie alle schwebenden Fenster, wie beispielsweise das Bedienfeld Dateien, beliebig verschieben können, ist das Dokumentfenster an die Arbeitsfläche des Programms gebunden. Das bedeutet, dass sich ein schwebendes Dokumentfenster nur innerhalb des Programms verschieben lässt.

Daneben gibt es in der Menüleiste unter Fenster drei Befehle, mit denen Sie geöffnete Fenster gleichmäßig im Arbeitsbereich anordnen können: Überlappend, Unter- und Nebeneinander. Dabei werden maximierte Fenster automatisch zu schwebenden.

Ist eine gerade Anzahl von Dokumenten geöffnet, werden diese sowohl unter- als auch nebeneinander in einer Reihe angeordnet (vgl. Abbildung 5.9 links). Darum habe ich für diese und für Abbildung 5.10 ein Fenster geschlossen.

Einen Teil der zuvor beschriebenen Funktionen rufen Sie auch über die gewohnten Windows- bzw. Macintosh-Schaltflächen auf. Dabei ist zwischen Programm- und Dokumentfenster-Funktionen zu unterscheiden. Die Programm-Buttons finden Sie in der rechten oberen Dreamweaver-Ecke. Die Buttons des Dokumentfensters dagegen rechts über dem Dokumentfenster. Zudem schließen Sie das maximierte Dokument, indem Sie auf ☒ im Register klicken. Die folgenden Tabellen beinhalten auch Tastenkürzel und Menübefehle für die Fensterfunktionen.

Abb. 5.8:
ÜBERLAPPEND

Abb. 5.9:
UNTEREINANDER

Abb. 5.10:
NEBENEINANDER

Button	Menü, Tastenkombination	Beschreibung
—		Minimiert das komplette Dreamweaver-Fenster und legt es in die Statusleiste des Betriebssystems.
⊡		Verkleinert das Programm-Fenster, so dass andere geöffnete Anwendungen parallel einsehbar sind. Der Button befindet sich in der rechten oberen Dreamweaver-Ecke.
▢		Vergrößert das schwebende Dreamweaver-Fenster über den gesamten Arbeitsbereich. Andere Programme treten in den Hintergrund.
✕	Datei / Beenden Strg + Q	Schließt alle Dokumentfenster und beendet Dreamweaver. Ist ein geöffnetes Dokument noch nicht gespeichert, erscheint eine entsprechende Meldung.

Tabelle 5.1: Allgemeine Programm-Funktionen

Button	Menü, Tastenkombination	Beschreibung
⧉		Wandelt maximierte Dokumentfenster in schwebende um und verkleinert sie dabei. Der Button befindet sich rechts über dem Dokumentfenster.
▬		Minimiert ein schwebendes Dokumentfenster und platziert es am unteren Programmrand.
▢		Maximiert das Dokumentfenster. Die Registerkarten sind nun am oberen Fensterrand sichtbar.
✕	Datei / Schliessen Strg + W	Schließt das schwebende Dokumentfenster.
	Datei / Alle schliessen Strg + ⇧ + W	Schließt alle geöffneten Dokumentfenster.
✕	Datei / Schliessen Strg + W	Schließt ein maximiertes Dokument über dessen Register.

Tabelle 5.2: Funktionen für das Dokumentfenster

Über Funktionstasten und Tastaturkurzbefehle steuern Sie bestimmte Arbeitsschritte, stellen Ansichten ein oder öffnen und schließen bestimmte Bedienfelder. Eine Übersicht der wichtigsten Funktionstasten und Tastenkombinationen finden Sie auf den Umschlag-Innenseiten dieses Buches.

123

5.3   Werkzeuge in der Statusleiste

`<div#container>`
Den Tag-Selektor und einige Funktionen in der Statusleiste kennen Sie bereits: Der **Tag-Selektor** links zeigt den HTML-Quelltext eines markierten Objekts. Ist ein ID-Attribut angegeben, wird es ebenfalls eingeblendet. Die einzelnen Bereiche in vordefinierte Beispielseiten werden durch solche IDs positioniert.

Klicken Sie im Selektor auf ein Tag, wählen Sie das entsprechende Seitenelement aus. Drücken Sie auf `<body>`, markieren Sie die gesamte Seite und können beispielsweise die Seiteneigenschaften festlegen.

Die **Fenstergröße** haben Sie in Kapitel 5.2.1 und die **Download-Zeit** in Kapitel 4.9 überprüft. Rechts daneben lesen Sie das **Kodierungsformat** der HTML-Seite ab (*Unicode UTF-8*).

Daneben gibt es drei weitere Werkzeuge, die Sie durch einen Mausklick aktivieren:

 WERKZEUG AUSWÄHLEN: Mit dem standardmäßig aktivierten Auswahlwerkzeug markieren Sie Seitenelemente, die Sie beispielsweise im Eigenschafteninspektor bearbeiten möchten.

 ZOOMWERKZEUG: Dieses Tool vergrößert oder verkleinert die Entwurfsansicht im Dokumentfenster, was insbesondere bei eingefügten Bildern eine wertvolle Hilfe darstellt:

 ▪ Klicken Sie mit aktiviertem Werkzeug auf die Stelle des Dokumentfensters, die Sie vergrößern möchten. Drücken Sie dabei die [Alt]-Taste, verkleinern Sie die Ansicht. Statt eines Plus- erscheint nun ein Minuszeichen am Cursor.

▪ Einen konkreten Bereich vergrößern Sie, indem Sie den Mauszeiger mit gedrückter linker Maustaste darüber bewegen. Verkleinerungen sind auf diese Weise nicht möglich.

▪ Ist Ihnen das Zoomwerkzeug zu ungenau, stellen den gewünschten, vordefinierten Vergrößerungsfaktor in dem Menü daneben ein. Mit der Option *Alles anpassen*, wird die gesamte Webseite angezeigt. Das aktuelle Objekt füllt mit der Einstellung *Auswahl anpassen* das Entwurfsfenster aus. Mit *Breite anpassen* zeigt das Entwurfsfenster die gesamte Breite der Webseite. Diese Einstellungen finden Sie auch in der Menüleiste unter ANSICHT.

 HANDWERKZEUG: Mit dem Handwerkzeug verschieben Sie bei gedrückter linker Maustaste die Ansicht im Dokumentfenster. Dieses Werkzeug entspricht damit den Funktionen der Scrollbalken am rechten und unteren Rand des Dokumentfensters.

Abb. 5.11:
Seiten-
ausschnitt
zoomen

Wenn Sie Ihre Arbeit im Dokumentfenster fortsetzen möchten, aktivieren Sie wieder das Auswahlwerkzeug .

Weitere Eigenschaften und Einstellungen des aktuell geöffneten Dokuments sowie nützliche Hilfsmittel werden Sie im Laufe des Workshops kennen lernen.

5.4 Inhalte aus vorhandenen Dateien importieren

Liegt bereits ein Text vor, den Sie in einer anderen Anwendung (z. B. Microsoft Word oder Excel) erstellt haben, ersparen Sie sich lästige Tipparbeit und übernehmen diesen Text einfach. Auch Inhalte aus anderen Webdokumenten, die im Webbrowser oder in Dreamweaver geöffnet sind, können Sie übernehmen. Dabei arbeiten Sie entweder über die Zwischenablage oder Sie verwenden die Import-Funktion. In diesem Kapitel erfahren Sie zudem, wie Sie Grafiken aus anderen Anwendungen in das Dokumentfenster ziehen.

Auf der CD-ROM ist im Verzeichnis *kap05* die Datei *willkommen.doc* gespeichert. Fügen Sie diesen Text in die neue Webseite ein. Wählen Sie hierzu ein in den folgenden Kapiteln beschriebenes Verfahren. Dieser soll den in Abbildung 5.12 markierten Text ersetzen. Am besten löschen Sie diesen gleich mit der ⌊Entf⌋- der ⌊←⌋-Taste. Entfernen Sie nur den Text und nicht das unsichtbare Kommentar-Icon darunter. Kommentare enthalten wichtige Informationen für Seitenentwickler.

Abb. 5.12:
*Platzhalter-Text
ersetzen*

5.4.1 Über die Zwischenablage arbeiten

Die erste Variante bietet sich an, wenn das Dokument bereits geöffnet ist. Man bezeichnet dieses Verfahren auch als Copy & Paste bzw. Cut & Paste – also *Kopieren & Einfügen* bzw. *Ausschneiden & Einfügen*.

1. Öffnen Sie das Dokument, dessen Inhalt Sie übernehmen möchten. Für diese Übung benötigen wir den Text aus der Worddatei *willkommen.doc*.

2. Markieren Sie den Text und wählen Sie BEARBEITEN / KOPIEREN oder drücken Sie Strg + C. In Dreamweaver können Sie zudem auf 🖹 in der Symbolleiste STANDARD klicken. Einen vergleichbaren Button finden Sie in nahezu allen Anwendungen. Der Text ist nun in der Zwischenablage.

   Möchten Sie den Text gleich im Quelldokument entfernen, wählen Sie entweder BEARBEITEN / AUSSCHNEIDEN, drücken in der Symbolleiste auf ✂ oder benutzen Sie Tastenkombination Strg + X.

 Die Symbolleiste STANDARD blenden Sie über ANSICHT / SYMBOLLEISTEN / STANDARD ein.

3. Wechseln Sie in das Dreamweaver-Dokument, in das Sie den Text integrieren möchten (*home.htm*).

4. Positionieren Sie den Cursor an der Einfügestelle im Entwurfsfenster und drücken Sie Strg + V oder klicken Sie auf den Button EINFÜGEN 🖹 in der Symbolleiste STANDARD oder wählen Sie BEARBEITEN / EINFÜGEN in der Menüleiste. Der Text wird in das Dokument eingefügt, wobei Absätze und Zeilenumbrüche in der Regel erhalten bleiben. Je nach Voreinstellung werden auch bestimmte Formatierungen, Hyperlinks und Tabellen übernommen. Dazu kommen wir gleich. Zunächst erfahren Sie, wie Sie diese Optionen unabhängig von den Programm-Einstellungen festlegen:

Hierzu wählen Sie in der Menüleiste Bearbeiten / Inhalte einfügen. Das Dialogfenster Inhalte einfügen wird geöffnet. Geben Sie hier an, welche Formatierungen Sie übernehmen möchten. Aktivieren Sie die Option Text mit Struktur und
vollständiger Formatierung (fett, kursiv, Stile), wird die komplette Darstellung
übernommen.

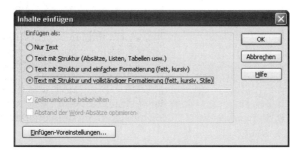

Abb. 5.13:
Optionen für
das Einfügen
der Inhalte aus
der Zwischen-
ablage

Zu den allgemein gültigen Voreinstellungen gelangen Sie, indem Sie auf die
Schaltfläche Einfügen-Voreinstellungen im Dialogfenster Inhalte einfügen klicken. Alternativ wählen Sie Bearbeiten / Voreinstellungen in der Menüleiste und wechseln
in die Kategorie Kopieren/Einfügen. Diese Voreinstellungen gelten, wenn Sie über
die Tastatur oder die Symbolleiste Standard arbeiten.

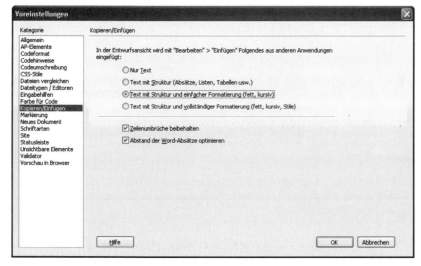

Abb. 5.14:
Voreinstellun-
gen für das
Arbeiten über
die Zwischen-
ablage

Auch andere Daten, wie Excel-Tabellen oder Bilder (vgl. Kapitel 5.4.4), können
mit dieser Methode übernommen werden.

Die Webseite mit dem eingefügten Text habe ich als *willkommen1.htm* auf
der CD-ROM gespeichert.

5.4.2   Texte aus Microsoft Word und Excel importieren

In Word oder Excel erstellte Dokumente werden mit den Dateiendungen *.doc* bzw. *.docx* oder *.xls* bzw. *.xlsx* gespeichert und können problemlos in Dreamweaver importiert werden. Einzige Voraussetzung ist, dass bei der Dokumenterstellung kein Office-Paket älter als Version 2000 verwendet wurde.

1. Wählen Sie in der Menüleiste Datei / Importieren / Word-Dokument bzw. Datei / Importieren / Excel-Dokument.

2. Wählen Sie das Dokument aus und klicken Sie auf die Schaltfläche Öffnen. Für diesen Workshop importieren Sie die Word-Datei *willkommen.doc* im Verzeichnis *kap05*.

   Der Inhalt der Office-Datei wird nun in Ihr Dokument eingefügt. Dabei werden vorhandene CSS-Formatierungen der vordefinierten Seite angewendet (Abbildung 5.15).

Haben Sie das Bedienfeld Dateien geöffnet, können Sie die Word- bzw. Excel-Datei auch in Ihr aktuelles Dokument ziehen. Aktivieren Sie im Dialogfenster Dokument einfügen die gewünschte Option unter Inhalt einfügen.

Abb. 5.15:
Importierter
Text

Sind mehrere Programme gleichzeitig geöffnet, erscheint u. U. eine Meldung über einen ausgelasteten Server. Probieren Sie es erneut oder arbeiten Sie über die Zwischenablage.

5.4.3   In Word gespeicherte HTML-Datei öffnen und optimieren

Haben Sie in Microsoft Word eine HTML-Datei erstellt, öffnen Sie diese wie gewohnt in Dreamweaver. Anschließend sollten Sie das Dokument bereinigen und von unnötigem Quelltext befreien. Diesen HTML-Code speichert Word automatisch mit ab.

1. Wählen Sie BEFEHLE / WORD-HTML OPTIMIEREN.

2. Wissen Sie, mit welcher Word-Version das Dokument erstellt wurde, überprüfen Sie die Option im Menü der GRUNDEINSTELLUNGEN. Sind Sie sich nicht
   sicher, ändern Sie daran nichts.

   Damit Dreamweaver den Code bestmöglich optimiert, sollten alle Kontrollkästchen in den Registern GRUNDEINSTELLUNGEN und DETAILLIERT aktiviert sein.

3. Drücken Sie auf OK, führt Dreamweaver die Optimierung durch und gibt eine
   Rückmeldung aus, die Sie ebenfalls mit OK schließen.

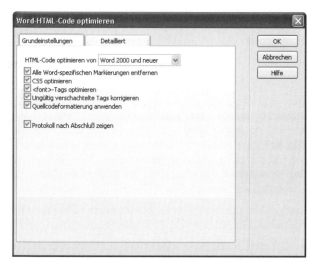

Abb. 5.16:
In Word erstell-
ten Code opti-
mieren

5.4.4   Bilder aus anderen Anwendungen übernehmen

Bilder können ebenfalls über die Zwischenablage von einem geöffneten Dream-
weaver-Dokument in ein anderes übernommen werden. Dabei geben Sie den
Alternativtext an. Die QUELLE wird automatisch angepasst und als src-Wert im
Code angegeben.

Alle für die Webseite benötigten, weboptimierten Bilder finden Sie im *bilder*-
Verzeichnis auf der CD-ROM, direkt im Stammverzeichnis. Diese können Sie
direkt aus dem Bedienfeld DATEIEN (FENSTER / DATEIEN) an die gewünschte Stelle
im Entwurfsfenster ziehen oder Sie arbeiten wie in Kapitel 4.2.2 beschrieben. Dabei werden Sie schnell feststellen, dass die Größe der einzelnen Seitenbereiche noch angepasst werden muss. Wie das geht, erfahren Sie in
Kapitel 6. Die Webseite mit eingefügtem Text und Bild habe ich als
willkommen2.htm auf der CD-ROM gespeichert.

Abb. 5.17:
Vorhandenes
Bild einfügen

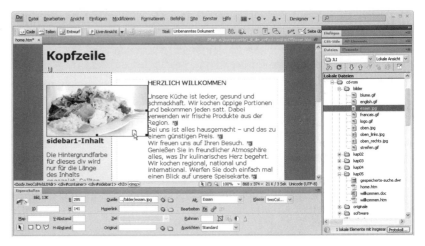

Haben Sie Bridge, den Explorer oder Finder geöffnet, ordnen Sie diese Fenster und Dreamweaver nebeneinander an. Anschließend ziehen Sie das benötigte Bild einfach in das Entwurfsfenster. Handelt es sich dabei um ein Webbild, müssen Sie nur noch den alt-Text angeben. Das Bild wird automatisch im *Bilder*-Ordner abgelegt. Diesen geben Sie in der Site-Definition an (vgl. Kapitel 7.1). Ansonsten arbeiten Sie wie im Folgenden beschrieben.

Auch direkt aus den entsprechenden Anwendungen, wie Photoshop, Fireworks oder Illustrator, können Sie so Bilder übernehmen:

1. Vor dem Einfügen erscheint das Dialogfenster BILDVORSCHAU, in dem Sie die gewünschten Einstellungen zur Optimierung angeben (vgl. Kapitel 4.1.3).

2. Drücken Sie auf OK.

Abb. 5.18:
Bild optimieren

3. Geben Sie Verzeichnis und Dateinamen im Dialogfenster Webbild speichern an.

Alle Bilder sollten innerhalb des Site-Ordners gespeichert sein. Diese werden dann später gemeinsam mit den Webdokumenten auf dem Server veröffentlicht. Wie Sie die Site anlegen, erfahren Sie in Kapitel 7.1. Hier können Sie auch einen zentralen Ordner festlegen, in dem alle Bilder automatisch abgelegt werden.

4. Tragen Sie den Alternativtext im daraufhin geöffneten Fenster ein und bestätigen Sie mit OK.

Dreamweaver fügt nun das img-Tag in den Quelltext ein und zeigt das Bild im Entwurfsfenster wie gewohnt an. Enthält das Bild bearbeitbare Textelemente, kann es vorkommen, dass diese nicht als Bestandteil des Webbildes übernommen wird. In diesem Fall gibt es zwei Möglichkeiten:

- Entweder wandeln Sie den Text in Kurven um und probieren es erneut

- oder Sie speichern das komplette Bild in der entsprechenden Anwendung. Sie können es anschließend noch in Fireworks für das Web optimieren.

 Integrieren Sie ein Adobe Photoshop Bild (Dateiendung *.psd*) in Dreamweaver, wird es ebenfalls in ein Rasterbild umgewandelt. Dieses weboptimierte so genannte Smart-Bild ist weiterhin mit dem Original verknüpft. Dies können Sie an dem Icon in der linken oberen Bildecke ablesen. Ändern Sie nun das Rasterbild, können Sie es über das Kontextmenü (rechter Mausklick) Vom Original aktualisieren. Sie erzielen hierdurch eine bessere Bildqualität.

5.5 Arbeitsschritte rückgängig machen

Es kann schon einmal vorkommen, dass Sie einen oder mehrere Arbeitsschritte rückgängig machen möchten. Auch in Dreamweaver gibt es hierfür in der Menüleiste den Befehl Bearbeiten / Rückgängig, den Sie bereits aus anderen Programmen kennen. In der Symbolleiste Standard finden Sie zudem die bekannte Schaltfläche Rückgängig ⏴. Arbeiten Sie mit dem Bedienfeld Verlauf, um einen oder mehrere Arbeitsgänge zu eliminieren. Außerdem können Sie hier Befehle speichern und später erneut anwenden. Damit automatisieren Sie sich wiederholende Aufgaben.

- Wählen Sie Fenster / Verlauf oder drücken Sie ⇧ + F10.

Das Bedienfeld Verlauf enthält eine Liste all jener Schritte, die Sie im aktiven Dokumentfenster abgearbeitet haben.

 Der Verlauf zeigt nicht die Arbeitsschritte, die Sie in anderen Dokumenten oder im Bedienfeld Dateien ausgeführt haben.

Abb. 5.19:
Arbeitsschritte
im Bedienfeld
VERLAUF *rück-*
gängig
machen.

So machen Sie einen oder mehrere Arbeitsschritte rückgängig:

▨ Der Zeiger am linken Rand des Bedienfelds deutet auf den letzten Arbeits-schritt. Ziehen Sie den Zeiger an die gewünschte Position (vgl. Abbildung 5.19). Setzen Sie den Schieberegler also an den letzten Arbeitsschritt, den Sie noch durchgeführt (also sichtbar) haben möchten. Im gezeigten Beispiel werden alle zuletzt definierten CSS-Regeln entfernt.

Sie können nur über den Zeiger bestimmte Schritte widerrufen. Das Markieren der Bezeichnung in der Fenstermitte genügt nicht.

Setzten Sie nun Ihre Arbeit im Dokument fort, werden die rückgängig gemachten Befehle nicht mehr im Bedienfeld VERLAUF angezeigt.

Die maximale Anzahl der im Bedienfeld VERLAUF angezeigten Arbeitsschritte bestimmt der festgelegte Wert in den Voreinstellungen (BEARBEITEN / VOREINSTELLUNGEN). Dieser ist in der Kategorie ALLGEMEIN angegeben. Standardmäßig ist die ZULÄSSIGE HÖCHSTZAHL DER VERLAUFSSCHRITTE auf 50 eingestellt. Bitte beachten Sie, dass bei einer größeren Zahl auch mehr Arbeitsspeicher gebraucht wird.

5.6 Suchen und ersetzen

Suchen Sie eine bestimmte Text- oder Codestelle in einem Dokument, ist diese mit der integrierten Suchfunktion schnell gefunden. Auf Wunsch wird das Ergebnis durch eine andere Zeichenfolge ersetzt. Im Folgenden erfahren Sie exemplarisch wie Sie nach einer bestimmten Textstelle suchen. Für die Suche nach HTML-Code oder bestimmten Attributen sind weitere Code-Kenntnisse erforderlich.

So suchen Sie nach einem bestimmten Text:

1. Wählen Sie BEARBEITEN / SUCHEN UND ERSETZEN oder drücken Sie ⌴Strg⌴ + ⌴F⌴. Das Dialogfenster SUCHEN UND ERSETZEN wird geöffnet.

2. Möchten Sie das *aktuelle Dokument* durchsuchen, muss dies im Menü SUCHEN IN eingestellt sein. Außerdem können eine markierte Textpassage (*Ausgewählter Text*), mehrere *geöffnete Dokumente* oder ein bestimmter *Ordner*, den Sie anschließend im eingeblendeten Feld dahinter angeben, durchsucht werden.

Abb. 5.20:
Suchen und
ersetzen

Soll Dreamweaver in der *Site* suchen, müssen Sie diese zuvor definieren.
Wie das geht erfahren Sie in Kapitel 7.1. Erst danach können Sie die Suche
starten. Um in *ausgewählten Dateien der Site* zu suchen, müssen Sie zuvor
noch die entsprechenden Dokumente im Bedienfeld DATEIEN markiert haben.

3. Im Menü SUCHEN geben Sie an, ob Dreamweaver nach Code oder Text suchen
   soll. Dabei sind erweiterte Angaben möglich. Möchten Sie beispielsweise
   einen bestimmten Text finden, der zudem fett formatiert ist, wählen Sie *Text
   (erweitert)*. Je nach Auswahl enthält das Dialogfenster weitere Felder, mit
   denen Sie die Suche präzisieren.

   Da wir hier nach einer bestimmten Textstelle suchen, wählen Sie die Option
   Text.

4. Diesen Text geben Sie anschließend in das Feld SUCHEN ein. Dabei kann es
   sich um ein ganzes Wort, einen Satz oder nur um ein paar Buchstaben handeln.

5. Wenn Sie nach bestimmten Wörtern suchen, aktivieren Sie die Kontrollkästchen GROSS-/KLEINSCHREIBUNG BEACHTEN und GANZES WORT. Wenn Sie dabei auch
   den LEERRAUM IGNORIEREN möchten, markieren Sie die entsprechende Option.
   Das ist nur bei deaktivierter Option REGULÄREN AUSDRUCK VERWENDEN möglich.

6. Klicken Sie auf die Schaltfläche WEITERSUCHEN. Hat Dreamweaver eine ver-
   gleichbare Textstelle gefunden, markiert es diese in der aktuellen Seite. Um
   die Markierung zu sehen, müssen Sie unter Umständen das Fenster SUCHEN
   UND ERSETZEN verschieben.

   Wurde der Text nicht gefunden, erscheint eine entsprechende Meldung. Probieren Sie es eventuell noch einmal mit einem etwas anderen Suchbegriff.

7. Drücken Sie erneut auf WEITERSUCHEN, um weitere Textstellen zu finden.

   Klicken Sie auf die Schaltfläche ALLE SUCHEN, öffnet Dreamweaver automatisch
   das Bedienfeld SUCHEN und listet hier alle gefundenen Ergebnisse auf. Doppelklicken Sie auf einen Eintrag, wird die entsprechende Stelle im Entwurfsfenster angezeigt.

8. Die Suche beenden Sie mit der Schaltfläche SCHLIESSEN.

Sie können Ihre Suchabfrage über den Button ▣ im Fenster Suchen und ersetzen speichern. Dies ist besonders bei komplexen Suchparametern sinnvoll. Benötigen Sie diese später wieder, laden Sie die gesicherte DWR-Datei über das Ordner-Icon ◠. Auf der CD-ROM finden Sie im Verzeichnis *kap05* die Datei *gespeicherte-suche.dwr*. Hierin ist eine erweiterte Textsuche gespeichert.

So ersetzen Sie einen bestimmten Text:

1. Wiederholen Sie die vorherigen Arbeitsschritte 1 bis 5.

2. Geben Sie den neuen Text oder Quelltext in das Feld ERSETZEN ein.

3. Klicken Sie auf WEITERSUCHEN.

4. Hat Dreamweaver eine entsprechende Stelle gefunden, klicken Sie auf ERSETZEN.

5. Klicken Sie wieder auf WEITERSUCHEN, um die kontrollierte Suche fortzusetzen.

   Klicken Sie auf ALLE ERSETZEN, wenn Dreamweaver alle Suchkriterien im aktuellen Dokument, in den geöffneten Dateien, der kompletten Site oder in einem bestimmten Ordner ersetzen soll. Die ersetzten Textstellen können Sie im Bedienfeld ERGEBNISSE anklicken. Dreamweaver öffnet das Dokument und markiert die geänderte Stelle im Dokumentfenster.

   Benutzen Sie die Schaltfläche ALLE ERSETZEN nur, wenn Sie sich wirklich sicher sind, dass Dreamweaver die richtigen Stellen ersetzen wird. Sie können diesen Vorgang nicht mehr rückgängig machen.

6. Wenn Sie fertig sind, drücken Sie auf die Schaltfläche SCHLIESSEN.

In meinem Dreamweaver-Kompendium ist die Suche nach bestimmten Code-Elementen ausführlich beschrieben.

5.7 Rechtschreibprüfung

Selbstverständlich sollte eine Webseite möglichst keine Schreibfehler enthalten. Mit der Rechtschreibprüfung stöbern Sie diese im aktuellen Dokument oder in einem markierten Textbereich auf:

1. Wählen Sie BEFEHLE / RECHTSCHREIBUNG PRÜFEN oder drücken Sie ⇧ + F7.

2. Kann Dreamweaver ein Wort nicht im Wörterbuch finden, erscheint das Dialogfenster RECHTSCHREIBPRÜFUNG mit einer entsprechenden Meldung.

3. Drücken Sie auf die Schaltfläche ZU PERSÖNLICH HINZUFÜGEN, wird der Begriff in das in das Wörterbuch aufgenommen.

   Wenn das Wort richtig geschrieben ist, klicken Sie auf IGNORIEREN. Vermuten Sie, dass dieses Wort noch öfter in der Seite vorkommen wird, klicken Sie auf ALLES IGNORIEREN.

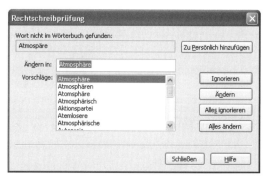

Abb. 5.21:
Wort nicht
gefunden

Wenn das Wort falsch geschrieben ist, wählen Sie das richtige Wort aus der Vorschlagsliste oder tippen Sie es in das Feld Ändern in. Dreamweaver ändert alle Begriffe entsprechend, wenn Sie auf Alles Ändern klicken.

4. Ist die Suche für einen Textbereich beendet, klicken Sie im Dialogfenster auf Ja, wenn Sie den übrigen Text überprüfen möchten. Ansonsten drücken Sie Nein.

Ist die Suche im kompletten Dokument beendet, bestätigen Sie die Meldung mit OK.

5.8   Vorschau im Browser

Auch wenn die in Dreamweaver integrierte Live-Ansicht das Dokument wie in einem Webbrowser darstellt, sollten Sie die Webseite ab und zu in unterschiedlichen Browsern betrachten. Überprüfen Sie die Seite in verschiedenen Anwendungen und Versionen. Dabei werden Sie auf zahlreiche Unterschiede stoßen, die es zu optimieren gilt.

1. Öffnen Sie die neue Webseite *willkommen2.htm*.

2. Wählen Sie Datei / Vorschau in Browser und klicken Sie auf den gewünschten Browsernamen.

Die Browservorschau starten Sie auch über den Button Vorschau/Debug im Browser in der Symbolleiste Dokument.

Abb. 5.22:
Browservor-
schau in der
Symbolleiste
Dokument
starten

Wenn Sie [F12] drücken, öffnet sich der in Dreamweaver eingerichtete Primärbrowser. Dreamweaver startet ihn automatisch und lädt die aktuelle Seite. Ist der Browser bereits geöffnet, lädt Dreamweaver die Seite in einem neuen Browser-Fenster.

Ist ein Sekundärbrowser definiert, öffnen Sie diesen mit [Strg] + [F12].

Die Seitenvorschau für ein Mobilgerät wählen Sie über Vorschau in Device Central oder mit [Strg] + [Alt] + [F12] aus.

3. Überprüfen Sie die Webseite. Ändern Sie im Browser die Schriftgröße im Menü Ansicht (Abbildung 5.23). Bei vielen Browsern finden Sie den entsprechenden Befehl im Untermenü Zoom. Ganz schnell geht's mit [Strg] + [+] und [Strg] + [-]. Sie erkennen nun gut, dass sich die linke Spalte (*sidebar1*) der Schriftgröße anpasst. Der Bereich rechts daneben (*Hauptinhalt*) füllt dann die verbliebene Fensterbreite auf. Alle Inhalte liegen in der Browsermitte.

4. Korrigieren Sie Fehler in Dreamweaver über starten Sie dann die Vorschau erneut. Erst wenn Sie mit dem Ergebnis zufrieden sind, sollten Sie eine Webseite veröffentlichen.

Abb. 5.23:
Schriftgrößen
in Google
Chrome

Liste bearbeiten Die Browserliste zeigt die bei der Dreamweaver-Installation bereits vorhandenen Webbrowser an. Installieren Sie nun einen neuen Browser oder eine neue Version, sollten Sie diese Liste ändern bzw. ergänzen:

1. Klicken Sie auf den Button Vorschau/Debug in Browser ⬤. Wählen Sie Browserliste bearbeiten.

Alternativ öffnen Sie in den Voreinstellungen (Bearbeiten / Voreinstellungen) die Kategorie Vorschau in Browser.

DEVICE CENTRAL und die installierte AIR-Erweiterung sind automatisch im Menü eingetragen und können nicht geändert werden.

2. Klicken Sie auf den ⊞-Button. Das Dialogfenster BROWSER HINZUFÜGEN wird geöffnet.

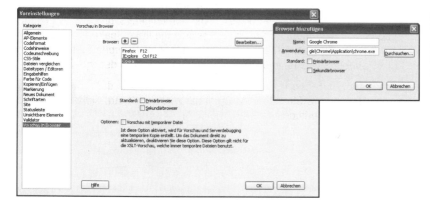

Abb. 5.24: Voreinstellungen für die Browservorschau

3. Geben Sie NAMEN und Verzeichnis der gewünschten ANWENDUNG an und bestimmen Sie, ob diese als PRIMÄRBROWSER geöffnet werden soll. Damit wird dieser Browser standardmäßig geöffnet, wenn Sie die Vorschau aktivieren oder auf F12 drücken. SEKUNDÄRBROWSER öffnen Sie dagegen mit Strg + F12.

4. Bestätigen Sie Ihre Einstellungen mit OK.

5. Möchten Sie einen ausgewählten Browser aus der Liste entfernen, klicken Sie auf ⊟.

6. Legen Sie einen Primärbrowser (z. B. *Internet Explorer*) fest, für den Sie zunächst die Seite optimieren möchten: Markieren Sie den BROWSER-Eintrag und aktivieren Sie dann das Kontrollkästchen PRIMÄRBROWSER.

   Anschließend bestimmen Sie einen SEKUNDÄRBROWSER (z. B. *Firefox*), für den Sie den Feinschliff der Seite durchführen.

7. Deaktivieren Sie die Option VORSCHAU MIT TEMPORÄRER DATEI, wird das geänderte Dokument vor der Browservorschau gespeichert und dann angezeigt.

   Ist die Option dagegen aktiviert, erstellt Dreamweaver für die Anzeige im Browser eine temporäre Datei. Aktualisieren Sie die Ansicht im Browser, kann es passieren, dass Sie nicht die aktuelle Version Ihrer Arbeit sehen. In diesem Fall sollten Sie die Browservorschau in Dreamweaver immer wieder neu starten. Natürlich können Sie das Dreamweaver-Dokument auch jedes Mal speichern und im Browser unter DATEI / ÖFFNEN ansehen. Auch hier werden Änderungen erst sichtbar, nachdem Sie die Seite in Dreamweaver gesichert haben.

8. Sind alle Browser definiert, schließen Sie die Voreinstellungen mit OK.

Insbesondere das CSS-Boxmodell wird recht unterschiedlich von den einzelnen Browsern interpretiert. Mit so genannten Hacks bekommen Sie das Problem jedoch rasch in den Griff. Diese stelle ich Ihnen detailliert in meinem Dreamweaver-Kompendium vor.

5.9   Favoriten zusammenstellen

Das Bedienfeld Einfügen enthält in mehreren Kategorien unterschiedliche Objekte für Ihre Webseiten. Damit Sie nicht immer wieder über das Menü in eine andere Kategorie springen müssen, speichern Sie häufig benötigte Elemente in den Favoriten ab.

1. Öffnen Sie im Bedienfeld Einfügen die Kategorie Favoriten (siehe Randspalte).

2. Klicken Sie mit der rechten Maustaste in das Bedienfeld hinein und wählen Sie im offenen Menü Favoriten anpassen.

*Abb. 5.25:
Favoriten
anpassen*

3. Anschließend stellen Sie die favorisierten Objekte zusammen: Markieren Sie das gewünschte Objekt unter Verfügbare Objekte und klicken Sie auf [>>]. Das Objekt wird in die Favoritenliste rechts davon übernommen.

Die Position eines hier ausgewählten Objekts ändern Sie über die Buttons [▼] und [▲]. Klicken Sie auf [🗑], um das Objekt zu löschen.

Die Trennlinie fügen Sie unter dem ausgewählten Objektfavorit ein. Auf diese Weise fassen Sie ähnliche Objekte zusammen. Trennlinien können Sie ebenfalls verschieben oder löschen.

*Abb. 5.26:
Objektfavoriten
erstellen und
anpassen*

4. Klicken Sie auf die Schaltfläche OK, speichert Dreamweaver Ihre Favoriten und zeigt sie in der Kategorie FAVORITEN des Bedienfelds EINFÜGEN an. Diese stehen nun jederzeit zur Verfügung – auch nach einem Programmneustart.

Die Trennlinie wird im Bedienfeld erst dargestellt, nachdem Sie die Beschriftungen im Optionsmenü 🔽 ausgeblendet haben.

 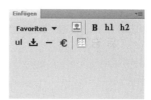

Abb. 5.27: Favoriten mit ein- und ausgeblendeter Beschriftung (rechts)

5.10 Kleine Erfolgskontrolle

15. Welches Format können Sie in Dreamweaver nicht direkt importieren?

 a) Microsoft Word

 b) Microsoft Excel

 c) Powerpoint-Dateien

16. Was zeigt die Statusleiste an?

 a) Den Status Ihres Systems

 b) Die aktuelle Uhrzeit

 c) Die geschätzte Ladezeit der aktuellen Seite

17. Wozu wird das Bedienfeld EINFÜGEN benötigt?

 a) Damit können schnell Elemente in die Webseite eingefügt werden.

 b) Zur Kontrolle bereits integrierter Seitenelemente.

 c) Damit werden Lineale im Dokumentfenster platziert.

18. Wodurch wird das Seitenlayout der vordefinierten Seiten definiert?

 a) HTML

 b) CSS

 c) Tabellen

CSS-Layout ändern

Im letzten Workshop haben Sie eine Webseite erstellt, die auf einem vordefinierten CSS-Layout basiert. Zudem haben Sie erfahren, dass mehrere Container bzw. Boxen die Seitenelemente aufnehmen und damit deren Position bestimmen. In diesem Kapitel nehmen wir den Seitenaufbau genau unter die Lupe und passen ihn dem gewünschten Design an. Dabei integrieren wir weitere Elemente in die Seite und verwenden nützliche Hilfsmittel für die Bestimmung der exakten Position.

Sie lernen in diesem Kapitel

- Aufbau vordefinierter CSS-Layouts
- Layouts bearbeiten
- mit dem Tracing-Bild arbeiten
- Hinter- und Vordergrundbilder einsetzen
- Raster und Hilfslinien einsetzen.

Abb. 6.1:
Dieses CSS-
Layout muss
angepasst
werden.

6.1   Aufbau der CSS-Webseite

Im Folgenden betrachten wir uns das Seitenlayout *2 Spalten gemischt, linke Randleiste, Kopf- und Fußzeile* etwas genauer. Andere Layouts im Dialogfenster NEUES DOKUMENT (Kapitel 5.1) sind ähnlich aufgebaut.

▨ Öffnen Sie entweder Ihre Übungsdatei aus dem letzten Workshop oder die Datei *willkommen2.htm* im Verzeichnis *kap05* auf der CD-ROM (Abbildung 6.1).

6.1.1   Visuelle Hilfsmittel einblenden

In Dreamweaver gibt es visuelle Hilfsmittel, die Ihnen die Arbeit mit CSS erleichtern. Dadurch können Sie Größe, Position, Abstände und Ränder von CSS-Elementen besser kontrollieren und bearbeiten.

▨ Aktivieren Sie alle VISUELLEN HILFSMITTEL im Menü ANSICHT (Abbildung 6.2). Einige sind bereits standardmäßig aktiviert.

Die eingeblendeten CSS-LAYOUT-HINTERGRÜNDE weisen den einzelnen Seiten-Containern eine zufällige Farbe zu. Diese wird weder im Quelltext gespeichert noch im Browser angezeigt.

Abb. 6.2:
Visuelle Hilfs-
mittel im Menü
ANSICHT

Die eingeblendeten CSS-Layout-Hintergründe weisen den einzelnen Seiten-Containern zufällig ausgewählte Farben zu. Wie alle Hilfsmittel werden sie weder im Quelltext gespeichert noch im Browser angezeigt. Jetzt erkennen Sie gut die einzelnen Boxen, die mit dem div-Tag in die Seite integriert sind. Diese Container enthalten Texte, Bilder sowie andere Inhalte und bauen damit die Seite auf. Position und Darstellung sind mit CSS bestimmt. Für den gestrichelten Rahmen um jede Box sind CSS-Layout-Konturen verantwortlich.

Die Begriffe Container, Box, Bereich und div-Element werden synonym verwendet. Dieses CSS-Boxmodell kann von einzelnen Browsern unterschiedlich dargestellt werden. Die vordefinierten Webseiten enthalten bereits wichtige Optimierungen. Weitere Kniffe finden Sie im Dreamweaver-Kompendium.

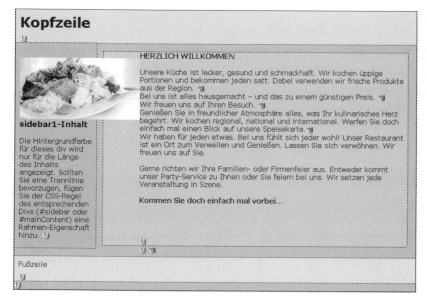

Abb. 6.3:
CSS-Layout-Hintergründe verdeutlichen das Box-Modell.

6.1.2   IDs einzelner div-Elemente

Die Webseite besteht aus fünf Containern: Der Kopfzeile (header), der linken Spalte (sidebar1), dem rechten Inhaltsbereich (mainContent) und der Fußzeile (footer). Zudem gibt es eine übergeordnete Box (container), die alle übrigen Bereiche beinhaltet. In Klammern sind jeweils die Containernamen genannt. Über diese IDs ist die Box eindeutig mit CSS formatierbar (Kapitel 6.1.3).

Klicken Sie in einen Bereich hinein, erkennen Sie im Tag-Selektor ebenfalls gut die Struktur der Seite (Abbildung 6.4). Der Name des aktuellen Containers steht immer links. Das body-Element finden Sie dagegen immer rechts, vor der Box container.

143

Abb. 6.4:
Anzeigen im
Tag-Selektor
für unter-
schiedliche
Seitenbereiche

```
<body.twoColHybLtHdr> <div#container> <div#header> <h1> ——— Inhalt der Kopfzeile (header)
  <body.twoColHybLtHdr> <div#container> <div#sidebar1> <p>  ——— Inhalt in der linken Spalte (sidebar1)
  <body.twoColHybLtHdr> <div#container> <div#mainContent> <p> ——— Inhalt in der rechten Spalte (mainContent)
<body.twoColHybLtHdr> <div#container> <div#footer> <p>  ——— Inhalt in der Fußzeile (footer)
```

6.1.3   CSS-Regeln für einzelne Seitenbereiche

CSS-Stile:

⇧ + F11

Das Bedienfeld CSS-Stile zeigt im Modus Alle die für die Seite definierten Stile. Vielleicht haben Sie sich gewundert, dass das body-Tag auf eine Klasse verweist (`<body class="twoColHybLtHdr">`). Hierüber werden die einzelnen CSS-Stile dem aktuellen Seitenelement zugewiesen. Theoretisch ist dies nicht erforderlich. Dieser Klassennamen steht jedoch nun auch vor jedem ID-Stil im Bedienfeld CSS-Stile. Auf die wiederholte Nennung verzichte ich im Folgenden.

Für einige Seitenelemente in den einzelnen Containern gibt es zusätzliche Stile. Beispielsweise gilt folgende Regel für alle Haupt-Überschriften in der Kopfzeile:

```
.twoColHybLtHdr #header h1
```

Abb. 6.5:
Bedienfeld
CSS-Stile mit
vordefinierten
Regeln

6.2   Container und Elemente anpassen

Die einzelnen CSS-Regeln werden Sie auf den nächsten Seiten detailliert kennen lernen. Dabei arbeiten wir im Modus Alle des Bedienfelds CSS-Stile.

Wegen der Eindeutigkeit verzichten wir hier auf den Modus aktuell, der von fortgeschrittenen Anwendern bevorzugt wird, weil er die Attribute des ausgewählten Elements anzeigt. Die entsprechend hierarchisch angewendeten CSS-Regeln zeigt auch der Code-Navigator. Dieser wird geöffnet, wenn Sie mit Alt + N auf ein Element im Entwurfsfenster klicken (Abbildung 6.6).

Im Code finden Sie zudem zahlreiche Kommentare mit wichtigen Hinweisen und zur Kennzeichnung der einzelnen Seitenbereiche. Im Entwurfsfenster sind diese bei eingeblendeten UNSICHTBAREN ELEMENTEN mit dem Icon hervorgehoben. Klicken Sie auf dieses Icon, zeigt das Bedienfeld EIGENSCHAFTEN den entsprechenden Kommentartext an. Diese sind in grauer Schrift hinterlegt und stehen zwischen /*…*/.

Abb. 6.6: Code-Navigator für Elemente in Sidebar1

6.2.1   Seiteneigenschaften und -breite ändern

Im gewählten CSS-Layout passt sich der dargestellte Inhalt dem jeweiligen Browserfenster bzw. der Monitorgröße an. Dabei wird ein grau hinterlegter Abstand zum Fensterrand eingehalten. Diese Hintergrundfarbe ist in den Seiteneigenschaften und damit für das body-Tag definiert.

1. Markieren Sie im Bedienfeld CSS-STILE das body-Element. Im unteren Bereich dieses Fensters werden nun die festgelegten Seiteneigenschaften angezeigt.

2. Klicken Sie auf den Button STILE BEARBEITEN 🖉 am unteren Bedienfeldrand. Die CSS-Regel-Definition öffnen Sie ebenfalls mit einem Doppelklick auf die im Bedienfeld aufgelistete Regel.

3. Geben Sie in der Kategorie HINTERGRUND Weiß (*#FFF*) als Hintergrundfarbe (BACKGROUND-COLOR) an.

4. In der Kategorie SCHRIFT entfernen Sie *Verdana* aus der Schriftartkombination (FONT-FAMILY) und geben für die Schriftfarbe (COLOR) einen Blauton (*#033*) an.

5. An den übrigen Attributen für das body-Element ändern Sie nichts. Bestätigen Sie mit OK.

145

Abb. 6.7: CSS-Regel für body und container-Element ändern

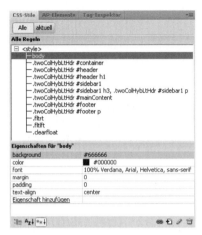

6. Die Breite (width) des Inhaltsbereichs ist für das container-Element definiert. Im Bedienfeld CSS-STILE ist hierfür der Wert *80%* angegeben. Da es diesmal schnell gehen muss, arbeiten wir jetzt direkt im Bedienfeld. Unsere Layout-Vorlage sieht statt eines relativen ein festes Layout vor:

Markieren Sie die Breite und geben Sie im ersten nun sichtbaren Menü den Wert *955* an. Im Menü dahinter bestimmen Sie Pixel (*px*) als Einheit. Bestätigen Sie mit ⎵ oder klicken Sie an eine beliebige Stelle des Arbeitsbereichs.

Abb. 6.8: Container-Breite ändern

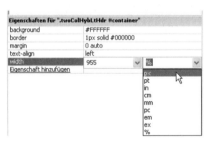

7. Die Werte hinter *border* definieren einen ein Pixel breiten (*1px*), durchgezogenen (*solid*), schwarzen Rahmen (*#000000*). Weil wir diesen hier nicht benötigen, markieren Sie diese Werte durch einen einfachen Mausklick. Anschließend drücken Sie die Entf-Taste.

In der linken Spalte steht jetzt zwar noch der *border*-Eintrag, doch da ein Wert fehlt, wird die entsprechende Regel aus dem Code entfernt. Wenn Sie jetzt eine andere Regel auswählen und dann erneut *#container* markieren, wird dieser Eintrag nicht mehr angezeigt.

8. Da die Hintergrundfarbe der Seiteneigenschaften nun mit der des Containers übereinstimmt, wird dieses Attribut für *#container* nicht mehr benötigt. Entfernen Sie den Wert *#FFFFFF* hinter *background*. Ohnehin stört diese Angabe, wenn Sie mit einem Tracing-Bild arbeiten möchten.

Für die Zentrierung des übergeordneten Containers ist ein rechter und linker Rahmen (*margin*) definiert. Mit dem Wert *auto* passt sich dieser automatisch an und verteilt den verbleibenden Platz gleichmäßig auf beide Seiten. Der Wert *0* bezieht sich dagegen auf den oberen und unteren Abstand zwischen Container und Seitenrand. Diese Attribute sind in der Kategorie Box der CSS-Regel-Definition eingetragen.

Tracing-Bild als Layout-Hilfe

Die Layoutvorlage finden Sie als *tracing-bild.jpg* im Verzeichnis *kap06* auf der CD-ROM. Lassen Sie es als so genanntes Tracing-Bild im Seitenhintergrund anzeigen, haben Sie eine gute Orientierung bei der Seitenentwicklung. Obwohl das Bild in den Quelltext integriert wird, zeigt es der Browser nicht an. Das Tracing-Bild ist lediglich eine Designhilfe.

1. Blenden Sie die CSS-LAYOUT-HINTERGRÜNDE über ANSICHT / VISUELLE HILFSMITTEL aus. Diese würden jetzt nur noch stören.

2. Öffnen Sie die Kategorie TRACING-BILD in den SEITENEIGENSCHAFTEN (MODIFIZIEREN / SEITENEIGENSCHAFTEN).

Abb. 6.9: Layout-Vorlage für die Webseite

3. Geben Sie Verzeichnis und Dateinamen des Tracing-Bildes an. Arbeiten Sie gegebenenfalls über die Schaltfläche Durchsuchen. Die Grafikdatei muss im JPG-, JPEG-, GIF-, PNG- oder PSD-Format vorliegen.

4. Stellen Sie die Transparenz des Bildes mit dem Schieberegler ein. Damit sich platzierte Seitenelemente besser von dieser Vorlage abheben, sollten Sie einen Wert von etwa *50%* wählen. Drücken Sie auf die Schaltfläche Anwenden und korrigieren Sie ggf. diese Einstellung.

5. Bestätigen Sie mit OK.

Abb. 6.10: Tracing-Bild in den Seiteneigenschaften angeben.

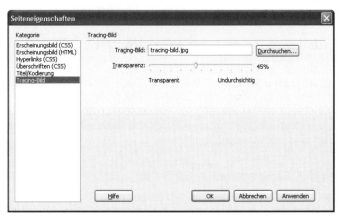

6. Jetzt müssen Sie das Bild noch am übergeordneten Container ausrichten: Markieren Sie den Container über den Tag-Selektor.

7. Wählen Sie in der Menüleiste Ansicht / Tracing-Bild / An Auswahl ausrichten. Die obere linke Ecke des Tracing-Bildes ist nun an der oberen linken Ecke des ausgewählten Elements ausgerichtet.

8. In der Vorlage ist um die Seitenelemente ein Schatten gelegt. Diesen ignorieren wir hier zunächst und passen die Position an: Wählen Sie Ansicht / Tracing-Bild / Position einstellen.

9. Geben Sie konkrete Werte für die X- und Y-Position ein oder verschieben Sie das Bild mit den Pfeiltasten der Tastatur an die gewünschte Stelle. Um ein Bild fünf Pixel zu verschieben, drücken Sie gleichzeitig die ⇧-Taste. Negative Koordinaten sind nicht möglich.

10. Bestätigen Sie mit OK. Jetzt sollten Sie die Größe des Dokumentfensters nicht mehr ändern, da sonst der zentrierte Container ebenfalls seine Position verändert.

Abb. 6.11: Position des Tracing-Bildes

Das Tracing-Bild ist nur sichtbar, wenn darüber platzierten CSS-Boxen keine Hintergrundfarbe zugewiesen ist. Seiteneigenschaften werden dagegen vom Tracing-Bild überlagert und in Dreamweaver nicht dargestellt. In der Browser-Ansicht hat sich aber nichts geändert.

Möchten Sie das Tracing-Bild zwischenzeitlich ausblenden, wählen Sie ANSICHT / TRACING-BILD / ZEIGEN. Wählen Sie diesen Befehl erneut, blenden Sie es wieder ein. Im Menü erscheint dahinter dann wieder der Haken.

Die Position des Tracing-Bildes setzen Sie auf den Nullpunkt in der linken oberen Ecke zurück, indem Sie ANSICHT / TRACING-BILD / POSITION ZURÜCKSETZEN wählen.

Raster und Hilfslinien für präzises Positionieren

Auch die Gitternetzlinien erleichtern Ihnen das Layouten einer Seite. Blenden Sie das Gitternetz ein, indem Sie in der Menüleiste ANSICHT / RASTER / RASTER ANZEIGEN auswählen (oder [Strg] + [Alt] + [G]).

Abb. 6.12:
ANSICHT / RASTER
in der Menü-
leiste

Nicht immer ist das Raster gut auf einer geöffneten Webseite sichtbar. Sind beispielsweise Hintergrund- und Rasterfarbe sehr ähnlich, ändern Sie die Rastereinstellungen unter ANSICHT / RASTER / RASTEREINSTELLUNGEN. Definieren Sie im Dialogfenster RASTEREINSTELLUNGEN eine kontrastreiche Farbe. Passen Sie bei Bedarf andere Einstellungen ebenfalls an, wie beispielsweise Abstand und Darstellung des Gitternetzes als Linien oder Punkte. Klicken Sie auf die Schaltfläche ANWENDEN, um eine Vorschau Ihrer neuen Einstellungen im Dokumentfenster zu sehen und die Dialogbox für weitere Änderungen offen zu halten. Sind Sie mit dem Ergebnis zufrieden, bestätigen Sie Ihre Angaben mit OK.

Abb. 6.13:
Raster-
einstellungen

Absolut positionierte Elemente können Sie exakt positionieren, wenn Sie diese AM RASTER AUSRICHTEN (vgl. Kapitel 10.3.6). Diesen Befehl finden Sie unter ANSICHT / RASTER.

149

Benötigen Sie für die Erstellung Ihrer Seitenlayouts individuelle Hilfslinien, ziehen Sie diese einfach mit gedrückter linker Maustaste aus dem vertikalen oder horizontalen Lineal (ANSICHT / LINEALE / ZEIGEN) heraus und setzen Sie diese an die gewünschte Stelle in Ihrem Dokument. Dabei können Sie beliebig viele Hilfslinien erstellen.

Hilfslinien blenden Sie über ANSICHT / HILFSLINIEN / HILFSLINIEN ANZEIGEN ein und aus. In diesem Menü finden Sie auch den Befehl, mit dem Sie Hilfslinien sperren und damit ein ungewolltes Verschieben verhindern. Auch hier zeigt ein Haken die aktivierte Einstellung an.

Abb. 6.14:
ANSICHT / HILFS-
LINIEN in der
Menüleiste

Aktivieren Sie die Option HILFSLINIEN AN ELEMENTEN AUSRICHTEN, um die Linien präzise und schnell an bereits auf der Seite vorhandenen Elementen zu platzieren. Allerdings können Sie Hilfslinien nicht am Tracing-Bild ausrichten. Damit neu eingefügte Elemente automatisch an den Hilfslinien ausgerichtet werden, wählen Sie AN HILFSLINIEN AUSRICHTEN.

Eine Hilfslinie entfernen Sie wieder, indem Sie diese zurück in das Lineal bewegen. Um alle Linien zu entfernen, wählen Sie ANSICHT / HILFSLINIEN / HILFSLINIEN LÖSCHEN.

Im unteren Teil des Hilfslinien-Menüs finden Sie zahlreiche vordefinierte Fenstergrößen. Erstellen Sie beispielsweise eine Webseite für einen 17-Zoll-Monitor, fügt Dreamweaver automatisch die entsprechenden Hilfslinien in das aktuelle Dokument ein, wenn Sie unter ANSICHT / HILFSLINIEN die Option 1024 x 768, MAXIMIERT wählen. Die Hilfslinien begrenzen somit den auf diesen Monitoren sichtbaren Bereich. Beachten Sie, dass Dreamweaver keine benutzerdefinierten Fenstergrößen in diesem Menü anzeigt, wie Sie es von schwebenden Fenster kennen.

6.2.2 Kopfzeile mit Logo einrichten (header)

Die CSS-Regel #header definiert die Eigenschaften der oberen Kopfleiste. Damit diese wie in Abbildung 6.15 dargestellt wird, sind folgende Arbeitsschritte notwendig:

1. Doppelklicken Sie im Bedienfeld CSS-STILE auf die Regel #header.

2. Entfernen Sie in der Kategorie Hintergrund der CSS-Regel-Definition die Hintergrundfarbe im Feld Background-color.

   Darunter geben Sie die Datei *oben.jpg* aus dem allgemeinen *bilder*-Ordner als Hintergrundbild (Background-image) an.

3. Anschließend wechseln Sie in die Kategorie Box:

   Die Höhe der Kopfleiste beträgt 122 Pixel (*px*). Geben Sie diesen Wert unter Height an. Dieser wird automatisch in der Kategorie Positionierung übernommen. Alternativ können Sie Höhe und Breite auch hier eintragen.

4. Entfernen Sie den Platzhaltertext Kopfzeile und fügen Sie stattdessen das Bild *logo.gif* aus dem *bilder*-Ordner ein.

5. Geben Sie in den Eingabehilfen den Alternativtext ein, der angezeigt wird, wenn ein Browser das Bild nicht darstellen kann.

   Wenn Sie jetzt das Bild markieren, sollten der Tag-Selektor mit einer Überschrift h1 formatiert anzeigen. Falls nicht, öffnen Sie im Bedienfeld Einfügen die Kategorie Text und klicken auf h1 .

6. Jetzt bestimmen Sie die Position des Logos, indem Sie zunächst die Regel *#header h1* im Bedienfeld CSS-Stile auswählen und die CSS-Regel-Definition öffnen.

7. Jetzt richten wir das Logo in der Kategorie Box aus. Damit dieses Bild nicht direkt am linken Containerrand ausgerichtet wird, geben Sie den Innenabstand (Padding) an (vgl. Randspalte). Überschreiben Sie die vordefinierten Werte.

8. Drücken Sie auf Anwenden, überprüfen Sie die Einstellungen im Entwurfsfenster und bestätigen Sie dann mit OK.

Das Ergebnis wird im Entwurfsfenster nur umgesetzt, wenn die Anzeige der CSS-Stile in der Symbolleiste Stilwiedergabe aktiviert ist (vgl. Kapitel 3.6).

Abb. 6.15:
Die fertige
Kopfleiste

6.2.3   Neuen Container einfügen (streifen)

Unter der Kopfleiste sieht die Layout-Vorlage eine Leiste mit den Textverweisen zu *Disclaimer* und *Impressum* vor. Diese Seiten werden aus rechtlichen Gründen benötigt (vgl. Kapitel 13.4).

1. Platzieren Sie die Einfügemarke im Code-Fenster hinter dem schließenden div-Tag des header-Containers und vor dem öffnenden div-Tag der sidebar1-Box. Die exakte Position verdeutlicht Abbildung 6.16.

151

Abb. 6.16:
Code-Position

```
<div id="container">
  <div id="header">
    <h1><img src="../bilder/logo.gif" width="435" height="110" alt="" /></h1>
  <!-- end #header --></div>
  <div id="sidebar1">
```

2. Klicken Sie im Bedienfeld Einfügen auf den Button Div-Tag einfügen ⊞. Diesen finden Sie sowohl in der Kategorie Allgemein als auch unter Layout.

3. Im Dialogfenster Div-Tag einfügen geben Sie in das Feld ID den Namen *streifen* ein.

Abb. 6.17:
Div-Tag einfügen

4. Anschließend drücken Sie auf die Schaltfläche Neue CSS-Regel.

5. Das Dialogfenster zeigt automatisch die benötigten Selektor-Informationen (Abbildung 6.18). Bestätigen Sie mit OK.

Abb. 6.18:
Selektor-Infor-
mationen für
die ID

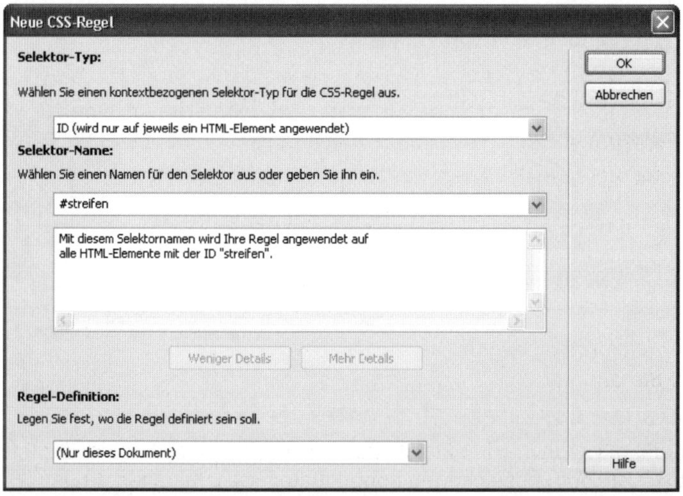

6. Wechseln Sie in die Kategorie Box der CSS-Regel-Definition und geben Sie die Höhe (Height) mit *13 Pixel* an. Damit der Text innerhalb der Box später nicht am linken Containerrand ausgerichtet wird, definieren Sie unter Padding einen linken Innenabstand (Left) von *780 Pixel*.

7. In der Kategorie HINTERGRUND bestimmen Sie das Streifenbild (*streifen.gif*) im Feld BACKGROUND-IMAGE. Dieses Bild finden Sie ebenfalls im allgemeinen *bilder*-Ordner auf der CD-ROM. Dieses Bild ist 13 Pixel hoch, aber nur 23 Pixel breit. Darum müssen Sie es horizontal kacheln, indem Sie unter BACKGROUND-REPEAT die Option *repeat-x* wählen.

8. Damit der Text in dieser Box mit der Schriftgröße 10 Pixel dargestellt wird, wechseln Sie in die Kategorie SCHRIFT und geben den Wert unter FONT-SIZE an.

9. Drücken Sie auf OK und bestätigen Sie auch die Angaben im Dialogfenster DIV-TAG EINFÜGEN. Dreamweaver fügt den neuen Container mit einem Platzhaltertext ein.

10. Ersetzen Sie den Text im Entwurfsfenster durch Disclaimer | Impressum.

Abb. 6.19:
Der aktuelle
Stand der
Arbeit

In Kapitel 13.4 werden wir diesen Bereich mit den entsprechenden Seiten verlinken und weiter formatieren.

6.2.4　Fußzeile mit Kontaktdaten (footer)

Analog zu den beiden vorherigen Kapiteln formatieren wir nun die Fußzeile. Passen Sie hierzu die Regel #footer im Bedienfeld CSS-STILE an. Geben Sie folgende Attribute im Dialogfenster CSS-REGEL-DEFINITION an und überschreiben Sie ggf. bereits vorhandene.

■ HINTERGRUND: Hintergrundfarbe (BACKGROUND-COLOR): *#17153A*

■ Box: Höhe (HEIGHT): *31 px* (Pixel)

■ Entfernen Sie alle anderen Attribute (PADDING).

Textformate definieren Sie anschließend im CSS-Stil #footer p:

■ SCHRIFT: Schriftgröße (FONT-SIZE): *12 px*

■ Box: Innenabstand (PADDING): Oben (TOP): *8 px*, Rechts (RIGHT): *0*, Unten (BOTTOM): *2 px*, Links (LEFT): *328 px*

■ Entfernen Sie alle anderen Attribute (z. B. TEXT-DECORATION in der Kategorie SCHRIFT).

■ Anschließend ersetzen Sie den Platzhaltertext Fußzeile durch die in der Datei *text_fussleiste.doc* gespeicherten Kontaktdaten. Das Dokument finden Sie im Verzeichnis zu diesem Kapitel *kap06* auf der CD-ROM.

Abb. 6.20:
*Aktueller Stand
der Arbeit*

153

6.2.5 Box für die Navigationsleiste (Sidebar1)

Die Navigationsleiste wird in den Container mit der ID Sidebar1 integriert.

1. Markieren Sie im Bedienfeld CSS-Stile die Regel #*Sidebar1* und öffnen Sie das Dialogfenster CSS-Regel-Definition.

2. Ersetzen Sie die Hintergrundfarbe in der Kategorie Hintergrund durch den Wert #*14133B*.

3. Damit der Text nun auf dem dunklen Hintergrund lesbar ist, formatieren Sie ihn in der Kategorie Schrift weiß (#*FFF*).

4. Wechseln Sie in die Kategorie Box und geben Sie die Container-Breite (Width) mit *285 Pixel* an. Damit diese Box links neben dem Container main-Content angeordnet wird, ist Float *left* angegeben.

5. Den Innenabstand (Padding) bestimmen wir erst in Kapitel 8.8.2, denn zuvor müssen wir die Hyperlinks für die Navigation definieren (vgl. Kapitel 8.2.1). Für eine neutrale Darstellung geben Sie den Innenabstand aller Seiten mit *0 Pixel* an. Hierzu aktivieren Sie das Kontrollkästchen Für alle gleich.

6. Markieren Sie den Platzhaltertext und importieren Sie den Text für die Navigationsleiste. Dieser ist in der Datei *navigation.doc* auf der CD-ROM gespeichert.

7. Formatieren Sie den Text für die Navigationsleiste als ungeordnete Liste. Verwenden Sie hierzu den Eigenschafteninspektor oder das Bedienfeld Einfügen (Kategorie Text, vgl. Kapitel 2.6.3.1). Damit jeder Navigationspunkt zum Listenelement wird, markieren Sie das Icon für den Zeilenumbruch 🔲 und drücken die ⏎-Taste.

8. Überprüfen Sie im Code-Fenster die Position des Bildes: Das img-Tag sollte in der vordefinierten Überschrift <h3> stehen. Verschieben Sie das entsprechende Code-Element direkt hinter das öffnende div-Tag und entfernen Sie den Code für die Überschrift.

Da wir meistens im Entwurfsfenster mit den zahlreichen visuellen Hilfsmitteln arbeiten, benötigten wir den Kommentar <!-- end #sidebar1 --> ebenfalls nicht. Damit sieht der Code für diesen Container folgendermaßen aus:

Listing 6.1: Container für die linke Navigationsleiste

```
<div id="sidebar1">
  <img src="../bilder/essen.jpg" width="285"
   height="141" alt="Speisekarte" />
  <ul>
  <li>Home</li>
  <li>Wir &uuml;ber uns</li>
  <li>Speisekarte</li>
  <li>Reservierung</li>
  <li>Kontakt</li>
  </ul>
</div>
```

9. Mit Entfernen des Codes werden die Regeln `#sidebar1 h3`, `#sidebar1 p` nicht mehr benötigt. Markieren Sie den entsprechenden Eintrag im Bedienfeld CSS-STILE und klicken Sie auf CSS-REGEL LÖSCHEN 🗑 am unteren Bedienfeldrand.

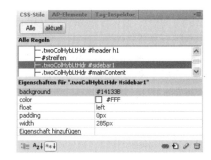

Abb. 6.21: Aktueller Stand der Arbeit

Die Hintergrundfarbe der Navigationsleiste endet direkt unter der Aufzählung. Im nächsten Kapitel optimieren wir noch diese Darstellung.

6.2.6   Inhalt und Zeichen formatieren (`mainContent`)

Jetzt platzieren wir die Inhaltsbox in einem gewissen Abstand neben der Navigationsleiste.

1. Öffnen Sie die CSS-Regel-Definition für den Container mit der ID `mainContent`.

2. Den Abstand geben Sie in der Kategorie Box unter MARGIN an. Dabei bezieht sich der Wert unter LEFT auf den linken Abstand zwischen dieser und der übergeordneten Box `container`. Damit die links angeordnete Navigation hier berücksichtigt wird, geben Sie den Wert *335 px* an.

3. Drücken Sie auf ANWENDEN und überprüfen Sie die Darstellung im Entwurfsfenster. Orientieren Sie sich dabei am Tracing-Bild. Bestätigen Sie mit OK.

4. Jetzt müssen wir den Inhalt dieses Containers noch anpassen: Überprüfen Sie zunächst die HTML-Struktur. Formatieren Sie den Text `Herzlichen will-kommen` im HTML-Modus des Bedienfelds EIGENSCHAFTEN als *Überschrift 1*.

5. Öffnen Sie die Seiteneigenschaften (Strg + J) und wechseln Sie in die Kategorie ÜBERSCHRIFTEN (CSS).

   ÜBERSCHRIFT 1 soll *28 Pixel* groß und in der gleichen Farbe dargestellt werden, wie sie im Hintergrund der Fußleiste verwendet wird (*#DC7D09*).

6. Allgemeine Schriftattribute haben Sie bereits für das `body`-Element definiert. Den Zeilenabstand definieren wir nun für die einzelnen Absätze. Klicken Sie in den entsprechenden Text hinein und markieren Sie im Tag-Selektor das p-Element.

7. Klicken Sie im Bedienfeld CSS-Stile auf 🖹 und legen Sie eine neue CSS-Regel mit den erkannten Selektor-Informationen an (Abbildung 6.22).

Drücken Sie im Dialogfenster auf WENIGER DETAILS, um nicht benötigte Selektorangaben zu entfernen. Allerdings sollte *#mainContent p* stehen bleiben, damit sich die neue Regel nur auf Absätze (p) innerhalb dieses Containers (#mainContent) bezieht. Bestätigen Sie mit OK.

Abb. 6.22: CSS-Regel für Absätze im Inhaltscontainer

8. Die Zeilenhöhe geben Sie in der Kategorie SCHRIFT unter LINE-HEIGHT mit *140 %* an. Bestätigen Sie mit OK.

9. Der Text am unteren Containerrand (*Kommen Sie doch einfach mal vorbei*) soll die gleiche Schriftfarbe wie die Überschrift verwenden. Klicken Sie in diesen Text hinein und markieren Sie im Tag-Selektor das Element `<strong>`.

10. Erstellen Sie eine neue CSS-Regel wie in Arbeitsschritt 7 beschrieben.

11. Die Textfarbe COLOR (*#DC7D09*) geben Sie in der Kategorie SCHRIFT der CSS-Regel-Definition an. Schließen Sie das Fenster mit OK.

6.2.7 Feinschliff für die Navigationsspalte

Bis auf die Navigationsspalte entspricht die Seite der Layoutvorlage. In diesem Kapitel verwenden wir einen Trick, damit der blaue Hintergrund bis an die orangefarbige Fußleiste reicht. Die einzelnen Navigationselemente formatieren wir in Kapitel 8.8.2.

1. Öffnen Sie die CSS-REGEL-DEFINITION für die Box `container`.

2. Geben Sie in die Kategorie HINTERGRUND das Bild (BACKGROUND-IMAGE) *hintergrund_sidebar.gif* an. Dieses finden Sie im *bilder*-Verzeichnis auf der CD-ROM. Das Bild ist genauso breit wie die Box `sidebar1`.

3. Damit das Bild den entsprechenden Bereich auffüllt, müssen Sie es vertikal kacheln: Geben Sie im Menü Bᴀᴄᴋɢʀᴏᴜɴᴅ-ʀᴇᴘᴇᴀᴛ die Option *repeat-y* an.

4. Drücken Sie auf OK.

Abb. 6.23: Die Navigationsbox ist noch nicht OK.

6.2.8   Interne CSS-Regel in separater Datei speichern

Webauftritte beinhalten in der Regel mehrere Webseiten mit dem gleichen Layout. Damit Sie dieses für weitere Seiten nicht erneut festlegen müssen, exportieren Sie die in den vorherigen Kapiteln erstellten Regeln in eine neue CSS-Datei. Diese verknüpfen Sie dann mit dem geöffneten Dokument:

1. Markieren Sie im Bedienfeld CSS-Sᴛɪʟᴇ alle Regeln, die Sie verschieben möchten. Halten Sie dabei die ⬆ - bzw. Strg -Taste gedrückt.

2. Klicken Sie im Bedienfeld CSS-Sᴛɪʟᴇ in die rechte obere Ecke ▼☰ und öffnen Sie damit das Optionsmenü.

3. Wählen Sie im Menü CSS-Rᴇɢᴇʟɴ ᴠᴇʀsᴄʜɪᴇʙᴇɴ.

4. Da wir eine neue CSS-Datei benötigen, wählen Sie im Dialogfenster Nᴇᴜᴇs Sᴛʏʟᴇsʜᴇᴇᴛ.

   Würde diese Datei bereits bestehen, können Sie die Regel hierin mit der oberen Option integrieren. Die entsprechende Datei wählen Sie dann über die Dᴜʀᴄʜsᴜᴄʜᴇɴ-Schaltfläche aus.

Abb. 6.24: Internes Stylesheet verschieben

5. Drücken Sie auf OK.

6. Geben Sie Verzeichnis und Dateiname der neuen CSS-Datei an und klicken Sie auf SPEICHERN (Abbildung 6.25). Dreamweaver integriert die ausgewählten Regeln in die neue Datei und fügt folgenden Code in den head-Bereich des HTML-Dokuments ein:

Listing 6.2:
Verweis auf do-
kumentexterne
CSS-Datei

```
<link href="format.css" rel="stylesheet" type="text/css" />
```

Abb. 6.25:
CSS-Datei
speichern

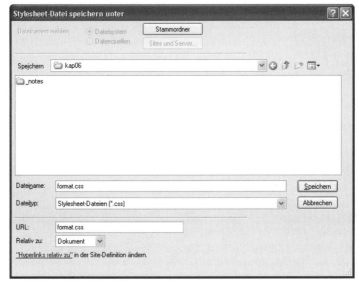

7. Entfernen Sie das interne Stylesheet in der HTML-Datei, wenn es keine Regeln mehr enthält. Markieren Sie den Eintrag *<Style>* im Bedienfeld CSS-STILE und klicken Sie dann auf 🗑 am unteren Fensterrand.

8. Über dem Dokumentfenster zeigt Dreamweaver das neue Stylesheet als abhängige Datei an. Speichern Sie alle Dokumente, indem Sie in der Symbolleiste STANDARD auf 🖫 klicken.

Abb. 6.26:
Abhängige Da-
tei format.css

Abbildung 6.27 zeigt links das interne Stylesheet und rechts die extern gespeicherten CSS-Regeln. Erscheint hier nur der Dateiname, sehen Sie die Regeln, wenn Sie auf das ⊞-Symbol klicken.

158

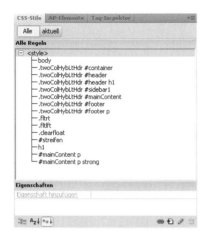

*Abb. 6.27:
Interne und ex-
ternes Style-
sheet (rechts)*

Im Bedienfeld CSS-Stile können Sie Regeln verschieben und zunächst einzelne, intern gespeicherte Stile in die verbundene Stylesheet-Datei auslagern (vgl. Kapitel 8.8.1).

Abschließend sollten Sie noch einen Dokument-Titel in der Symbolleiste Doku-ment oder in den Seiteneigenschaften angeben und die Seite im Browser testen. Speichern Sie alle Dokumente im gleichen Verzeichnis. Warum das so wichtig ist, erfahren Sie im nächsten Kapitel.

Auf der CD-ROM ist das Ergebnis dieses Workshops im Verzeichnis *kap06* als *home.htm* gespeichert. Die CSS-Datei finden Sie im gleichen Ordner als *for-mat.css*. Zum Vergleich finden Sie hier die gleiche Webseite mit internen CSS-Regeln (*home_interne-css.htm*).

*Abb. 6.28:
Ergebnis die-
ses Workshops*

6.3 Kleine Erfolgskontrolle

19. Wozu wird das Tracing-Bild benötigt?

   a) Damit kann die Webseite leichter nachgebaut werden.

   b) Um einen Special-Effect zu erzielen.

   c) Das Bild soll vom Browser angezeigt werden.

20. Welches Tag definiert einen Container für andere Elemente?

   a) `<div>`

   b) `<box>`

   c) `<img>`

21. Welches Element bzw. welche Regel zentriert den Seiteninhalt?

   a) `body`

   b) `#container`

   c) `#mainContent`

KAPITEL 7

Die lokale Site einrichten

Ein Internet-Auftritt besteht in der Regel aus mehreren Dokumenten, die per Hyperlink miteinander verknüpft sind. Diese Verknüpfungen erstellen wir im nächsten Workshop. In diesem definieren wir die Site und bestimmen dabei den Projektordner, in dem alle Dateien gespeichert sind. Dazu gehören neben den HTML- und CSS-Dokumenten auch Bilder, PDF-, Sound- oder Video-Dateien, die in einzelne Webseiten integriert sind. Selbstverständlich können Sie diesen Ordner weiter strukturieren und Elemente sinnvoll in Unterverzeichnissen ablegen. Wie das geht, wie Sie neue Dokumente anlegen und vorhandene in andere Verzeichnisse verschieben, erfahren Sie auf den folgenden Seiten.

Zunächst ist diese lokale Site auf Ihrem Computer oder in einem lokalen Netzwerk gespeichert. Ist die Website dann fertig, kopieren Sie das gesamte Verzeichnis mit allen Dateien auf den Webserver (vgl. Kapitel 14).

Sie lernen in diesem Kapitel

- Site definieren
- Dateien duplizieren
- Datei- und Verzeichnisstruktur anlegen
- Projekte verwalten.

Webseiten im Intranet funktionieren genauso wie die Seiten im weltweit zugänglichen Internet. Diese firmeninternen Dokumente sind jedoch durch eine Firewall besonders geschützt und nur einem exklusiven Nutzerkreis bzw. den Mitarbeitern des Unternehmens zugänglich. Dabei werden die Intranetseiten erst nach erfolgreicher Anmeldung und Authentifizierung der Nutzer im Browser geladen.

Abb. 7.1:
Bedienfeld DA-
TEIEN und Site-
fenster (hinten)
sind professio-
nelle Datei-
manager.

Durch die Site-Definition stehen Ihnen weitere Funktionen zur Verfügung. Beispielsweise können Sie Code oder Text in der kompletten Site suchen und ersetzen (vgl. Kapitel 5.6) oder bestimmte Dateien mit dem so genannten Cloaking vor der Bearbeitung schützen. Befindet sich das Projektverzeichnis in einem Netzwerk und möchten Sie die hierin gespeicherten Dateien zeitgleich mit mehreren Kollegen bearbeiten, wissen Sie durch die Ein- und Auschecken-Funktion immer, wer gerade an welcher Webseite arbeitet.

7.1   Lokale Site definieren

Im letzten Workshop haben Sie eine neue Webseite mit vordefiniertem CSS-Layout erstellt und in einem neuen Arbeitsverzeichnis gespeichert. Damit Sie Bilder und andere Dateien über das Bedienfeld DATEIEN bzw. das maximierte Sitefenster leichter verwalten und in das Dokument integrieren können, teilen Sie Dreamweaver den genauen Speicherort dieses Projektes mit. Das Bedienfeld DATEIEN verfügt über einen integrierten Dateibrowser, mit dem Sie außer der aktuellen Site auch die lokale Festplatte und das Netzwerk durchstöbern. Zudem können Sie hier Dateien und Verzeichnis anlegen und damit das Projekt planen und strukturieren.

1. Wählen Sie in der Menüleiste SITE / NEUE SITE. Diesen Befehl finden Sie auch im Menü SITE rechts neben der Menüleiste (Abbildung 7.2).

Abb. 7.2:
Menü Site

2. Im Dialogfenster Site-Definition wechseln Sie von den Grundeinstellungen in das Register Erweitert. Sie sind in der Kategorie Lokale Infos.

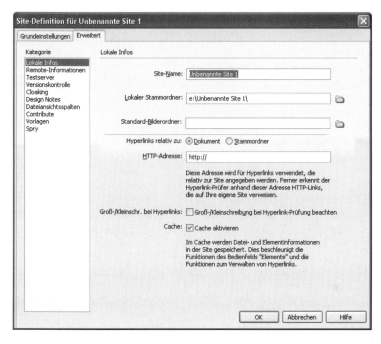

Abb. 7.3:
Site-Definition
mit lokalen In-
formationen

3. Geben Sie einen beliebigen Site-Namen in das obere Textfeld ein und überschreiben Sie den Platzhalter *Unbenannte Site X*. Wählen Sie einen möglichst eindeutigen Namen (z. B. *Restaurant Bourg en Bresse*).

4. Anschließend definieren Sie den lokalen Stammordner. Das ist Ihr Arbeitsverzeichnis. Neben neuen Websites legen Sie auf diese Weise auch bereits bestehende Webprojekte mit vorhandenen Dateien an. Im Rahmen dieses Workshops haben Sie bereits ein solches Projektverzeichnis (z.B. *restaurant*) angelegt und eine erste Webseite hierin gespeichert. Auf der CD-ROM finden Sie das entsprechende Verzeichnis *kap07*.

Das Dialogfenster zeigt nur Verzeichnisse an. Geben Sie den Pfad entweder manuell in das Feld ein oder navigieren Sie über den Button 🗁 zum entsprechenden Verzeichnis.

Muss ein neuer Ordner erstellt werden, klicken Sie im folgenden Dialogfenster auf den Button 🗐 und geben dann den Verzeichnisnamen ein (vgl. Kapitel 2.8, Arbeitsschritt 2).

Haben Sie den lokalen Stammordner bestimmt, klicken Sie auf AUSWÄHLEN. Der Pfad wird in das vorherige Dialogfenster übernommen.

Abb. 7.4:
Das Arbeits-
verzeichnis
bestimmen.

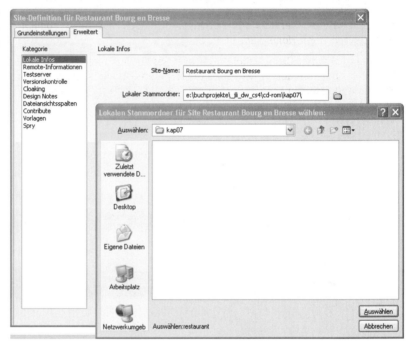

5. Geben Sie den Pfad des STANDARD-BILDERORDNERS an. Ziehen Sie später Bilder von Ihrem Desktop oder aus dem Explorer in ein aktives Dokument (vgl. Kapitel 5.4.4), fügt Dreamweaver das Bild automatisch in diesen Ordner ein. Da ein solches Verzeichnis innerhalb des lokalen Stammordners noch nicht existiert, drücken Sie zuerst auf den Button 🗐 und legen im dann geöffneten Dialogfenster einen neuen Ordner 🗐 an. Dieser soll hier *bilder* heißen.

    Wie Sie die in eine Webseite bereits eingebundenen Bilder verschieben und dabei den Code automatisch aktualisieren, erfahren Sie in Kapitel 7.5.

6. Standardmäßig werden HYPERLINKS RELATIV ZUM DOKUMENT erstellt. Es wird also nicht die komplette Webadresse hinterlegt, sondern ein relativer Pfad, der vom aktuellen Dokument ausgeht. Diese Einstellung behalten wir hier bei.

 Beachten Sie, dass STAMMORDNER- bzw. siterelative Hyperlinks lokal nicht funktionieren. Die unterschiedlichen Hyperlink-Arten lernen Sie in Kapitel 8 kennen.

7. Geben Sie die HTTP-ADRESSE ein. Das ist die URL, unter der Ihre Website später im Web aufgerufen werden kann (z. B. *http://www.susanne-rupp.de*). Dreamweaver kann dadurch Links innerhalb der Site überprüfen, die absolute URLs verwenden.

8. Erstellen Sie eine Site, die auf einem Unix-Server veröffentlicht werden soll, aktivieren Sie das Kontrollkästchen GROß-/KLEINSCHREIBUNG BEI HYPERLINK-PRÜFUNG BEACHTEN. Damit erkennt Dreamweaver bei der Hyperlink-Prüfung Unterschiede zwischen Verweis und Dateinamen. Beispielsweise ist *home.htm* nicht identisch mit *Home.htm*.

9. Aktivieren Sie den CACHE, erhöhen Sie die Geschwindigkeit automatischer Dreamweaver-Funktionen, wie etwa die Hyperlink-Aktualisierung oder das Suchen und Ersetzen bestimmter Textstellen. Der Cache speichert site-relevante Datei- bzw. Elementinformationen und erleichtert dadurch die Siteverwaltung.

Nur wenn der Cache aktiviert ist, funktioniert das Bedienfeld ELEMENTE.

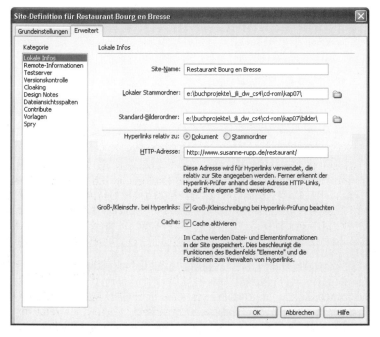

*Abb. 7.5:
Lokale Infos für
die Beispielsite*

10. Klicken Sie auf OK, um das Dialogfenster zu schließen.

Dreamweaver erstellt nun den Cache, falls Sie diese Option aktiviert haben.

Der Name der definierten Site erscheint im Dialogfenster Sites verwalten, über das Sie jederzeit die definierten Sites bearbeiten und entfernen können (vgl. Kapitel 7.6). Auch neue Sites können Sie hierüber erstellen.

Abb. 7.6:
Sites verwalten

11. Klicken Sie im Dialogfenster Sites verwalten auf Fertig.

Damit haben Sie Ihre Site definiert. Dreamweaver öffnet automatisch das Bedienfeld Dateien mit der angelegten Site. Falls Ihr Projekt bereits aus einigen Dokumenten und Verzeichnissen besteht, sind diese im Bedienfeld Dateien aufgelistet.

Abb. 7.7:
Geöffnete Site
im Bedienfeld
Dateien

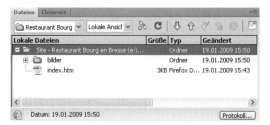

7.2   Die Datei- und Verzeichnisstruktur

Die Homepage (*index.htm*), also die Startseite Ihres Webauftritts, ist immer direkt im Stammverzeichnis gespeichert. Diese Datei wird im Browser automatisch geladen, auch wenn der User den Dateinamen nicht angegeben hat. Heißt Ihre Datei noch anders, benennen Sie diese im Bedienfeld Dateien um, indem Sie den Dateinamen anklicken und dann überschreiben (vgl. Kapitel 7.5.2). Legen Sie rechtzeitig die Site-Struktur mit einer sinnvollen Verwaltung der einzelnen Dokumente in unterschiedlichen Ordnern fest:

Achten Sie bei der Benennung weiterer Verzeichnisse jeweils auf eine eindeutigen Namen. Speichern Sie themenverwandte Seiten im gleichen (Unter-) Verzeichnis ab. In der Praxis hat sich dabei eine Bezeichnung entsprechend den Kategorien der Menüleiste bewährt. In unserem Restaurant-Beispiel könnten diese Ordner *wir*, *speisen*, *reservieren* und *kontakt* heißen. Wie Sie diese anlegen, erfahren Sie im nächsten Kapitel.

Möchten Sie in einer solchen Rubrik weitere Bilder veröffentliche, kann es sinnvoll sein, diese nicht im zentralen *bilder*-Ordner, sondern in einem entsprechenden Unterverzeichnis zu speichern. Sie finden sich dann besser zurecht. Erstellen Sie für jede Kategorie ein entsprechendes Verzeichnis, kann der zentrale *bilder*-Ordner dann nur noch die allgemeinen Bilder beherbergen, die immer wieder auf den Webseiten benötigt werden. Hierzu zählen das Logo, Hintergrundbilder oder Listenelemente.

Überlegen Sie sich, wo Sie am besten Flash-Dateien und andere Elemente ablegen.

Benennen Sie Dateinamen entsprechend (z. B. *kontakt.htm, anfahrt.htm*). Einige Webdesigner bevorzugen eine Durchnummerierung der Dateinamen. Diese erschwert jedoch das schnelle Öffnen der entsprechenden Datei. Wer weiß schon auf Anhieb, was sich hinter *0815.htm* verbirgt. Möchten Sie dennoch auf dieses System nicht verzichten, sollten Sie Zahlen und Begriffe im Namen kombinieren (z. B. *0815_speisen.htm*).

Da einige Server zwischen Groß- und Kleinschreibung unterscheiden, gehen Sie auf Nummer Sicher, wenn Sie alle Verzeichnis- und Dateinamen klein schreiben.

Erstellen Sie ein Verzeichnis *Originale* außerhalb der Site. Speichern Sie hier alle Original-Dokumente (Word-, Powerpoint, Flash, Fireworks, etc.) in diesem Ordner. Dieser wird nur lokal verwendet und später nicht auf den Server kopiert.

7.3 Vorhandene Dateien duplizieren

Erstellen Sie neue Webseiten ist es häufig einfacher, wenn Sie eine bereits bestehende duplizieren und als Vorlage verwenden und die darin platzierten Inhalte dann durch neue ersetzen. Speichern Sie anschließend das Dokument in einem anderen Verzeichnis, aktualisiert Dreamweaver automatisch die Verweise zu Bildern und anderen Dateien.

1. Öffnen Sie das Bedienfeld DATEIEN über FENSTER / DATEIEN in der Menüleiste oder drücken Sie F8 , falls Sie es geschlossen haben.

   Wenn Sie hier auf den Button EINBLENDEN UND LOKALE SITE SOWIE REMOTE-SITE ANZEIGEN klicken, maximieren Sie die Darstellung und wechseln in das Sitefenster.

Abb. 7.8: Sitefenster

Standardmäßig werden hier links die Remote- und rechts die bekannte lokale Site angezeigt (vgl. Kapitel 14.3). Da wir noch keine Verbindung zum Webserver definiert haben, sehen Sie im Moment nur die lokalen Verzeichnisse und Dateien.

2. Überprüfen Sie, dass im linken Menü ANZEIGEN die richtige Site ausgewählt ist. Haben Sie mehrere Sites definiert, wählen Sie diese hier aus.

   Zudem können Sie über das Menü zu lokalen Datenträgern wechseln und anschließend Ihre Festplatte nach einer bestimmten Datei oder einem spezifischen Verzeichnis durchsuchen. Das Sitefenster ist dann nicht mehr zweigeteilt.

Abb. 7.9: Site im Bedienfeld DATEIEN und im Sitefenster (rechts) auswählen.

 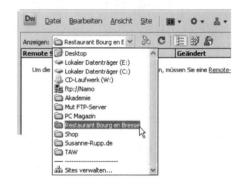

3. Klicken Sie mit der rechten Maustaste auf die Datei (z. B. *index.htm*), die Sie duplizieren möchten.

4. Wählen Sie im Kontextmenü den Befehl BEARBEITEN / DUPLIZIEREN. Die neue Datei bekommt den gleichen Dateinamen, vorangestellt ist der Vermerk *Kopie von ...*.

5. Vergeben Sie einen neuen Dateinamen und bestätigen Sie mit ⏎. In unserem Beispiel nennen wir die Datei *speisen.htm*. Hier werden wir später die Speisekarte veröffentlichen (Kapitel 9).

   Die Dateiendung *.html* müssen Sie auf jeden Fall beibehalten! Sie können lediglich die Kurzform *.htm* verwenden.

Ebenso duplizieren Sie ausgewählte Verzeichnisse. Dabei behalten die darin enthaltenen Dokumente den Dateinamen bei.

Um ein einheitliches Seitenlayout zu realisieren, sollten Sie bei komplexen Sites mit Vorlagen arbeiten. In Vorlagen können einheitliche Layout-Elemente für die Bearbeitung gesperrt werden.

Eine Datei öffnen Sie im Bedienfeld DATEIEN oder im Sitefenster mit einem Doppelklick. Das Dokument wird dann im Entwurfsfenster geöffnet. Das zuvor geöffnete Sitefenster wird dadurch automatisch geschlossen.

▧ Ersetzen Sie den Text im Container `mainContent` durch einen Platzhalter.

Schreibgeschützte, gesperrte Dateien sind im Bedienfeld durch ein Schloss ▨ gekennzeichnet. Möchten Sie später die Datei unter dem gleichen Namen speichern, müssen Sie beim Öffnen den Schreibschutz im Dialogfenster aufheben.

Möchten Sie zum Arbeitsbereich mit dem Dokumentfenster zurückkehren, ohne eine Datei zu öffnen, drücken Sie im geöffneten Sitefenster auf den Button ▨ .

7.4 Neue Dateien und Verzeichnisse anlegen

Möchten Sie schnell die grobe Struktur der Site vorgeben, legen Sie neue Verzeichnisse und leere HTML-Seiten entweder im Bedienfeld DATEIEN oder im Sitefenster an. Anschließend können Sie Hyperlinks in der schon bestehenden Seite einfacher definieren (vgl. Kapitel 8).

1. Klicken Sie mit der rechten Maustaste auf das Verzeichnis, in das Sie einen weiteren Ordner erstellen möchten. Wählen Sie das Stammverzeichnis, wenn das neue Verzeichnis hier eingegliedert werden soll (Abbildung 7.10).

   Wählen Sie im nun offenen Kontextmenü den Befehl NEUER ORDNER.

Abb. 7.10:
Verzeichnis über Kontextmenü anlegen

2. Dreamweaver legt das neue Verzeichnis an. Überschreiben Sie den Standardnamen *Unbenannt* und bestätigen Sie mit ⏎.

3. Wiederholen Sie die vorherigen Arbeitsschritte, um die übrigen, in Kapitel 7.2 festgelegten Verzeichnisse anzulegen (vgl. Abbildung 7.11).

Alle Spaltenüberschriften im Sitefenster sind gleichzeitig Schaltflächen. Klicken Sie darauf, ordnet Dreamweaver die Dateien entsprechend an. An dieser Stelle können Sie auch die Spaltenbreite ändern.

4. Erstellen Sie analog dazu in jedem Verzeichnis eine leere HTML-Datei als Platzhalter. Hierzu wählen Sie aus diesem Kontextmenü den Befehl NEUE DATEI. Ganz schnell geht's mit ⌨Strg + ⌨⇧ + ⌨N .

5. Geben Sie dem neuen Dokument einen Namen, indem Sie *Unbenannt.html* überschreiben. Bestätigen Sie mit ⏎.

In den Voreinstellungen (BEARBEITEN / VOREINSTELLUNGEN) definieren Sie in der Kategorie NEUES DOKUMENT die gewünschte STANDARDERWEITERUNG des STANDARDDOKUMENTS. Geben Sie hier *.htm* ein, wenn Sie die Kurzform verwenden möchten.

6. Wiederholen Sie die Arbeitsschritte 4 und 5, um die übrigen Dateien anzulegen.

Abb. 7.11:
Neue Verzeich-
nisse und
Dateien

Öffnen Sie ein neu angelegtes Web-Dokument, erkennen Sie in der Codeansicht, dass das Dokument nicht vollkommen leer ist. Es beinhaltet bereits die HTML-Basisstruktur mit den Tags <html>, <head> und <body>.

Benötigen Sie einzelne ausgewählte Dateien oder Ordner nicht mehr, wählen Sie im Kontextmenü den Befehl BEARBEITEN / LÖSCHEN oder drücken Sie [Entf]. Bestätigen Sie im Dialogfenster mit OK.

 Auf der CD-ROM habe ich das Site-Verzeichnis *kap07* mit den benötigten Dateien angelegt. Wenn Sie diesen Workshop mitarbeiten, sollte die definierte Site jetzt Ihre Dateien aus dem vorherigen Workshop (Kapitel 6) enthalten. Die Homepage ist als *index.htm* in der Site gespeichert. In meinem Beispiel befinden sich Bilder und Stylesheet jedoch noch in einem anderen Ordner (*bilder*) außerhalb der Site. Wie Sie diese in die Site integrieren erfahren Sie jetzt...

7.5 Dateien in andere Verzeichnisse verschieben

Sind nicht alle benötigten Dateien in das Site-Verzeichnis eingebunden, könnten diese online nicht angezeigt werden, da das andere Verzeichnis nicht auf dem Server vorhanden ist. Damit müssen auch alle Bilder innerhalb der Site gespeichert sein.

7.5.1 Externe Dateien in die Site integrieren

In diesem Abschnitt erfahren Sie exemplarisch, wie Sie benötigte Bilder in die Site kopieren und den HTML-Quelltext entsprechend anpassen. Öffnen Sie im Fenster einen LOKALEN DATENTRÄGER, erkennen Sie lokale Sites gut an der grünen Farbe der Icons. Der Site-Name ist hinter dem jeweiligen Stammverzeichnis vermerkt.

1. Markieren Sie nun das Verzeichnis oder die Datei, welche Sie in die lokale Site übernehmen möchten. Mehrere Elemente wählen Sie mit gedrückter [Strg]- bzw. [⇧]-Taste aus.

2. Klicken Sie nun mit der rechten Maustaste auf eine Markierung und wählen Sie im geöffneten Kontextmenü BEARBEITEN / KOPIEREN oder drücken Sie [Strg] + [C].

3. Wechseln Sie in das Site-Verzeichnis, in das Sie die Dateien aus der Zwischenablage einfügen möchten und wählen Sie analog zum vorherigen Arbeitsschritt BEARBEITEN / EINFÜGEN oder drücken Sie [Strg] + [V].

4. Da Dreamweaver Verweise nicht automatisch anpasst, müssen Sie diese Arbeit manuell in den einzelnen Webseiten erledigen. Haben Sie beispielsweise einen Ordner mit Bilddateien in die Site kopiert, müssen Sie die Bildverweise im Dokument anpassen. Hierzu markieren Sie das entsprechende Bild in der geöffneten Webseite (hier: *index.htm*).

5. Im Codefenster kopieren Sie den Bildverweis im src-Attribut mit [Strg] + [C] (siehe Randspalte).

6. Drücken Sie [Strg] + [F] oder wählen Sie BEARBEITEN / SUCHEN UND ERSETZEN. Falls die Bildquelle nicht im Feld SUCHEN angezeigt wird, klicken Sie hier hinein und drücken dann [Strg] + [V].

7. Bestimmen Sie die übrigen Suchparameter. Wird das Bild mehrmals verwendet, wählen Sie im Menü SUCHEN IN *Gesamte aktuelle lokale Site*.

8. Drücken Sie auf die gewünschte Schaltfläche und ersetzen Sie den gefundenen Code entsprechend. Ausführliche Informationen über dieses Dialogfenster erhalten Sie in Kapitel 5.6.

Abb. 7.12: Verknüpfungen manuell aktualisieren

171

Wer sich mit HTML auskennt, kann auch die Verzeichnisstruktur in mehreren Dokumenten gleichzeitig ändern (Abbildung 7.12). Informationen über unterschiedliche Pfadangaben finden Sie in Kapitel 8.1.

7.5.2 Dateien innerhalb der Site verschieben

Unproblematisch ist das Verschieben einzelner Dokumente oder kompletter Verzeichnisse innerhalb der Site.

1. Verschieben Sie eine Datei oder einen Ordner, indem Sie ihn mit gedrückter Maustaste an die neue Position innerhalb Ihrer Site ziehen. Wenn Sie mehrere Dateien bzw. Verzeichnisse gleichzeitig verschieben möchten, halten Sie beim Markieren die ⇧ - oder Strg -Taste gedrückt. In unserer Beispielseite verschieben Sie die Datei *speisen.htm* in das Verzeichnis *speisen*.

 Auch wenn Sie Dateien und Verzeichnisse umbenennen, stimmen Verweise nicht mehr. Dreamweaver erkennt das und aktualisiert die betroffenen Dokumente ebenfalls.

2. Dreamweaver öffnet standardmäßig das Dialogfenster DATEIEN AKTUALISIEREN. Klicken Sie auf AKTUALISIEREN, damit Verweise auf Bilder oder andere Dateien (z. B. CSS oder HTML) aktualisiert werden. Die aufgelisteten Dateien werden automatisch geändert.

Abb. 7.13:
Dateien aktua-
lisieren

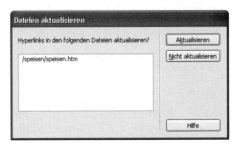

 Wird das Dialogfenster nicht angezeigt, überprüfen Sie die Voreinstellungen. In der Kategorie ALLGEMEIN muss im Menü HYPERLINKS BEIM VERSCHIEBEN VON DATEIEN AKTUALISIEREN die Option NACHFRAGEN eingestellt sein.

Auch wenn Sie Dateien oder Verzeichnisse im Bedienfeld DATEIEN oder im Sitefenster umbenennen, werden Verweise entsprechend aktualisiert. Zum Umbenennen klicken Sie zweimal auf den entsprechenden Eintrag in einem dieser beiden Fenster. Der Name erscheint nun umrahmt. Tippen Sie jetzt den neuen Namen ein und bestätigen Sie mit ↵ . Das Dialogfenster DATEIEN AKTUALISIEREN erscheint.

Haben Sie versehentlich auf Nicht aktualisieren geklickt, können Sie den Verweis auch nachträglich ändern. Wie das geht, erfahren Sie in Kapitel 8.7.2.

7.5.3 Stylesheet aktualisieren

Auch bereits vorhandene Stilregeln sollten Sie in die Site kopieren. Bereits bestehende Verknüpfung zu einem Stylesheet ändern Sie schnell im Bedienfeld CSS-Stile ([⇧] + [F11]):

1. Klicken Sie am unteren Bedienfeldrand auf den Button Stylesheet anfügen ⊜.

2. Geben Sie die gewünschte CSS-Datei im Feld Datei/URL an. Diese können Sie über die Schaltfläche Durchsuchen auswählen.

3. Behalten Sie die übrigen Einstellungen bei und bestätigen Sie mit OK.

4. Anschließend entfernen Sie im Bedienfeld CSS-Stile die nicht mehr aktuellen CSS-Regeln: Markieren Sie das entsprechende Stylesheet und klicken Sie auf 🗑.

Abb. 7.14: Stylesheet anfügen

Selbstverständlich muss die Webseite noch nicht mit einem Stylesheet verbunden sein, wenn Sie auf diese Weise eine Verknüpfung erstellen.

Haben Sie Stylesheets für unterschiedliche Medien erstellt, geben Sie das entsprechende Wiedergabegerät im Menü Medien an. Damit können Sie beispielsweise für den Papierausdruck bestimmte Regeln zusätzlich in eine Webseite einbinden. Ausführliche Informationen hierzu finden Sie im Kompendium.

7.6 Vorhandene Websites verwalten

Eine vorhandene Site-Definition können Sie jederzeit ändern, löschen oder sogar duplizieren, um sie als Grundlage für eine weitere Site zu verwenden. Kernstück der Site-Verwaltung ist das Dialogfenster Sites verwalten.

1. Wählen Sie in der Menüleiste Site / Sites verwalten. Diesen Befehl finden Sie auch im Menü Site am oberen Programmrand.

2. Markieren Sie im Dialogfenster die Site, die Sie bearbeiten möchten.

Abb. 7.15:
Sites verwalten

Abb. 7.15:
Sites verwalten

3. Klicken Sie auf die Schaltfläche BEARBEITEN, wenn Sie eine vorhandene Site neu definieren möchten. Das Dialogfenster SITE-DEFINITION erscheint (vgl. Kapitel 7.1). Drücken Sie die Schaltfläche OK, wenn Sie mit der Bearbeitung fertig sind.

Drücken Sie im Dialogfenster SITES VERWALTEN auf DUPLIZIEREN, wenn Sie für die neue Site die Definition der ausgewählten Site verwenden möchten.

Klicken Sie auf ENTFERNEN, um die Site aus der Liste zu löschen. Es erscheint eine Dialogbox, die sicherheitshalber nochmals fragt, ob Sie die Site wirklich löschen wollen. Dreamweaver entfernt dann die Site aus der Übersicht im Dialogfenster. Dateien werden dabei nicht gelöscht. Sie können jederzeit die Site wieder neu definieren.

Site-Informationen können Sie zudem EXPORTIEREN und damit Ihren Mitarbeitern zur Verfügung stellen. Diese müssen Sie anschließend im gleichen Dialogfenster IMPORTIEREN.

Zudem können Sie in diesem Fenster neue Sites anlegen, indem Sie auf die Schaltfläche NEU klicken. Anschließend wählen Sie im Menü SITE.

Fortgeschrittene Anwender können über den Eintrag FTP- & RDS-SERVER direkt auf dem Remote-Server arbeiten. Da Änderungen sofort online sind, sollten Sie auf diese Möglichkeit weitgehend verzichten. Bevor Sie die Seiten online publizieren (vgl. Kapitel 14), sollten Sie diese ausreichend auf Ihrem eigenen System getestet haben. Führen Sie Änderungen erst offline durch. Prüfen Sie Inhalt, Navigation und Webdesign gründlich, bevor Sie diese online veröffentlichen. Dieses Vorgehen erspart Ihnen jede Menge Stress und Ärger.

4. Bestätigen Sie im Dialogfenster SITES VERWALTEN Ihre Einstellungen mit FERTIG.

Auf der CD-ROM habe ich abschließend etwas aufgeräumt und die Site-Definition auf den gesamten CD-Inhalt ausgeweitet. Da wir das *bilder*-Verzeichnis noch häufiger benötigen, habe ich es wieder zurück verschoben. Das Verzeichnis gibt es jetzt wieder nur einmal, nämlich im neuen Stammordner.

7.7   Kleine Erfolgskontrolle

22. Was kann das maximierte Bedienfeld D<small>ATEIEN</small> nicht?

   a) Dateien verschieben

   b) Ordner erstellen

   c) Bilder erstellen

23. Wo öffnen Sie das Kontextmenü?

   a) In der Menüleiste

   b) Mit einem rechten Mausklick auf ein Seitenelement

   c) In Dreamweaver gibt es dieses Menü nicht.

Hyperlinks erstellen und bearbeiten

Im Web spielen Hyperlinks eine tragende Rolle. Mit Ihnen klicken wir uns von einem Dokument zum nächsten, laden PDF und andere Dokumente herunter oder versenden E-Mails.

Ein Hyperlink (Link) ist ein Verweis von einer Webseite zu einer anderen, zu einer bestimmten Stelle in einem Dokument oder zu einer E-Mail-Adresse. Ein Hyperlink kann auch andere Dokumente (z. B. PDF, DOC, GIF, JPG) öffnen oder herunterladen. Dabei werden unterschiedliche Protokolle *(http://, mailto:, ftp://)* verwendet. Das Internet-Adressformat bezeichnet man auch als URL, der generell folgende allgemeine Struktur aufweist:

```
Dienst://Server.Domain.TopLevelDomain/Verzeichnis/Datei
```

In diesem Workshop werden Sie sehen, wie einfach es ist, unterschiedliche Hyperlinks in Ihre Seiten einzubauen. Dabei werden Sie Links zu allen möglichen Dokumenten innerhalb und außerhalb der bestehenden Sites setzen. Sie erfahren, wie Sie schnell und einfach Ihre Links in Dreamweaver verwalten und mit CSS formatieren.

> **Sie lernen in diesem Kapitel**
>
> ▓ Hyperlinks einfügen
>
> ▓ Sprungziele definieren
>
> ▓ benannte Anker setzen
>
> ▓ E-Mail-Verweise einsetzen
>
> ▓ Imagemaps erstellen
>
> ▓ Hyperlinks aktualisieren und überprüfen
>
> ▓ Navigationsbuttons mit CSS formatieren.

8.1 Arten von Hyperlinks

Ein Hyperlink ist im Code durch das a-Tag gekennzeichnet. Das `href`-Attribut bestimmt das Ziel. Dabei können Dokumente mit unterschiedlichen Arten von Verweisen miteinander verknüpft werden. Bevor wir zur Tat schreiten, sollten Sie diese kennen, denn jede Art hat ihre Vorteile:

▓ **Relative Links** verweisen auf andere Dokumente in der gleichen Site. Ausgangspunkt ist dabei das aktuelle Dokument. Befindet sich die Zieldatei in einem übergeordneten Verzeichnis, wird dieses durch die Zeichenfolge `../` angegeben. Die Zeichenfolge spiegelt die Hierarchie der Webdokumente wider. `../../` bedeutet also, dass das Zieldokument zwei Ebenen über dem aktuellen zu finden ist. Das Bild in der Randspalte verdeutlicht dies: *anfahrt.htm* und *kontakt.htm* sind im gleichen Verzeichnis gespeichert. Ein Verweis auf das übergeordnete Dokument *index.htm* erfordert jedoch einen Ordner-Wechsel:

```
<a href="../index.htm">Link</a>
```

Analog dazu ist das GIF-Bild in beiden Dokumenten *anfahrt.htm* und *kontakt.htm* eingebunden: `"../bilder/blume.gif"`

▓ **Stammrelative Pfadnamen** verweisen auf ein Dokument innerhalb der gleichen Site. Hier bildet der Stammordner auf dem Webserver die Basis. Diese Linkart beginnt immer mit dem /-Zeichen und eignet sich vor allem für große Sites, bei denen die Dateien bei Aktualisierungen häufig hin- und hergeschoben werden.

```
<a href="/index.htm">Link</a>
```

Diese Variante bietet sich auch an, wenn Ihre Website auf mehreren Servern verteilt ist. Da der Link auf einen Stammordner verweist, können Sie häufig Dateien verschieben, ohne dass Sie den Link aktualisieren müssen.

Stammrelative Hyperlinks funktionieren nicht, wenn Sie die Seite lokal (offline) im Webbrowser aufrufen.

■ **Absolute Links** geben den kompletten Pfadnamen, also die komplette URL an:

```
<a href="http://www.susanne-rupp.de/index.htm">Link</a>
```

■ **Benannte Anker** verbinden zu einer bestimmten Stelle im gleichen Dokument:

```
<a href="#top">Link</a>
```

Dieses Verweisziel kann auch in einer anderen Seite liegen und die vorherigen Hyperlinkarten kombinieren:

```
<a href="../index.htm#top">Link</a>
```

8.2 Neue Hyperlinks einfügen

Unabhängig davon, um welchen Typ von Hyperlink es sich handelt, werden Sie Hyperlinks meistens im Bedienfeld EIGENSCHAFTEN definieren. Auf den folgenden Seiten erfahren Sie wie's geht und welche Arbeitsvarianten es auch noch gibt.

8.2.1 Links im Bedienfeld EIGENSCHAFTEN erstellen

Zunächst definieren wir die Hyperlinks für die Navigationsleiste auf der Homepage unseres Restaurants (*index.htm*). Hierbei handelt es sich um relative Verweise auf site-interne Dokumente:

1. Markieren Sie das Element (z. B. Bild oder Text), das Sie verlinken möchten.

   Im gezeigten Beispiel markieren wir zunächst den Text *Home* in der Navigationsleiste (Abbildung 8.1). Die Navigationsleiste sollte stets auf allen Webseiten die gleichen Hauptelemente enthalten. Auch wenn die Homepage gerade geöffnet ist, sollte der Link funktionieren. Der User kann die Darstellung dann zurücksetzen, was besonders bei interaktiven Funktionen sinnvoll ist.

2. Öffnen Sie das Bedienfeld EIGENSCHAFTEN (FENSTER / EIGENSCHAFTEN).

   Abhängig vom ausgewählten Element sieht der Inspektor anders aus: Haben Sie einen Text markiert, finden Sie das HYPERLINK-Feld im Modus HTML. Bei einem Bild befindet sich das Textfeld direkt unter der Quelldatei.

3. Geben Sie das Zieldokument im Feld HYPERLINK an. Verlinken Sie auf eine Webseite innerhalb der aktuellen Site, können Sie die Datei auch über das Icon ☐ suchen.

Abb. 8.1:
Einen Text-
Hyperlink
definieren.

4. Für die Dateiauswahl öffnet Dreamweaver das Dialogfenster DATEI AUSWÄHLEN. An den Standard-Einstellungen brauchen Sie hier nichts zu ändern:

Wählen Sie die gewünschte Datei im lokalen DATEISYSTEM aus.

Um einen relativen Pfad anzugeben, überprüfen Sie das Menü RELATIV ZU. Hier muss die Option DOKUMENT eingestellt sein.

Für einen stammrelativen Hyperlink wählen Sie die Option STAMMORDNER.

Abb. 8.2:
Datei
auswählen

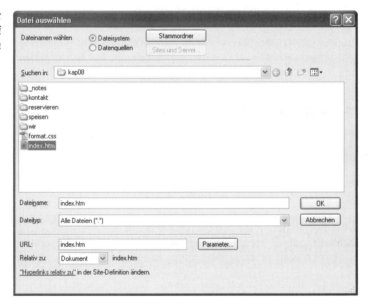

Aktivieren Sie die Option DATENQUELLEN am oberen Rand des Dialogfensters DA-TEI AUSWÄHLEN, können Sie Bilder aus einer Datenbank dynamisch einbinden. Die Arbeit mit MySQL-Datenbanken erläutert ausführlich das Dreamweaver-Kompendium.

5. Bestätigen Sie mit OK. Der Inspektor zeigt den im Code eingefügten Verweis an. Standardmäßig werden Hyperlinks unterstrichen und in einer blauen Farbe dargestellt. Wie Sie das Erscheinungsbild mit CSS ändern, erfahren Sie in Kapitel 8.8.

6. Wiederholen Sie die vorherigen Arbeitsschritte für die übrigen Texteinträge in der Navigationsleiste.

Alternativ können Sie relative Hyperlinks auch über das Icon AUF DATEI ZEIGEN 🌐 definieren (Abbildung 8.3). Hierzu ziehen Sie das Icon mit gedrückter linker Maustaste auf das entsprechende Zieldokument im geöffneten Bedienfeld DATEIEN. Befindet sich diese Datei in einem noch geschlossenen Ordner, öffnet Dreamweaver diesen automatisch, wenn Sie einige Zeit mit dem Mauszeiger darüber verweilen.

Abb. 8.3:
Auf Datei
zeigen

Einen externen, absoluten Hyperlink geben Sie ebenfalls im Feld HYPERLINK des Bedienfelds EIGENSCHAFTEN an:

Absoluter Verweis

1. Dabei müssen Sie die vollständige Web-Adresse nennen. Diese muss das Protokoll, den Dienst, die Domain und die Top-Level-Domain (TLD) enthalten.

2. Bestätigen Sie Ihre Eingabe mit ⏎.Wie alle anderen Links werden auch diese Verweise im Browser standardmäßig unterstrichen und blau dargestellt.

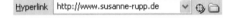

Abb. 8.4:
Absoluter
Hyperlink

Setzen Sie einen Text-Hyperlink, finden Sie die zuletzt verwendeten Links im Menü des Feldes HYPERLINK. Öffnen Sie dieses und wählen Sie aus der Liste den Link aus, den Sie noch einmal verwenden möchten.

Abb. 8.5:
Menü mit bereits definierten
Hyperlinks

8.2.2 Informationen für barrierefreie Links

Text-Hyperlinks können Sie auch gemeinsam mit einem neuen Text erstellen. Ist der Text bereits vorhandenen, wird er automatisch in das Dialogfenster übernommen.

Wenn Sie eine barrierefreie Webseite entwickeln, also eine Webseite für behinderte Menschen, können Sie im hier vorgestellten Fenster wichtige Informationen eintragen. Bei öffentlichen Institutionen ist dies häufig gefordert.

1. Setzen Sie den Cursor an die Stelle, an der Sie den Hyperlink einfügen möchten oder markieren Sie den vorhandenen Text für den Hyperlink.

2. Klicken Sie im Bedienfeld EINFÜGEN (Kategorie ALLGEMEIN) auf den Button ▨ oder wählen Sie EINFÜGEN / HYPERLINK. Das Dialogfenster HYPERLINK erscheint.

Abb. 8.6:
Hyperlink mit
Zusatzinfos
erstellen

3. Geben Sie im Feld TEXT den Text ein, der im Dokument als Hyperlink erscheinen soll. Ein zuvor ausgewählter Text wird hier angezeigt.

4. Geben Sie das Zieldokument im Feld HYPERLINK an.

   Da unsere Beispielseite keine Frames einsetzt, müssen Sie kein ZIEL definieren. Weitere Informationen finden Sie in Kapitel 8.3.

5. Geben Sie einen TITEL mit weiteren Informationen für den Hyperlink an. Diese Zusatzinformationen werden sehbehinderten Menschen von Bildschirmlesegeräten vorgelesen.

   Mit der ZUGRIFFSTASTE kann der Hyperlink über die Tastatur ausgewählt werden. Dabei muss der User gleichzeitig die [Alt]- (Windows) bzw. [Ctrl]-Taste (Macintosh, Safari) drücken. In Opera müssen Sie [⇧] + [Esc] drücken. Geben Sie ein geeignetes Zeichen an, dass eventuell im Titel erklärt wird.

   Auch mit der [⇥]-Taste können Links angesteuert werden. Geben Sie in das Feld REIHENFOLGENPOSITION den Tabulator-Index an. Dabei bezieht sich der Wert nicht auf die Häufigkeit, mit der diese Taste gedrückt werden muss, sondern auf die Reihenfolge der ansteuerbaren Links auf der Webseite.

6. Klicken Sie auf OK. Die im Feld TEXT eingetragenen Zeichen werden automatisch zusammen mit dem Hyperlink in Ihr Dokument eingefügt.

Im Internet finden Sie weitere Informationen über barrierefreie Webseiten. Einige interessante Quellen sind im Anhang aufgelistet.

8.2.3 Hyperlink entfernen

Einen Hyperlink entfernen Sie, indem Sie den Eintrag im Feld HYPERLINK des Eigenschafteninspektors markieren und dann auf die Entf -Taste drücken.

8.3 Ziel im Browserfenster festlegen

Nachdem Sie den Hyperlink eingefügt haben, bestimmen Sie, wie das zu ladende Ziel-Dokument geöffnet werden soll. Da Ziele besonders bei Frames wichtig sind, können Sie auf deren Definition bei unserem Beispiel-Restaurant verzichten.

1. Markieren Sie zunächst im Entwurfsfenster den Hyperlink.

2. Bestimmen Sie im Menü ZIEL des Bedienfelds EIGENSCHAFTEN, wo das Zieldokument geladen werden soll:

   Dabei gibt es zwei Zieldefinitionen, die Sie auch bei »einfachen« Webseiten einsetzen können:

   - _blank: Das verlinkte Dokument öffnet in einem neuen Browserfenster. Parallel dazu ist weiterhin das alte Browserfenster mit der verweisenden Webseite geöffnet.

   - _self: Das Zieldokument ersetzt den Inhalt des aktuellen Fensters. Da dies die Standardeinstellung in nahezu allen Browsern ist, müssen Sie dieses Ziel nicht explizit definieren.

   Die folgenden beiden Ziele sind dagegen nur sinnvoll, wenn sich das verweisende Dokument in einem Frameset befindet:

   - _parent: Lädt das Zieldokument im übergeordneten Frameset.

   - _top: Das Zieldokument ersetzt das Frameset und ist alleine sichtbar.

Das Ziel wird mit dem target-Attribut in das a-Tag eingefügt:

```
<a href="index.htm" target="_top">Home</a>
```

Ein Frameset zeigt mehrere Dokumente gleichzeitig an und bestimmt deren Anordnung und Größe. Theoretisch können Sie beliebig viele Webseiten in ein Frameset integrieren. Auch mehrere, ineinander verschachtelte Framesets sind möglich.

Beispielsweise wird häufig die Navigation in einem separaten Frame geladen. Die in diesem Dokument enthaltenen Hyperlinks steuern dann die Anzeige im benachbarten Inhalts-Frame. Ein Frame ist also eine Position innerhalb des Framesets, an der bestimmte Dokumente angezeigt werden.

> Das Frameset als eine Art Kontrollinstanz agiert im Hintergrund und hält die Dokumente zusammen. Das Frameset wird auch als »übergeordneter Frame« bezeichnet und ein Frame als »untergeordneter Frame«.
>
> Frames gelten mittlerweile als veraltet und haben nur noch Bedeutung bei Aktualisierungen.

8.4   Benannter Anker für konkrete Dokument-Ziele

Gestalten Sie lange Dokumente übersichtlich und gliedern Sie deren Inhalte. Kann der User die unterschiedlichen Bereiche über eine Inhalts-Liste direkt anspringen, lassen Sie ihn mit Sprungmarken auch von unten an den Anfang des Dokuments wechseln.

Hyperlinks sprechen auch benannte Anker in anderen Dokumenten an. Anker werden häufig auf Übersichtsseiten, in Lexika oder in einer umfangreichen Speisekarte eingesetzt:

1. Öffnen Sie die Datei *speisen.htm* im Verzeichnis *speise*. Hier erstellen wir nun die Speisekarte für das Restaurant.

2. Importieren Sie den hierzu benötigten Text in den CSS-Container `mainContent`. Dieser ist in der Datei *speisekarte.doc* im Verzeichnis *kap08* gespeichert. Die hierin platzierten Aufzählungspunkte *Vorspeisen*, *Hauptgerichte*, *Desserts* sollen mit den entsprechenden Stellen weiter unten im Dokument verlinkt werden.

Abb. 8.7:
Die Speise-
karte mit
3 Bereichen

Dabei besteht ein benannter Anker aus zwei Teilen (Abbildung 8.7):

▧ Einer Textmarke, dem eigentlichen Anker (A), und

▧ dem Befehl, zu diesem definierten Verweisziel zu gehen (B).

3. Legen Sie zuerst die Stelle fest, die durch den Link später angesteuert wer- **A: Benannten**
   den soll (A). Setzen Sie den Cursor beispielsweise vor das Wort *Vorspeisen* **Anker**
   im unteren Teil des Dokuments. **definieren**

4. Klicken Sie im Bedienfeld EINFÜGEN auf den Button ⬛ (Kategorie ALLGEMEIN)
   oder wählen Sie EINFÜGEN / BENANNTER ANKERPUNKT. Das Dialogfenster BENANNTER
   ANKER erscheint.

5. Tippen Sie den Namen des Ankers in das Feld. Dieser sollte ein kleinge-
   schriebenes Wort oder eine Zahl sein.

Abb. 8.8:
Benannten An-
ker definieren

6. Klicken Sie auf OK. Der benannte Anker wird in das Dokument eingefügt. In
   unserem Beispiel befindet sich dieser dann vor der markierten Textstelle.
   Das war der erste Teil der Arbeit.

   Ist das visuelle Hilfsmittel UNSICHTBARE ELEMENTE sowohl im Menü ANSICHT als
   auch in den Voreinstellungen aktiviert (vgl. Kapitel 2.4), zeigt das Icon 🔳
   die Position des benannten Ankers im Entwurfsfenster an.

Haben im Dokument eine Textstelle markiert, übernimmt Dreamweaver den
Text in das Dialogfenster BENANNTER ANKER. Klicken Sie auf OK, wird der markierte Text im Dokument entfernt.

7. Jetzt erstellen Sie den Link zu diesem benannten Anker: Markieren Sie den **B: Hyperlink**
   Text *Vorspeisen* in der Aufzählung am Seitenanfang (B). **definieren**

8. Im Bedienfeld EIGENSCHAFTEN geben Sie den Namen des Ankers im Feld HYPER-
   LINK ein. Setzen Sie davor die Raute #. Da sich das Ziel innerhalb des gleichen
   Dokuments befindet, genügt diese Angabe. Alternativ ziehen Sie den Zeiger
   🔘 auf das unsichtbare Icon 🔳.

   Befindet sich der benannte Anker in einem anderen Dokument, geben Sie
   im Textfeld HYPERLINK zunächst den Namen dieser Datei ein. Ist diese innerhalb der aktuellen Site gespeichert, können Sie wie gewohnt die Buttons 📁
   und 🔘 für die Auswahl benutzen. Den Anker geben Sie ohne Leerzeichen
   direkt hinter dem Dateinamen ein.

Abb. 8.9:
Anker im glei-
chen (oben)
und in einem
anderen Doku-
ment (unten)

Alternativ ordnen Sie die die beiden Dokumentfenster nebeneinander an und ziehen das Icon ⊕ auf den benannten Anker 🔖 im anderen Dokument (Abbildung 8.10).

Benannte Anker können Sie mit allen Hyperlink-Arten kombinieren. Lediglich E-Mail-Verweise stellen eine Ausnahme dar.

9. Wählen Sie im Menü ZIEL des Inspektors ggf. das Fenster, in dem die Datei sich öffnen soll.

Abb. 8.10:
Auf Anker
zeigen

8.5 E-Mail-Verweise

Hinterlegen Sie Ihre E-Mail-Adresse auf der Webseite, damit der User Kontakt mit Ihnen aufnehmen kann. Klickt der User auf die verlinkte E-Mail-Adresse, öffnet sich sein Mail-Programm, in das er dann seine Nachricht eintragen kann.

1. Falls Sie eine vorhandene Textstelle verlinken möchten, markieren Sie diese. In unserer Beispielseite verlinken wir den Restaurant-Namen in der Fußleiste der Homepage und der bereits vorhandenen Unterseite *speisen.htm*.

2. Klicken Sie im Bedienfeld EINFÜGEN auf den Button 🖾 oder wählen Sie in der Menüleiste EINFÜGEN / E-MAIL-VERKNÜPFUNG.

Abb. 8.11:
E-Mail-
Verknüpfung
definieren

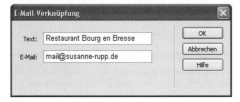

3. Geben Sie den gewünschten Text in das entsprechende Feld des Dialogfensters E-Mail-Verknüpfung. Falls Sie zuvor einen vorhandenen Text markiert haben, wird dieser hier angezeigt. Ändern Sie ihn ggf. im Feld Text.

4. Tippen Sie die E-Mail-Adresse in das Feld E-Mail.

5. Klicken Sie auf OK, um das Dialogfenster zu schließen und den Link in das Dokument einzufügen.

Die E-Mail-Verknüpfung können Sie auch direkt im Bedienfeld Eigenschaften in das Textfeld Hyperlink eingeben. Hierbei geben Sie vor der E-Mail-Adresse noch *mailto:* ein. Beachten Sie, dass zwischen dem Doppelpunkt und der E-Mail-Adresse kein Leerzeichen eingefügt wird.

Abb. 8.12:
E-Mail-Verweis

Für diesen Workshop ändern Sie bitte die Fußleiste in allen bereits bestehenden Dokumenten mit einem Inhalt (*index.htm, speisen.htm*).

8.6   Imagemaps: Links auf Bildbereichen

Eine Imagemap ist ein Bild, das in einzelne Bildbereiche (Hotspots) aufgeteilt ist. Diese Hotspots sind jeweils zu unterschiedlichen Dokumenten verlinkt. Auch E-Mail-Verknüpfungen sind möglich.

Mit einer Imagemap kann unser Restaurant beispielsweise interessante Sehenswürdigkeiten auf einer Karte präsentieren und diese dann mit weiteren Informationen verlinken. Und so geht's:

1. Öffnen Sie die Seite *anfahrt.htm* im Verzeichnis *kontakt*.

2. Fügen Sie das Bild *karte.gif* in die Seite ein, indem Sie es beispielsweise aus dem geöffneten Bedienfeld Dateien in das Entwurfsfenster ziehen. Die Datei finden Sie auf der CD-ROM im Kapitelverzeichnis *kap08/kontakt/bilder*.

3. Bestimmen Sie den Alternativtext in den Eingabehilfen.

4. Wählen Sie das Bild im Dokumentfenster aus und geben Sie im Bedienfeld Eigenschaften in das Feld Map den Namen für die Imagemap ein.

Um diese Einstellungen zu sehen, müssen Sie ggf. das Bedienfeld Eigenschaften erweitern. Hierzu drücken Sie auf den Pfeil in der rechten unteren Ecke des Inspektors.

*Abb. 8.13:
Bildeigenschaf-
ten mit Map-
Werkzeugen*

5. Unter dem Map-Namen finden Sie Werkzeuge für das Zeichnen einzelner Hotspots:

Klicken Sie auf das Rechteck ☐, den Kreis ◯ oder das Polygon ▽. Ziehen Sie den Zeiger mit gedrückter linker Maustaste über das Bild. Um ein Polygon zu erstellen, klicken Sie einmal für jeden Eckpunkt. Hotspots sind nur in Dreamweaver farblich hinterlegt. In einigen Browsern werden diese nach dem Anklicken zeitweise umrahmt.

*Abb. 8.14:
Hotspot
zeichnen*

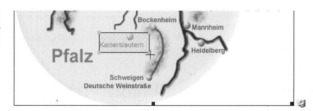

6. Anschließend bestimmen Sie die Eigenschaften des Hotspots im Inspektor: Hyperlink, ggf. Ziel und Alternativ-Text (Alt.).

*Abb. 8.15:
Eigenschaften
eines Hotspots*

7. Wiederholen Sie die Schritte 5 und 6, um weitere Hotspots im gleichen Bild anzulegen und deren Eigenschaften zu definieren.

Aktivieren Sie das Pfeil-Werkzeug ► im Eigenschafteninspektor, wenn Sie nachträglich die Position oder die Größe eines Hotspots ändern möchten. Markieren Sie den Hotspot und ziehen Sie ihn mit gedrückter Maustaste an eine andere Stelle über dem Bild. Packen Sie einen Eckpunkt an, um die Größe oder Form des Spots zu ändern. Das Pfeil-Werkzeug wird nur bei ausgewähltem Bild angezeigt.

Einen Hotspot definiert das `area`-Tag. Alle Hotspots werden mit dem `map`-Tag über das Bild (`<img>`) gelegt.

Bewegen Sie im Browser die Maus über einen solchen Hotspot-Bereich, erkennen Sie einen Link an dieser Stelle. Der Mauszeiger verändert sich wie gewohnt.

8.7 Links aktualisieren und überprüfen

Sobald Sie den Dateinamen ändern oder eine Datei verschieben, stimmen neben den Bildverweisen auch viele Hyperlinks nicht mehr, die auf dieses Dokument verweisen. Glücklicherweise aktualisiert Dreamweaver diese Verknüpfungen automatisch, wenn Sie eine Site definiert haben. Wie das funktioniert, haben Sie bereits in Kapitel 7.5.2 erfahren. Hier erfahren Sie, wie das auch manuell geht. Doch zunächst betrachten wir den Hyperlink-Prüfer.

8.7.1 HYPERLINK-PRÜFER einsetzen

Sie können in Dreamweaver auch ganz gezielt Dateien überprüfen und damit vorhandene Fehler aufstöbern und beheben. Dabei können Hyperlinks im aktuell geöffneten Dokument, in einer ganzen lokalen Site oder in ausgewählten Dateien der Site kontrolliert werden.

1. Falls Dreamweaver Hyperlinks in einem aktuellen Dokument überprüfen soll, öffnen Sie dieses zuerst.

   Soll eine bestimmte Site durchsucht werden, wählen Sie diese im Bedienfeld DATEIEN aus (im oberen linken Menü).

   Haben Sie hier bestimmte Dateien oder Ordner markiert, können Sie die Überprüfung auf diese beschränken. Zum Markieren benutzen Sie die [Strg] oder [⇧]-Taste.

2. Öffnen Sie das Bedienfeld ERGEBNISSE, indem Sie in der Menüleiste FENSTER / ERGEBNISSE wählen oder [F7] drücken und in das Register HYPERLINK-PRÜFER wechseln.

3. Klicken Sie auf den Button HYPERLINKS ÜBERPRÜFEN [▷▾].

4. Bestimmen Sie im Menü, welche Hyperlinks Dreamweaver überprüfen soll. Klicken Sie beispielsweise auf HYPERLINKS IN AKTUELLEM DOKUMENT ÜBERPRÜFEN. Der HYPERLINK-PRÜFER listet alle fehlerhaften Links auf.

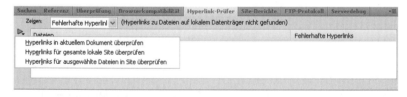

Abb. 8.16: Hyperlink-Prüfer

5. Doppelklicken Sie im HYPERLINK-PRÜFER auf den Dateinamen und ändern Sie den im Dokumentfenster hervorgehobenen fehlerhaften Hyperlink. Wird dieser mehrfach verwendet, fragt Dreamweaver, ob jedes Vorkommen geändert werden soll.

   Alternativ klicken Sie im Bedienfeld auf den FEHLERHAFTEN HYPERLINK. Klicken Sie auf den Ordnerbutton [📁], um die richtige Ziel-Datei auszuwählen. Kennen

Sie den richtigen Pfad- und Verzeichnisnamen, können Sie diesen auch manuell eintragen.

Abb. 8.17:
Gefundene
Link-Fehler

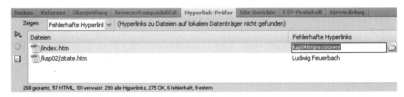

Neben siteinternen FEHLERHAFTEN HYPERLINKS kann Dreamweaver im HYPERLINK-PRÜFER auch EXTERNE HYPERLINKS auflisten. Auch bei bestehender Internetverbindung wird dabei nicht überprüft, ob die Verweise korrekt sind. Das müssen Sie selbst überprüfen, indem Sie den Verweis in das Adressfeld Ihres Browsers eingeben. Mit Copy & Paste geht das sehr schnell.

Zudem listet das Bedienfeld mit dieser Einstellung vorhandene E-Mail-Verweise auf.

Auf Wunsch zeigt das Bedienfeld auch alle VERWAISTEN DATEIEN an. Das sind Dokumente, ohne ankommenden Hyperlink. Damit sind diese Dateien nicht in die Site eingebunden. Verwaiste Dateien werden nur für die gesamte Site oder einen Unterordner gesucht.

▨ Wählen Sie die gewünschte Such-Option im Menü ZEIGEN des HYPERLINK-PRÜFERS aus:

Abb. 8.18:
Hyperlinks oder
Dateien suchen

8.7.2   Links ändern

Haben Sie einen Dateinamen geändert oder ein Dokument in ein anderes Verzeichnis verschoben, ohne entsprechende Verweise zu aktualisieren, haben zu zunächst ein Problem...

Mit der folgenden Funktion ist dieses schnell behoben.

1. Wählen Sie in der Menüleiste SITE / HYPERLINK FÜR GANZE SITE ÄNDERN. Das Dialogfenster HYPERLINK FÜR GANZE SITE ÄNDERN erscheint.

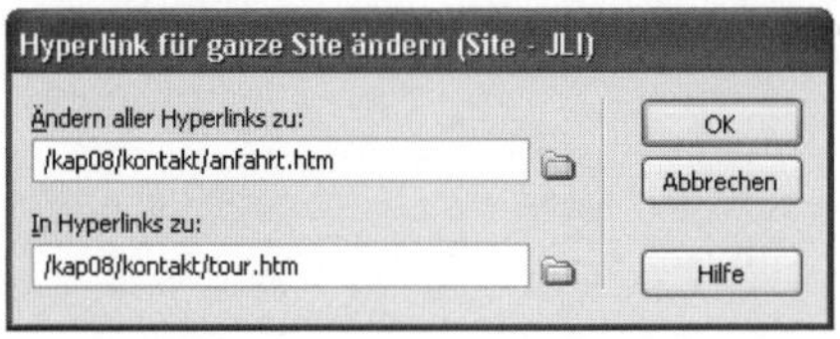

Abb. 8.19:
Hyperlink in
der Site ändern

2. Die ursprüngliche Zieldatei kommt in das obere Textfeld. Darunter geben Sie den neuen, aktuellen Verweis ein. Wenn Sie den jeweiligen Link nicht manuell eingeben, wählen Sie die entsprechende Datei über das Ordner-Icon ⬛ aus.

3. Klicken Sie auf OK. Anschließend erscheinen alle erfassten Dateien im Dialogfenster DATEIEN AKTUALISIEREN. Dieses Dialogfenster kennen Sie bereits aus Kapitel 7.5.2.

Abb. 8.20: Dateien aktualisieren

4. Wählen Sie AKTUALISIEREN. Wollen Sie nicht alle gefundenen Dateien bearbeiten, verlassen Sie das Dialogfenster mit NICHT AKTUALISIEREN und führen Sie Änderungen ggf. manuell durch. Die Funktion Suchen und ersetzen unterstützt Sie dabei.

Achten Sie auf eine eindeutige Benennung der Webdokumente. Auch einige Suchmaschinen werten den Dateinamen aus. Darum ändern Sie zur Übung die Datei *anfahrt.htm* in *tour.htm* um und passen bestehende Verweise an.

8.8 CSS-Eigenschaften für Hyperlinks hervorheben

Das Erscheinungsbild der Hyperlinks auf der Seite stört Sie bestimmt schon etwas länger. Jetzt ändern wir dieses und passen es dem vorgegebenen Seitendesign an (Abbildung 8.21).

Allgemeine Einstellungen nehmen Sie in den Seiteneigenschaften vor. Möchten Sie zudem Verweise für bestimmte Seitenelemente separat definieren und dadurch beispielsweise eine Navigationsleiste aufbauen, arbeiten Sie im Bedienfeld CSS-STILE bzw. in der CSS-REGEL-DEFINITION.

8.8.1   Seiteneigenschaften für Links festlegen

Da wir mit CSS arbeiten, genügt es, wenn wir die Regeln für eine Seite festlegen und diese dann in die externe CSS-Datei verschieben. Hierzu öffnen wir die Homepage unseres Restaurants im Stammordner (*index.htm*). In Kapitel 8.5 haben Sie den Restaurant-Namen in der Fußleiste verlinkt. Dieser wird nun unterstrichen und mit einer Standardfarbe im Browser dargestellt. Diese allgemeinen Linkeinstellungen ändern Sie folgendermaßen:

1. Wählen Sie MODIFIZIEREN / SEITENEIGENSCHAFTEN.

2. Wechseln Sie in die Kategorie HYPERLINKS (CSS).

Bearbeiten Sie eine Seite, in der Hyperlink-Attribute mit HTML festgelegt sind, werden diese in der Kategorie ERSCHEINUNGSBILD (HTML) angezeigt. Diese können Sie hier bearbeiten oder löschen und dann in der Kategorie ÜBER-SCHRIFTEN (CSS) mit CSS definieren.

3. Geben Sie Schriftart und -größe an, in der die Hyperlinks erscheinen sollen (vgl. Kapitel 3). Machen Sie hier keine Angaben, werden Hyperlinks entsprechend dem allgemeinen Erscheinungsbild dargestellt. Über die Buttons dahinter können Sie zudem einen Stil (B fett, I kursiv) bestimmen.

4. Darunter weisen Sie jedem Hyperlink-Status eine charakteristische Farbe über die entsprechenden Farbwähler zu. Diese werden entsprechend den Aktionen des Users angezeigt. Definieren Sie bis zu vier unterschiedliche Farben. In der Randspalte ist der entsprechende CSS-Code vermerkt.

   – Farbe für Hyperlinks: Nachdem die Webseite im Browser geladen ist, erscheint der Hyperlink standardmäßig in dieser Farbe. Ohne Angabe stellen die meisten Browser Hyperlinks blau dar. Damit die Linkfarbe mit der Textfarbe übereinstimmt, müssen Sie diesen Wert hier angeben. `a:link`

   – Besuchte Hyperlinks: Diese Farbe wird angezeigt, wenn der Besucher die verlinkte Zielseite schon einmal im Browser geladen hat. Sind besuchte Links anders eingefärbt als normale, kann der User diese besser voneinander unterscheiden. `a:visited`

   – Rollover-Hyperlinks: Der Link verändert seine Farbe während der Besucher mit dem Cursor darüber fährt. `a:hover`

   – Aktive Hyperlinks: Diese Linkfarbe erscheint, während Sie auf den Link klicken. Die Maustaste muss dabei also gedrückt sein. `a:active`

Sie müssen nicht alle Linkfarben angeben. Soll beispielsweise der Rollover-Effekt nicht erscheinen, lassen Sie das entsprechende Farbfeld leer.

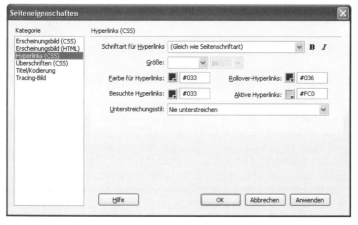

Abb. 8.22:
CSS-Seiten-
eigenschaften
für Verweise

5. Hyperlinks werden standardmäßig im Browser unterstrichen dargestellt. Wählen Sie im Menü Unterstreichungsstil eine andere Einstellung, werden Links entweder *nie unterstrichen* oder nur bei einem bestimmten Linkstatus so hervorgehoben.

6. Drücken Sie auf Anwenden. Der Link in der Fußleiste ist nun nicht mehr vom übrigen Text zu unterscheiden.

193

7. Bestätigen Sie mit OK und überprüfen Sie die Einstellungen in der Live-Ansicht. Die Zielseite bzw. das E-Mail-Programm werden jedoch nur in der Browservorschau geladen.

Abb. 8.23:
Link in der Fuß-
zeile mit und
ohne Unter-
streichung

Exkurs: CSS-Stile ändern und verschieben

Dreamweaver hat die neuen CSS-Regeln als neues Stylesheet in den head-Bereich des Dokuments eingefügt. Dies erkennen Sie gut im Bedienfeld CSS-Stile (Fenster / CSS-Stile).

Wie erwähnt wirken sich diese Seiteneigenschaften auf alle Hyperlinks im Dokument aus. Darum ist es in der Regel sinnvoll, die Unterstreichung nur für bestimmte Bereiche auszuschalten. Der User sieht dann sofort, wo die Links sind. Irritieren Sie ihn nicht. In unserem Beispiel sollen diese CSS-Regeln nur für den Container footer gelten. Damit Sie diese nicht nochmals definieren müssen, geben Sie den Selektor im Bedienfeld CSS-Stile an:

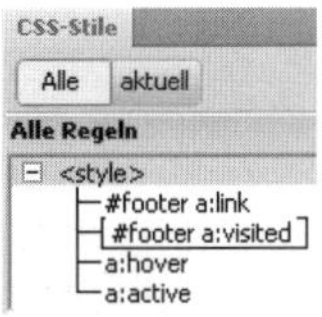

1. Klicken Sie auf den Eintrag *a:link* im Bedienfeld und fügen Sie den Selektor *#footer* davor ein.

2. Wiederholen Sie den vorherigen Arbeitsschritt mit den übrigen Hyperlink-Regeln.

3. Damit diese Regeln für alle vorhandenen Webseiten gelten, verschieben Sie sie in die Datei *format.css*. Diese wird ebenfalls im Bedienfeld CSS-Stile angezeigt. Ändern Sie dabei die Reihenfolge der Hyperlink-Stile nicht.

4. Anschließend entfernen Sie den internen Stil, indem Sie *<style>* im Bedienfeld markieren und dann auf 🗑 am unteren Fensterrand klicken.

Zur Übung verlinken Sie den Text *Kommen Sie doch einfach mal vorbei...* auf der Homepage mit der Kontaktseite. Öffnen Sie die bereits bestehende Speisekarte (*speisen/speisen.htm*) und definieren Sie neue allgemeine Seiteneigenschaften für Hyperlinks, die sich gut vom übrigen Text abheben. Arbeiten Sie über das Dialogfenster Seiteneigenschaften, verschieben Sie diese dann ebenfalls in die allgemeine Stylesheet-Datei *format.css*. Das Beispiel finden Sie auf der CD-ROM im Verzeichnis *kap08*. Im nächsten Kapitel erfahren Sie, wie Sie Hyperlinks für einzelne Container direkt formatieren...

8.8.2 Navigationsleiste mit CSS erstellen

Kernstück jeder Webseite ist die Navigation, die in unserem Beispiel als unge-ordnete Liste (`<ul>`) formatiert ist. Mit CSS bestimmen wir nun das gewünschte Erscheinungsbild. Dabei realisieren wir folgende Funktionalität: Die aktuell ge-ladene Seite (z. B. *Home*) ist farblich sowie mit einem Randbild hervorgehoben. Bewegt der User den Mauszeiger über ein Menüelement, wird dieses mit den gleichen Designelementen betont. Verlässt der User diesen Bereich wieder, wird die ursprüngliche Darstellung wiederhergestellt.

1. Zunächst klicken Sie in die Liste hinein und drücken dann im Tag-Selektor auf `<ul>`. Die Liste ist nun markiert und wir können eine neue CSS-Regel definieren.

2. Hierzu drücken Sie im Bedienfeld CSS-Stile auf ⊡ .

3. Im Dialogfenster Neue CSS-Regel wird *#sidebar1 ul* als Selektor-Namen ange-zeigt.

    Da Dreamweaver die neuen Regeln in der vorhandenen Datei *format.css* speichern soll, muss diese unter Regel-Definition ausgewählt sein.

    Bestätigen Sie mit OK.

4. In der CSS-Regel-Definition geben Sie in der Kategorie Box die Breite mit *285* Pixel (*px*) in das Feld Width ein. Dieser Wert entspricht der Bildbreite.

    Alle Ränder (Padding) und Abstände (Margin) setzen Sie auf *0*.

    Damit die Listenpunkte nicht mehr angezeigt werden, wählen Sie in der Ka-tegorie Liste den List-style-type *none*. Das Ergebnis dieser Einstellungen se-hen Sie in der Randspalte.

Abb. 8.24: Allgemeine Listen-Eigen-schaften

5. Anschließend formatieren wir die Hyperlinks. Hierzu markieren Sie `<a>` im Tag-Selektor. Arbeiten Sie analog zu den Arbeitsschritten 1 bis 3. Dabei zeigt das Dialogfenster Neue CSS-Regel den Selektor-Namen *#sidebar1 ul li a* an.

6. Definieren Sie folgende CSS-Regel:

▨ Kategorie Sᴄʜʀɪғᴛ:

Fᴏɴᴛ-ғᴀᴍɪʟʏ (Schriftart): *Arial, Helvetica, sans-serif*
Fᴏɴᴛ-sɪᴢᴇ (Schriftgröße): *20 px*
Tᴇxᴛ-ᴛʀᴀɴsғᴏʀᴍ (Schreibweise): *uppercase* (Großbuchstaben)
Cᴏʟᴏʀ (Schriftfarbe): *#FFF* (weiß)
Tᴇxᴛ-ᴅᴇᴄᴏʀᴀᴛɪᴏɴ (Formatierung): *none* (keine Unterstreichung)

▨ Kategorie Bʟᴏᴄᴋ:

Dɪsᴘʟᴀʏ (Anzeige): *block* (als Blockelement)

▨ Kategorie Bᴏx:

Hᴇɪɢʜᴛ (Höhe): *40 px* (Höhe jeder Schaltfläche in der Navigationsleiste)
Pᴀᴅᴅɪɴɢ-Tᴏᴘ (oberer Innenabstand): *18 px* (Textabstand zum oberen Rand)
Pᴀᴅᴅɪɴɢ-Lᴇғᴛ (seitlicher Innenabstand): *65 px* (Textabstand zum linken Rand)

Abb. 8.25:
CSS-Regel für
Hyperlinks in
der Naviga-
tionsleiste

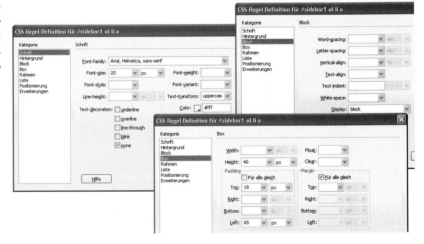

7. Damit unter jedem Navigations- bzw. Listenelement eine gestrichelte Linie erscheint, erstellen wir nun eine CSS-Regel für das li-Element. Arbeiten Sie analog zu den Arbeitsschritten 1 bis 3. Der Sᴇʟᴇᴋᴛᴏʀ-Nᴀᴍᴇ lautet *#sidebar1 ul li*.

8. Die CSS-Regel enthält in der Kategorie Rᴀʜᴍᴇɴ folgende Angaben:

Bᴏᴛᴛᴏᴍ (unten): *dashed* (gestrichelt)

Wɪᴅᴛʜ (Breite, Rahmenstärke): *2 px*

Cᴏʟᴏʀ (Farbe): *#CCC* (Grau)

196

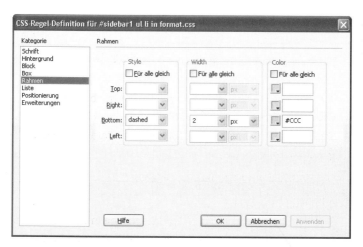

Abb. 8.26:
Rahmen eines
Listenelements

9. Damit Bild und Hintergrundfarbe angezeigt werden, wenn der User den Mauszeiger über ein Element bewegt, definieren wir den so genannten Hover-Effekt. Diesen kennen Sie bereits von den Seiteneigenschaften. Damit nur Listenelemente in der Sidebar1 diesen Hover-Effekt aufweisen, lautet der Selektor-Name #sidebar1 ul li a:hover.

Zusätzlich sollen die gleichen Eigenschaften das Element hervorheben, dem die aktuell geöffnete Seite zugewiesen ist. Hierfür erstellen wir die Klasse .highlight. Diesen Selektornamen geben Sie mit einem Komma getrennt hinter dem zuvor festgelegten an.

Damit müssen Sie folgenden zusammengesetzten Ausdruck im Dialogfenster definieren: *#sidebar1 ul li a:hover , #sidebar1 .hightlight*

Bestätigen Sie mit OK.

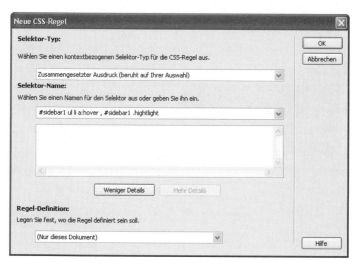

Abb. 8.27:
CSS-Regel für
Hover-Effekt
und Element-
Markierung

10. Definieren Sie folgende CSS-Regel in der Kategorie HINTERGRUND:

BACKGROUND-COLOR (Hintergrundfarbe): *#37375F* (Blau-Ton)

BACKGROUND-IMAGE (Hintergrundbild): *../bilder/blume.gif* (finden Sie auf der CD-ROM)

BACKGROUND-REPEAT (Bildwiederholung, Kacheleffekt): *repeat-y* (senkrechte, Sie könnten auch keine angeben.)

BACKGROUND-POSITION (X) (horizontale Bild-Position): *left* (links)

BACKGROUND-POSITION (Y) (vertikale Bild-Position): *center* (mittig)

Abb. 8.28:
Eigenschaften
für Hervor-
hebungen

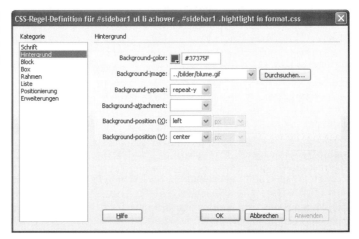

11. Damit das Navigationselement der aktuellen Seite hervorgehoben ist, müssen Sie ihm die Klasse `.highlight` zuweisen: Markieren Sie zunächst das entsprechende `li`-Element im Tag-Selektor.

12. Wählen Sie im Bedienfeld EIGENSCHAFTEN den Klassennamen im entsprechenden Menü. Dieses finden Sie im HTML-Modus.

Abb. 8.29:
Klasse auf
Navigations-
element an-
wenden.

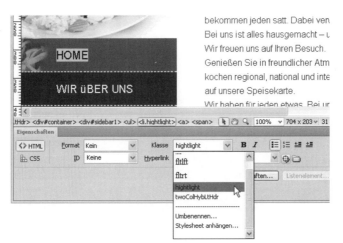

13. Damit ist unsere Restaurant-Homepage fertig. Wiederholen Sie Arbeitsschritte 11 und 12 für das entsprechende Listenelement in der Speisekarte (*speisen/speisen.htm*, vgl. Abbildung 8.30).

Die bislang erstellten CSS-Regeln werden in allen modernen Browsern richtig umgesetzt. Für ältere Versionen, insbesondere des Internet Explorers, müssen Sie den Code optimieren und so genannte Hacks und Browserweichen definieren. Die Dokumentation würde den Rahmen dieses Buches leider bei Weitem sprengen. Ausführliche Hinweise finden Sie in meinem Kompendium.

Hacks & Browserweichen

Hier erfahren Sie auch, wie Sie eine Navigationsleiste mit Bildern definieren. Für den entsprechenden Hover-Effekt benötigen Sie JavaScript. Der Bildaustausch bzw. die im Browser hervorgerufene Aktion wird nämlich durch eine Funktion bestimmt. Diese Funktionen können Sie im Bedienfeld VERHALTEN oder über EINFÜGEN / GRAFIKOBJEKTE / NAVIGATIONSLEISTE definieren. Den entsprechenden Button finden Sie im Bedienfeld EINFÜGEN im Register ALLGEMEIN (im BILDER-Menü).

Alle Einstellungen sind jetzt in der Datei *format.css* im Verzeichnis *kap08* gespeichert. Auch die beiden Dokumente *index.htm* und *speisen.htm* wurden wie beschrieben angepasst. Werden in Ihrer Datei Abstände um die einzelnen Listenelemente angezeigt, setzen Sie alle Ränder für sidebar1 auf *0*.

Abb. 8.30:
Speisekarte mit angewendeten CSS-Regeln.

8.9   Kleine Erfolgskontrolle

24. Was bedeutet `target="self"`?

   a) Auszeichnung für die beste Webseite.

   b) Anleitung für die Erstellung einer Homepage.

   c) Das verlinkte Zieldokument ersetzt den Inhalt des aktuellen Fensters.

25. Was ist zu beachten, wenn Sie einen Link innerhalb des gleichen Dokuments setzen wollen?

   a) Anker und Hyperlink müssen gesetzt sein.

   b) Der Hyperlink muss mit *http://* beginnen.

   c) Das ist gar nicht möglich.

26. Ich habe eine Webseite entwickelt und möchte nun auch meine E-Mail-Adresse hinterlegen. Bei welchem Eintrag im Bedienfeld Eigenschaften warte ich nicht vergebens?

   a) mailto:mail@susanne-rupp.de

   b) mailto: mail@susanne-rupp.de

   c) http://mail@susanne-rupp.de

   d) mail@susanne-rupp.de

27. Welchen Selektor müssen Sie definieren, damit sich ein Element verändert, wenn der User den Mauszeiger darüber bewegt?

   a) `a:hover`

   b) `a:link`

   c) `a:focus`

KAPITEL 9

Tabellen für Daten

Das Layout von Webseiten wird häufig durch sichtbare oder unsichtbare Tabellen bestimmt. In den einzelnen Zellen werden Bilder und Texte platziert und entsprechend ausgerichtet. Ursprünglich sind Tabellen jedoch nicht dafür vorgesehen, sondern für die übersichtliche Gliederung von Daten gedacht. Weil das Layout unseres Beispiel-Restaurants auf CSS basiert und wir hier einen sauberen HTML-Quellcode entsprechend allgemeiner Standards realisieren möchten, halten wir uns an diese Regel.

Abb. 9.1:
Speisekarte als
Workshop-
Ergebnis

Eine Tabelle benötigen wir für die Präsentation der Speisekarte, bestehend aus zwei Spalten, in denen das jeweilige Gericht beschrieben und der Preis angegeben ist. In diesem Workshop erstellen Sie neue Tabellen und ändern bereits vorhandene. Dabei besteht jede Tabelle aus:

- Zeilen (horizontale Reihen)
- Spalten (vertikale Reihen)
- Zellen (kleinste Einheit einer Tabelle, die als Schnittmenge je einer bestimmten Zeile und Spalte definiert wird)

Sie lernen in diesem Kapitel

- Tabellen erstellen
- unterschiedliche Tabellenmodi benutzen
- Inhalte in Zellen einfügen
- Tabellen bearbeiten und formatieren.

9.1   Eine Tabelle erstellen

Öffnen Sie die Webseite *speisen.htm* mit der bereits eingefügten Speisekarte. Dieser Text soll nun eine Tabelle strukturieren, die Sie folgendermaßen einfügen:

1. Klicken Sie an die Stelle Ihres Dokuments, an der Sie die Tabelle einfügen möchten. Dies kann ober- oder unterhalb des bereits vorhandenen Textes sein.

2. Wählen Sie in der Menüleiste EINFÜGEN / TABELLE, oder klicken Sie auf den Button TABELLE 🔲 im Bedienfeld EINFÜGEN. Diesen finden Sie sowohl in der Kategorie ALLGEMEIN als auch unter LAYOUT (Abbildung 9.2). Ganz schnell geht's auch mit ⌷Strg⌷ + ⌷Alt⌷ + ⌷T⌷.

Das Dialogfenster TABELLE erscheint (Abbildung 9.3).

Abb. 9.2:
Tabelle
einfügen

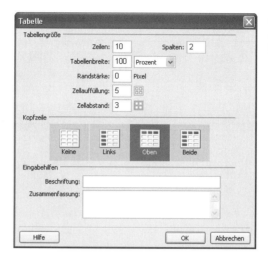

Abb. 9.3:
Attribute der
neuen Tabelle

3. Bestimmen Sie zunächst die Anzahl der ZEILEN und SPALTEN.

4. Legen Sie darunter die TABELLENBREITE entweder mit einem *Pixel*- oder einem *Prozent*-Wert fest. Dabei ist die Pixelangabe eine feste Größe, die nur von der Bildschirmauflösung abhängt. Geben Sie dagegen eine prozentuale Breite an, passt sich die Tabelle der Breite des Browserfensters bzw. des übergeordneten Container-Elements an.

   In unserem Beispiel wählen wir *100 %*, so dass die Tabelle genauso breit ist wie der `div`-Container `mainContent`.

5. Geben Sie als RANDSTÄRKE den Wert *0* ein, wenn der Tabellenrahmen nicht sichtbar sein soll. Ansonsten ist jeder Pixelwert erlaubt.

6. Legen Sie ZELLAUFFÜLLUNG und den ZELLABSTAND der Tabelle fest (vgl. Abbildung 9.4):

   – **Zellauffüllung** definiert die Anzahl der Pixel zwischen dem Inhalt einer Zelle und dem Zellrahmen. Das HTML-Attribut im `table`-Tag lautet `cellpadding`.

   – **Zellabstand** bestimmt die Zahl der Pixel zwischen den einzelnen Zellen. Im Quelltext wird er mit `cellspacing` definiert.

7. Wollen Sie eine KOPFZEILE definieren, deren Inhalt hervorgehoben formatiert wird (vgl. Kapitel 9.7.9), klicken Sie auf den gewünschten Symbolbutton im Dialogfenster TABELLE.

8. Unter BESCHRIFTUNG geben Sie eine Tabellenüberschrift ein, die später über der Tabelle und damit außerhalb der Zellen angezeigt wird. Die Beschriftung wird mit dem `caption`-Tag in den Code direkt unter das `table`-Tag integriert. Die Überschrift können Sie mit einem Stylesheet weiter formatieren (vgl. Kapitel 9.7.6).

   Lassen Sie das Feld leer, wenn Sie keine Überschrift definieren möchten.

203

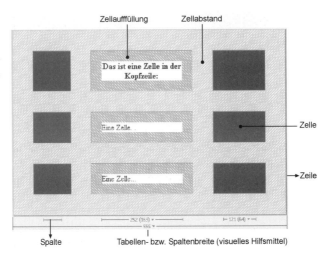

Abb. 9.4:
Zellauffüllung,
-abstand und
Elemente einer
Tabelle

9. Die Zusammenfassung wird nur von Bildschirmlesegeräten wiedergegeben, und zwar vor dem eigentlichen Tabelleninhalt. Diesen optionalen Text speichert das Attribut `summary` im `table`-Tag.

10. Klicken Sie auf OK, um die Tabelle einzufügen. Die angegebenen Attribute können Sie jederzeit im Bedienfeld Eigenschaften ändern. Lediglich die Eingabehilfen können nur im Quelltext bearbeitet werden.

Für unsere Speisekarte benötigen wir eine Tabelle mit zwei Spalten. Die Anzahl der Zeilen passen wir später dem eingefügten Inhalt an und ändern sie im Bedienfeld Eigenschaften. Orientieren Sie sich an Abbildung 9.3. Dabei haben Sie zwei Möglichkeiten: Entweder erstellen Sie für *Vorspeisen, Hauptgerichte* und *Desserts* jeweils eine separate Tabelle oder Sie definieren eine große für alle Bereiche.

9.2 Visuelle Hilfsmittel im Standardmodus

Die neue Tabelle ist im Entwurfsfenster ausgewählt und schwarz umrahmt. Zudem sind drei Angriffpunkte in der rechten unteren Ecke sichtbar, mit denen Sie die Tabellengröße ändern (vgl. Kapitel 9.7.2).

Im gezeigten Beispiel haben wir den Tabellenrahmen ausgeblendet. Dennoch zeigt Dreamweaver im Entwurfsfenster einen gepunkteten Rahmen als visuelles Hilfsmittel zur Orientierung an. Damit können Sie Position und Größe der einzelnen Zellen überprüfen und Inhalte leichter platzieren.

Diesen Tabellenrahmen blenden Sie über Ansicht / Visuelle Hilfsmittel / Tabellenrahmen ein und aus.

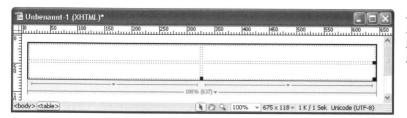

Abb. 9.5:
*Neue Tabelle
mit visuellen
Hilfsmitteln*

Zudem blendet Dreamweaver das so genannte Tabellenrahmen-Menü ein. Je nach Fenster- und Tabellengröße finden Sie es entweder am unteren oder oberen Tabellenrand. Diese Menüs enthalten Befehle zur Auswahl und Bearbeitung der gesamten Tabelle sowie einzelner Spalten. Diese werden wir im Laufe des Workshops noch einsetzen.

Zudem zeigt dieser Tabellenrahmen die Tabellenbreite an. Bestimmen Sie später die Breite einer einzelnen Spalte, wird diese hier ebenfalls eingeblendet. Den ersten Wert haben Sie festgelegt (*100%*). Der Wert in der Klammer gibt den tatsächlichen Pixelwert an, der von der aktuellen Größe des Dokumentfensters oder dem Zelleninhalt abhängt.

▓ Das Tabellenrahmen-Menü blenden Sie über Ansicht / Visuelle Hilfsmittel / Tabellenbreite ein und aus.

Blenden Sie alle visuellen Hilfsmittel aus, zeigt das Entwurfsfenster Tabellen wie in einem Webbrowser. Alternativ verwenden Sie die Live-Ansicht. Sie können die Seite dann schnell in Dreamweaver überprüfen.

9.3   Die erweiterte Ansicht nutzen

Dreamweaver arbeitet normalerweise im Standardmodus. Diesen haben Sie auf den vorherigen Seiten näher kennen gelernt. Wechseln Sie in den erweiterten Tabellenmodus, können Sie beispielsweise Zellen oder Inhalte leichter auswählen. In dieser Ansicht betont Dreamweaver den Tabellenrahmen, auch wenn keine Randstärke angegeben ist. Zudem werden Zellauffüllung und Zellabstand hervorgehoben.

▓ In den erweiterten Tabellenmodus wechseln Sie entweder, indem Sie Ansicht / Tabellenmodus / Erweiterter Tabellenmodus in der Menüleiste wählen.

▓ auf die Schaltfläche Erweitert in der Kategorie Layout des Bedienfelds Einfügen drücken.

▓ Oder indem Sie [Alt] + [F6] drücken.

Wechseln Sie in den erweiterten Tabellenmodus, erscheint eine Meldung, dass diese Ansicht nicht mit der Browserdarstellung übereinstimmt. Optimierungen sind hier also kaum möglich. Klicken Sie auf OK.

205

Abb. 9.6:
In den erwei-
terten Tabel-
lenmodus
wechseln.

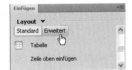

Abb. 9.7:
Die gleiche Ta-
belle im erwei-
terten Modus,
erkennbar am
Anzeigebalken
unter dem
Dateinamen

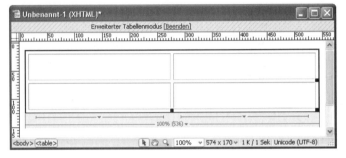

Auch in der erweiterten Ansicht fügen Sie eine neue Tabelle wie in Kapitel 9.1 beschrieben ein.

Standardmäßig platziert Dreamweaver in jede neue Zelle ein geschütztes Leerzeichen, damit deren Attribute (z. B. Hintergrundfarbe) in allen Browsern dargestellt werden. Fehlt dieses Leerzeichen und ist eine Zelle vollkommen leer, zeigt Dreamweaver im erweiterten Tabellenmodus einen gestrichelten Rahmen um diese Zelle.

Am oberen Rand des Entwurfsfensters blendet Dreamweaver den Hyperlink [BE-ENDEN] ein (vgl. Abbildung 9.7). Klicken Sie hierauf, wechseln Sie wieder in den Standardmodus. Alternativ wählen Sie ANSICHT / TABELLENMODUS / STANDARDMODUS oder durch Drücken der STANDARD-Schaltfläche im Bedienfelds EINFÜGEN. Auch mit Alt + F6 kehren Sie in die vorherige Ansicht zurück.

Die auf den folgenden Seiten beschriebenen Arbeitsweisen gelten sowohl für den Standard- als auch für den erweiterten Modus. Falls nicht ausdrücklich erwähnt, stellen die Abbildungen den Standardmodus dar.

9.4   Verschachtelte Tabellen erstellen

Der Inhalt einer Tabellenzelle kann eine weitere Tabelle sein. Man spricht dann von verschachtelten Tabellen. Dabei können Sie so viele Tabellen in eine Zelle einfügen, wie Sie möchten. Die eingefügten Tabellen können wiederum weitere Tabellen enthalten.

■ Klicken Sie in die Zelle, in die Sie eine weitere Tabelle einfügen möchten. Arbeiten Sie wie in Kapitel 9.1 beschrieben. Dabei spielt es keine Rolle, ob Sie sich im Standard- oder im erweiterten Modus befinden.

Wie erwähnt befindet sich in jeder neuen Zelle automatisch ein geschütztes Leerzeichen. Dieses wird beim Einfügen eines Inhaltes entfernt.

In Abbildung 9.8 sehen Sie zwei verschachtelte Tabellen im erweiterten Tabellenmodus. Dabei ist die eingebundene Tabelle markiert.

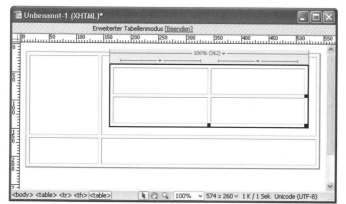

Abb. 9.8:
Verschachtelte
Tabellen

9.5   Neue Inhalte einfügen

In eine Tabelle können Sie Texte, Bilder oder andere Objekte einbauen. Dabei können Sie sowohl im Standard- als auch im erweiterten Modus arbeiten.

1. Klicken Sie in die Zelle, in die Sie Inhalte einfügen möchten.

2. Geben Sie wie gewohnt den Text ein. Platzieren Sie Bilder oder andere Elemente in den entsprechenden Zellen.

In unserem Beispiel sind die Inhalte bereits auf der Seite integriert. Verschieben Sie die einzelnen Texte in die entsprechenden Zellen.

Drücken Sie die ⇥-Taste, um in die nächste Zelle zu springen. Mit ⇧ + ⇥ gelangen Sie in die vorhergehende Zelle. Sie können dafür auch die Pfeiltasten benutzen.

Die Zeilenhöhe passt sich automatisch dem jeweiligen Zelleninhalt an. Um diesen Effekt zu verdeutlichen, wurde die in Abbildung 9.9 gezeigte Tabelle auf 60 % verkleinert (vgl. Kapitel 9.7.2).

Die Preise in der rechte Spalte sind zentriert angeordnet, wobei das €-Zeichen unschön in die nächste Zeile rutschen kann. Wie Sie Inhalte ausrichten und Umbrüche verhindern, erfahren Sie in Kapitel 9.7.8 und 9.7.10. Objekte, die in Zellen eingefügt wurden, können beliebig formatiert werden.

Abb. 9.9:
Unformatierte
Speisekarte

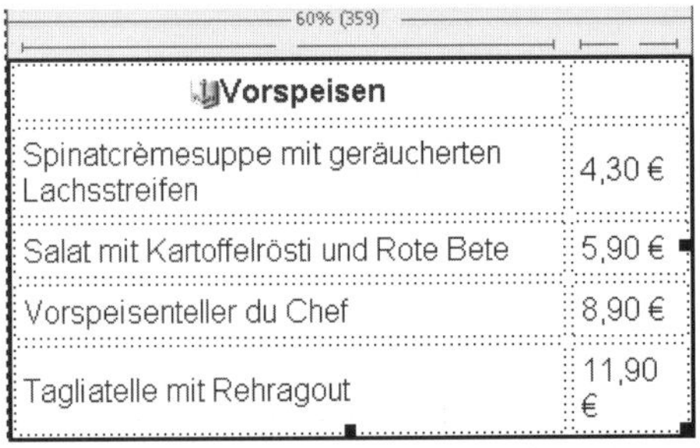

🍴Vorspeisen	
Spinatcrèmesuppe mit geräucherten Lachsstreifen	4,30 €
Salat mit Kartoffelrösti und Rote Bete	5,90 €
Vorspeisenteller du Chef	8,90 €
Tagliatelle mit Rehragout	11,90 €

9.6 Bestehende Tabellendaten importieren

Daten aus anderen Anwendungen sind schnell in Dreamweaver eingefügt und weiterbearbeitet. Während Sie (als Nutzer ab Office 98) direkt eine in Microsoft Excel erstellte *XLS*- bzw. *XLSX*-Datei importieren können, müssen Dateien aus anderen Anwendungen so abgespeichert werden, dass die Daten durch Kommata, Tabs, Semikolons oder andere Zeichen voneinander getrennt sind. Beispielsweise erfüllen *TXT*- und *CSV*-Dateien diese Anforderung.

 Zur Übung erstellen Sie eine neue, leere Webseite, auf der das Restaurant seine Weinkarte präsentieren möchte. Speichern Sie diese Datei als *weinkarte.htm* ab. Das Beispiel finden Sie auf der CD-ROM im Verzeichnis *kap09*.

So importieren Sie eine Excel-Datei:

1. Wählen Sie DATEI / IMPORTIEREN / EXCEL-DOKUMENT.

2. Geben Sie im Dialogfenster EXCEL-DOKUMENT IMPORTIEREN die Excel-Datei an, die Sie importieren möchten. Auf der CD-ROM finden Sie hierfür die Datei *weinkarte.xls*.

3. Geben Sie im Menü an, welche FORMATIERUNGEN übernommen werden sollen.

Abb. 9.10:
Excel-Doku-
ment importie-
ren

4. Klicken Sie auf die Schaltfläche ÖFFNEN. Die Daten werden nun importiert, was je nach Datenmenge etwas dauern kann.

Dreamweaver importiert die Daten automatisch in eine Tabelle. Dabei kann es jedoch passieren, dass die Daten nicht vollständig importiert werden oder durcheinander geraten. Überprüfen Sie auf jeden Fall das Ergebnis, insbesondere Umlaute und Sonderzeichen!

Jahrgang	Sorte/Beschreibung	Menge[l]	Preis[€]
2008	Pinot Blanc	0,75	7,45
2008	Villa Tabernus, Cuvée rot	0,75	6,90
2008	Burg Ravensburg	0,75	4,70
2008	Regent trocken	0,75	4,50
2008	Spätburgunder trocken	0,75	4,60
2008	Riesling	0,75	3,80
2008	Gewürztraminer, Spätlese trocken	0,75	6,20
2008	Pinot Blanc	0,75	7,45
2008	Villa Tabernus, Cuvée rot	0,75	8,90
2008	Silvaner, Kabinett trocken	0,75	3,90
2007	Rivaner, Kabinett trocken	0,75	3,30
2007	Spätburgunder Weißherbst, halbtrocken	1,00	3,70
2007	Spätburgunder, Spätlese trocken	0,75	7,50
2007	Spätburgunder, Spätlese, im Barrique gereift	0,75	12,00
2006	Dornfelder, trocken	0,75	4,50
2006	Regent, trocken	0,75	4,50
2005	Portugieser Rosé, trocken	1,00	3,50
2005	Portugieser, trocken	0,75	4,50

Abb. 9.11:
Die importierte
Weinkarte

Bei MS-Office-Versionen bis 97 müssen Sie eine TXT- oder CSV-Datei in Excel abspeichern und diese dann mit DATEI / IMPORTIEREN / TABELLENDATEN in Dreamweaver importieren. Manchmal ist dies auch bei neueren Versionen sinnvoll.

Importieren Sie andere Tabellendaten ...

1. ... indem Sie in der Menüleiste DATEI / IMPORTIEREN / TABELLENDATEN wählen. Das Dialogfenster TABELLENDATEN IMPORTIEREN erscheint.

Abb. 9.12:
Tabellendaten
importieren

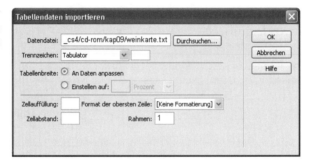

2. Geben Sie in das Feld DATENDATEI das Verzeichnis und den Namen der Datei an, die Sie einfügen möchten. Benutzen Sie die Schaltfläche DURCHSUCHEN, um die Datei auf Ihrem Computer zu suchen.

3. Legen Sie das TRENNZEICHEN fest, das im importierenden Dokument verwendet wird. Wenn Sie statt *Tabulator* (standardmäßig eingestellt) im Menü *Andere* wählen, geben Sie rechts neben dem Menü das in Ihrer Datei verwendete Trennzeichen in das Textfeld ein.

4. Nehmen Sie unter Umständen weitere Formatierungen vor – wie etwa die Bestimmung von ZELLAUFFÜLLUNG und ZELLABSTAND.

5. Klicken Sie auf OK, damit Dreamweaver die Daten importiert.

Überprüfen Sie auch diese Daten auf Fehler. Beispielsweise werden manchmal Umlaute nicht wiedergegeben.

 Haben Sie eine in Fireworks erstellte HTML-Tabelle in Dreamweaver geöffnet, können Sie diese im externen Programm bearbeiten. Markieren Sie die Tabelle (vgl. Kapitel 9.7.1), ist die entsprechende Quelle im unteren Bereich des Bedienfelds EIGENSCHAFTEN eingetragen. Zum Bearbeiten klicken Sie auf [Fw] links daneben.

9.7   Tabellen bearbeiten

Im Bedienfeld EIGENSCHAFTEN ändern Sie das Aussehen sowohl der gesamten Tabelle als auch von ausgewählten Zellen. In diesem Kapitel verändern wir die Struktur vorhandener Tabellen, fügen neue Zellen hinzu oder entfernen nicht mehr benötigte. Zudem erfahren Sie, wie Sie benachbarte Zellen miteinander verbinden.

9.7.1   Tabellen und Zellen auswählen

Bevor Sie den Aufbau der Tabelle bearbeiten können, müssen Sie das entsprechende Element markieren. Der Inspektor zeigt dann wie üblich die entsprechenden Attribute.

▨ Eine komplette **Tabelle** markieren Sie, indem Sie den Cursor in eine Zelle setzen und anschließend in der Menüleiste MODIFIZIEREN / TABELLE / TABELLE AUS-WÄHLEN bestimmen.

Diesen Befehl finden Sie auch im Kontextmenü, das Sie mit einem rechten Mausklick öffnen.

Auch wenn Sie den Tabellenrahmen mit der linken Maustaste anklicken, markieren Sie die gesamte Tabelle. Doch Achtung: Sobald Sie an dem Rahmen ziehen, verändern Sie dabei auch die Größe der Zellen!

Alternativ wählen Sie im Tabellenrahmen-Menü den Befehl TABELLE AUSWÄH-LEN. Das Tabellenrahmen-Menü wird angezeigt, sobald Sie den Mauszeiger in die Tabelle setzen.

Abb. 9.13:
Tabelle im
Tabellen-
rahmen-Menü
auswählen

▨ Platzieren Sie den Mauszeiger über eine **Spalte**, verändert sich dieser zu einem Pfeil. Gleichzeitig werden Zellen dieser Spalte durch einen roten Rahmen hervorgehoben. Sie können diese Zellen nun durch einen Mausklick auswählen. Alternativ wählen Sie Spalte auswählen im Tabellenrahmen-Menü (Abbildung 9.15).

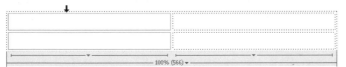

Abb. 9.14:
Spalte
markieren

Abb. 9.15:
Spalte im
Tabellen-
rahmen-Menü
auswählen

Eine **Zeile** markieren Sie mit einem Mausklick am linken Tabellenrand.

Abb. 9.16:
Zeile markieren

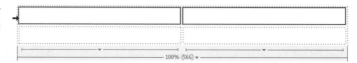

Klicken Sie mit gedrückter ⟨Strg⟩-Taste in eine **Tabellenzelle**, ist diese aus-gewählt. Auf diese Weise markieren Sie auch mehrere Zellen einer Tabelle, die nicht nebeneinander liegen. Eine einzelne Zelle ist bereits markiert, wenn Sie den Mauszeiger darin platzieren.

`<table> <tr> <td>` ▨ Fortgeschrittene Anwender markieren eine Tabelle im Tag-Selektor über das angezeigte `table`-Element. Eine Zeile wählen Sie über das `tr`-Tag aus und eine Zelle mit einem Klick auf `<td>`. Aufgrund der Codestruktur können Spal-ten hier nicht markiert werden.

 Platzieren Sie die Einfügemarke in eine Zelle und drücken Sie dann die Tas-tenkombination ⟨Strg⟩ + ⟨A⟩. Dabei wird zunächst die entsprechende Zelle ausgewählt. Drücken Sie erneut diese Tastenkombination, markieren Sie die Tabelle.

Haben Sie eine Tabelle ausgewählt (Abbildung 9.17), zeigt der Inspektor andere Attribute und Funktionen an als bei einer Spalte, Zeile oder einer markierten Zelle (Abbildung 9.18). Dabei zeigt der Inspektor die entsprechenden Zelle-nattribute sowohl im Modus HTML als auch in der Ansicht CSS im unteren Be-reich an. Im Bereich darüber strukturieren und formatieren Sie Text bzw. Zellen-inhalte wie gewohnt.

An der Zuweisen-Schaltfläche links erkennen Sie, welchen ausgewählten Teil der Tabelle Sie nun bearbeiten können. Die Bezeichnung des markierten Objekts steht daneben.

Abb. 9.17:
Eigenschaften
einer markier-
ten Tabelle

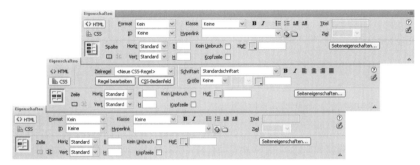

9.7.2 Tabellen- und Zellenbreite festlegen

Haben Sie keine Größen angegeben, wächst die Zellen- bzw. Tabellengröße automatisch mit dem Zelleninhalt. Damit Ihr Layout richtig umgesetzt wird, sollten Sie die gewünschte Breite angeben. Dabei können Sie sowohl im Standard- als auch im erweiterten Tabellenmodus arbeiten.

Theoretisch können Sie die Tabellenhöhe mit dem `height`-Attribut definieren. Diese Angabe gehört jedoch nicht zu offiziellen HTML-Standard. Mit CSS können Sie die Höhe ebenfalls festlegen. Da User jedoch unterschiedliche Schriftgrößen im Browser einstellen können, ist hiervon abzuraten. Während sich die Tabelle bei einer großen Schriftgröße anpasst, kann es bei kleineren Zeichen zu ungewollten Lücken kommen. Mit dem Button ZEILENHÖHEN LÖSCHEN im Eigenschafteninspektor entfernen Sie alle Höhenangaben aus der Tabelle (vgl. folgenden Abschnitt). Darum sollten Sie auch die Zeilenhöhe nur im Ausnahmefall angeben (vgl. Seite 273).

Die Tabellengröße ändern

Die Speisekarte unseres Restaurants besteht aus einer 100 % breiten Tabelle. Diesen Wert können Sie folgendermaßen ändern (vgl. Abbildung 9.9):

1. Markieren Sie die Tabelle, deren Größe Sie ändern möchten.

2. Geben Sie den gewünschten Wert für die Breite in das Feld B des Eigenschafteninspektors ein. Dabei kann es sich um eine feste Pixelgröße oder um einen prozentualen Wert handeln. Stellen Sie dies im Menü dahinter ein.

3. Bestätigen Sie mit ⏎ oder klicken Sie auf die ZUWEISEN-Schaltfläche.

Ist ein Bild größer als die definierte Zellgröße oder darf ein langes Wort nicht umbrochen werden, ändert sich die definierte Pixel-Größe einer Tabelle. Achten Sie auf die im Dokumentfenster angezeigte tatsächliche Tabellenbreite in der Klammer des Tabellenrahmen-Menüs.

Das Bedienfeld EIGENSCHAFTEN enthält Schaltflächen, mit denen Sie schnell die Größe einer Tabelle ändern bzw. vorhandene Breiten- oder Höhenangaben entfernen.

SPALTENBREITEN LÖSCHEN

TABELLENBREITE IN PIXEL KONVERTIEREN

TABELLENBREITE IN PROZENT KONVERTIEREN

ZEILENHÖHEN LÖSCHEN

Achten Sie dabei auf die Größe des Dokumentfensters bzw. auf den im Tabellenrahmen-Menü angegebenen Pixelwert in der Klammer, wenn Sie eine prozentuale Tabellenbreite in einen Pixelwert umwandeln .

Die Addition der einzelnen Spaltenbreiten sollte die Tabellenbreite ergeben. Stimmen diese Werte nicht überein, müssen Sie die Spaltenbreiten anpassen. Hierbei ist es oft einfacher, wenn Sie zuvor alle Breiten mit dem Button löschen.

Aktivieren Sie Raster und Lineal unter ANSICHT in der Menüleiste, können Sie Breitenangaben besser einschätzen, wenn Sie noch nicht mit der Pixeleinheit vertraut sind.

Breiten und Höhen von Spalten bzw. Zellen ändern

Ändern Sie im Entwurfsfenster die Breite einer Zelle, passen Sie automatisch die der gesamten Spalte an. Auch die Zeilen- bzw. Zellenhöhe ist hier schnell geändert:

1. Bewegen Sie die Maus über eine vertikale Begrenzungslinie der Zelle oder Spalte, deren Breite Sie ändern wollen. Der Mauszeiger wird zu einem Doppelpfeil.

   Fahren Sie mit der Maus über einen horizontale Begrenzungslinie, um die Zeilenhöhe zu bearbeiten.

2. Schieben Sie mit gedrückter linker Maustaste die Begrenzungslinie an die neue Position.

   Dabei zeigt das Tabellenrahmen-Menü die aktuelle Spaltenbreite als Pixelwert an. In Abbildung 9.19 wird die erste Spalte größer, die zweite dagegen kleiner. Bestimmt ein Prozentwert die gesamte Tabellenbreite, wird diese Einheit automatisch auch für die Spaltenbreiten angewendet. Das Tabellenrahmen-Menü zeigt diesen Wert erst an, wenn Sie die Maustaste loslassen.

Abb. 9.19:
Spaltenbreite
ändern

Ist Ihnen das zu ungenau, verwenden Sie das Bedienfeld EIGENSCHAFTEN.

1. Markieren Sie die zu ändernde Spalte oder klicken Sie in die obere Zelle hinein. Möchten Sie die Zeilenhöhe bearbeiten, markieren die entsprechenden Zellen.

2. Geben den neuen Wert in das entsprechende Feld des Eigenschafteninspektors ein.

    Pixelwerte werden ohne Maßeinheit geschrieben, während Sie bei relativen Werten das Prozentzeichen (%) direkt hinter den Wert eingeben müssen.

Haben Sie zuvor die Spaltenbreite im Entwurfsfenster geändert, zeigt der Inspektor entsprechende Werte nur an, wenn Sie den Mauszeiger in die entsprechende (Kopf-)Zelle am Tabellenanfang platzieren. Die Breitenangabe wird nur über den Eigenschafteninspektor jeder einzelnen Zelle zugewiesen.

3. Bestätigen Sie mit ⏎ oder klicken Sie auf die ZUWEISEN-Schaltfläche.

Abb. 9.20:
Breite und
Höhe im
Bedienfeld
EIGENSCHAFTEN

Im Bedienfeld EIGENSCHAFTEN geben Sie auch die Breite einer einzelnen Zelle an. Fehlt ein entsprechender Wert in den Zellen darüber oder darunter, gilt er automatisch für die gesamte Spalte. Sind unterschiedliche Breiten untereinander angeordneten Zellen zugewiesen, setzen Browser den größten Wert um. Achten Sie auf einen sauberen Quelltext und entfernen Sie nicht benötigte Breiten,…

▪ …indem Sie die Tabelle markieren und im Bedienfeld EIGENSCHAFTEN auf den Button SPALTENBREITEN LÖSCHEN 🗒 klicken.

▪ Möchten Sie nur die Breitenangaben für die Zellen einer bestimmten Spalte löschen, wählen Sie im entsprechenden Tabellenrahmen-Menü SPALTENBREITE LÖSCHEN.

Ist in einer prozentual angelegten Tabelle eine Spalte mit einer festen Pixelbreite enthalten, sollten Sie die Breite in einer Spalte entfernen. Damit passen sich diese Spalte und damit die Tabelle dem zur Verfügung stehenden Platz an.

Die auf der CD-ROM gespeicherte Speisekarte (*speisen.htm*) im Verzeichnis *kap09* enthält mehrere untereinander angeordnete Tabellen. Haben auch Sie *Vorspeisen, Hauptgerichte* und *Desserts* jeweils in einer separaten Tabelle platziert, passen Sie die unterschiedlichen Spaltenbreiten an. Im gespeicherten Beispiel beträgt die Breite der rechten Spalte 70 Pixel.

9.7.3 Zellen verbinden

Verbinden Sie zwei oder mehrere Zellen miteinander, erstreckt sich der darin platzierte Inhalt über die mehrere Spalten bzw. Zeilen. Beispielsweise kann Sie die jeweilige Kopfzeile (mit dem Kategoriennamen *Vorspeisen* in der Speisekarte) über die gesamte Tabellenbreite erstrecken.

1. Markieren Sie die Zellen, die Sie verbinden möchten.

Abb. 9.21:
Zellen
verbinden

Vorspeisen	70
Spinatcrèmesuppe mit geräucherten Lachsstreifen	4,30 €
Salat mit Kartoffelrösti und Rote Bete	5,90 €
Vorspeisenteller du Chef	8,90 €
Tagliatelle mit Rehragout	11,90 €

2. Klicken Sie im Eigenschafteninspektor auf den Button ▣. Die ausgewählten Zellen werden verbunden. Der darin platzierte Inhalt wird übernommen.

Abb. 9.22:
Verbundene
Zellen

Vorspeisen	70
Spinatcrèmesuppe mit geräucherten Lachsstreifen	4,30 €
Salat mit Kartoffelrösti und Rote Bete	5,90 €
Vorspeisenteller du Chef	8,90 €
Tagliatelle mit Rehragout	11,90 €

9.7.4 Zellen teilen

Sie können jede beliebige Zelle innerhalb einer Tabelle horizontal oder vertikal in mehrere Einzelzellen teilen. Dabei muss es sich um keine verbundene Zelle handeln.

1. Klicken Sie in die Zelle, die Sie teilen möchten.

2. Drücken Sie auf den Button ⚎ im Bedienfeld Eigenschaften.

3. Bestimmen Sie im Dialogfenster, wie Sie die Zelle teilen möchten. Legen Sie die Anzahl der Zeilen bzw. Spalten fest.

4. Bestätigen Sie mit OK. Die Zelle ist nun geteilt. Der Inhalt wird in der linken bzw. oberen Zelle eingefügt.

Abb. 9.23:
Zelle teilen

9.7.5   Zellauffüllung und Zellraum

Die Zellauffüllung und den Zellenabstand (Zellraum) definieren Sie bereits beim Erstellen einer neuen Tabelle. Diese Werte können jederzeit im Bedienfeld EIGENSCHAFTEN geändert werden:

1. Markieren Sie die Tabelle.

2. Tragen Sie die (Pixel-)Werte in die entsprechenden Textfelder des Bedienfelds EIGENSCHAFTEN ein.

Abb. 9.24:
Zellauffüllung
und Zellraum
im Inspektor

3. Bestätigen Sie mit ⏎ oder klicken Sie auf die ZUWEISEN-Schaltfläche ganz links im Bedienfeld.

Wenn Sie keine Werte festlegen, interpretieren nahezu alle modernen Browser und Dreamweaver einen Zellraum von zwei und eine Zellauffüllung von einem Pixel.

9.7.6   Rahmen, Hintergrundfarbe und andere Attribute

Unsichtbare Tabellen legen häufig das Seitenlayout fest. Auch die Speisekarte zeigt keinen Tabellenrahmen. Haben Sie bei der Erstellung die RANDSTÄRKE nicht angegeben oder einen falschen Wert genannt, ändern Sie diesen Tabellenrahmen folgendermaßen:

1. Markieren Sie die Tabelle.

2. Geben Sie im Bedienfeld EIGENSCHAFTEN in das Feld RAHMEN die gewünschte Breite mit einem Pixelwert ein. Die meisten Browser interpretieren den Rahmen als dreidimensionale Linie.

   Damit die Tabelle unsichtbar ist, tragen Sie als Rahmenbreite den Wert *0* ein.

Ist die Tabelle nun auch in Dreamweaver verschwunden, aktivieren Sie in der Menüleiste ANSICHT / VISUELLE HILFSMITTEL / TABELLENRAHMEN. Der gestrichelte Rahmen verdeutlicht dann wieder die Kontur der einzelnen Zellen.

Rahmen können Sie als wichtiges Gestaltungselement einsetzen und mit CSS können Sie deren Aussehen konkret festlegen. Um diese Regeln flexibel einsetzen zu können, definieren wir eine CSS-Klasse mit den gewünschten Attributen:

1. Drücken Sie im Bedienfeld CSS-STILE (FENSTER / CSS-STILE) auf den Button NEUE CSS-REGEL 🔁.

2. Das Dialogfenster NEUE CSS-REGEL kennen Sie bereits (vgl. Kapitel 3.4.2):

   – Als SELEKTOR-TYP wählen Sie die *Klasse*.

   – Der SELEKTOR-NAME beginnt mit einem Punkt, gefolgt von weiteren Zeichen (keine Sonderzeichen). Geben Sie beispielsweise *.rahmen* ein.

Selektor-Name:

Wählen Sie einen Namen

   .rahmen

   – Unter REGEL-DEFINITION bestimmen Sie den Speicherort. Im Feld darunter tragen Sie den gewünschten Namen ein.

3. Drücken Sie auf OK, öffnet Dreamweaver die CSS-REGEL-DEFINITION.

4. Wechseln Sie hier in die Kategorie RAHMEN.

5. Geben Sie die gewünschten Attribute an. Ausführliche Informationen hierzu finden Sie in Kapitel 4.7.3.

Abb. 9.25:
CSS-Regel-
Definition

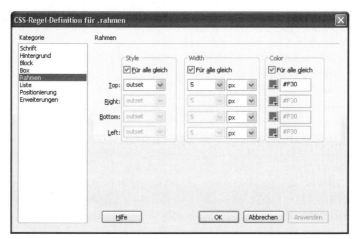

6. Definieren Sie ggf. weitere Eigenschaften in den anderen Kategorien des Dialogfensters, wie etwa die HINTERGRUND-Farbe.

7. Bestätigen Sie mit OK.

8. Jetzt weisen Sie die CSS-Regel dem gewünschten Seitenelement zu. Dabei können Sie den Rahmen entweder auf die komplette Tabelle oder auf ausgewählte Zellen anwenden. Markieren Sie das gewünschte Element wie in Kapitel 9.7.1 beschrieben.

9. Wählen Sie die Klasse *.rahmen* im Menü KLASSE des Bedienfelds EIGENSCHAFTEN aus.

Haben Sie eine Zelle markiert, finden Sie dieses Menü im Modus HTML. Im Modus CSS wählen Sie die Klasse im Menü ZIELREGEL aus.

Auch wenn Sie die HTML-Rahmenstärke auf 0 gesetzt haben, wird der mit CSS definierte Rahmen angezeigt. Haben Sie sowohl in HTML als auch in CSS einen Rahmen definiert, überprüfen Sie das Ergebnis in unterschiedlichen Browsern. Verzichten Sie im Zweifelsfall auf den HTML-Rahmen. Die CSS-Klasse können Sie auch einer ausgewählten Tabellenzeile zuweisen. Haben Sie jedoch den HTML-Rahmen ausgeblendet, wird dieser nicht anzeigt. Dagegen werden andere Attribute, wie etwa die Hintergrundfarbe, dargestellt.

| Zelle 1 | Zelle 2 |
| Zelle 3 | Zelle 4 |

Abb. 9.26:
Auf Tabelle an-
gewendete
Klasse

| Zelle 1 | Zelle 2 |
| Zelle 3 | Zelle 4 |

Abb. 9.27:
Auf Zellen an-
gewendete
Klasse

Diese CSS-Klasse können Sie nun auch auf andere Elemente anwenden, wie beispielsweise Bilder oder Absätze bzw. das p-Element (Abbildung 9.28).

Auf diesen Absatz ist die gleiche Klasse (.rahmen) angewendet.

Abb. 9.28:
Klassen sind
universell ein-
setzbar

Auf der CD-ROM finden Sie im Verzeichnis *kap09* die Datei *hintergrund-bild.jpg*. Definieren Sie zur Übung eine CSS-Regel für die Tabelle(n) der Speisekarte. Verwenden Sie den Tag-Selektor nur, wenn Sie das Bild für alle Tabellen einsetzen möchten. Ansonsten definieren Sie eine Klasse oder einen ID-Selektor für eine bestimmte Tabelle. Das Ergebnis finden Sie in der Datei *speisen.htm*.

9.7.7 Hintergrundfarbe mit HTML bestimmen

Im vorherigen Abschnitt haben Sie gesehen, dass mit dem Rahmen gleichzeitig weitere Attribute festgelegt werden können. Ist Ihnen die separate Definition einer CSS-Regel zu umständlich, können Sie die Hintergrundfarbe für ausgewählte Zellen, Zeilen oder Spalten auch mit HTML festlegen

1. Markieren Sie die Zellen, die Sie einfärben möchten.

2. Klicken Sie im unteren Teil des erweiterten Bedienfelds EIGENSCHAFTEN auf den Farbwähler HGF und wählen Sie die gewünschte Farbe aus. Alternativ tragen Sie den Farbwert in das Feld ein.

Bestimmt CSS die Hintergrundfarbe oder das Hintergrundbild für die gesamte Tabelle, setzen Sie diese Formatierung für einzelne Zellen im Inspektor außer Kraft.

9.7.8 Tabelle und Zelleninhalte ausrichten

Die komplette Tabelle können Sie in Relation zum übergeordneten Element bzw. dem Browserrand auf der Webseite ausrichten. Hierzu markieren Sie diese und wählen dann im Menü AUSRICHTEN des Eigenschafteninspektors die gewünschte Option: LINKS, ZENTRIERT oder RECHTS. Machen Sie keine Angabe, richtet Dreamweaver Ihre Tabelle am linken Rand aus. Bei einer 100%-breiten Tabelle ist diese Angabe sinnlos.

Den Inhalt von Zellen richten Sie im Bedienfeld EIGENSCHAFTEN horizontal oder vertikal aus:

1. Markieren Sie die Zellen, deren Inhalte Sie vertikal oder horizontal ausrichten möchten.

2. Wählen Sie aus dem Menü (HORIZ) für die horizontale Ausrichtung *Links*, *Zentriert* oder *Rechts*.

Abb. 9.29:
Zelleninhalt
ausrichten

Alternativ definieren Sie im Modus CSS des Inspektors ein Stylesheet für die (horizontale) Absatzausrichtung mit den entsprechenden Button ≡ ≡ ≡ ≡ (vgl. Kapitel 3.4.2).

3. Um den Inhalt einer Zelle vertikal auszurichten, klicken Sie auf das entsprechende Menü (VERT).

9.7.9 Eine Kopfzeile definieren

In der Kopfzeile geben Sie der Tabelle einen Titel und beschreiben den Inhalt der Tabelle (z. B. *Vorspeisen, Hauptgerichte, Desserts*). Die meisten Browser stellen den Text in einer Kopfzeile fett und zentriert dar. Häufig ist die erste Tabellenzeile als Kopfzeile definiert. Auch die linke Randspalte kann als Kopfzeile angelegt werden. Mit CSS realisieren Sie ein einheitliches bzw. individuelles Erscheinungsbild.

Abb. 9.30:
Kopfzeile
definieren

1. Markieren Sie die Zellen, die Sie als Kopfzeile definieren möchten.

2. Aktivieren Sie im Inspektor das Kontrollkästchen KOPFZEILE.

Damit alle Kopfzeilen einheitlich mit CSS definiert werden, erstellen Sie ein Stylesheet für das th-Tag. Anschließend definieren Sie das gewünschte Erscheinungsbild in der CSS-Regel-Definition. Auf der CD-ROM ist das in der Datei *speisen.htm* bzw. im angehängten Stylesheet *format.css* (*kap09*) umgesetzt. Alternativ formatieren Sie den Text-Inhalt der entsprechenden Zellen wie in Kapitel 3.4.2 beschrieben.

9.7.10 Kein Umbruch

Normalerweise wird der Text umgebrochen und damit der Zellenbreite angepasst. Mit der Option KEIN UMBRUCH schalten Sie diese Funktion aus.

1. Markieren Sie die Zelle, Spalte oder Zeile, in der kein Umbruch stattfinden soll.

2. Aktivieren Sie das Kontrollkästchen KEIN UMBRUCH im Bedienfeld EIGENSCHAFTEN.

Zur Dokumentation habe ich wieder die bekannte Tabelle auf 60 % verkleinert und für die linke Zelle unter der Kopfzeile die Option KEIN UMBRUCH eingestellt (Abbildung 9.31 rechts). Wie Sie im Tabellenrahmen-Menü erkennen, werden Spaltenbreiten anschließend ignoriert und versucht, die gesamte Tabellenbreite weitgehend zu erhalten. Dies führt zu einem unschönen Zeilenumbruch in der Preisspalte. Darum sollten Sie für solche Spalten den automatischen Umbruch ausschalten. Verzichten Sie ggf. auf diese Option für die Spalte links davon, um nicht das gesamte Seitenlayout zu zerstören.

Abb. 9.31:
Das Abschalten
des Umbruches
führt oft zu Um-
brüchen in an-
deren Spalten.

Vorspeisen	
Spinatcrèmesuppe mit geräucherten Lachsstreifen	4,30 €
Salat mit Kartoffelrösti und Rote Bete	5,90 €
Vorspeisenteller du Chef	8,90 €
Tagliatelle mit Rehragout	11,90 €

Vorspeisen	
Spinatcrèmesuppe mit geräucherten Lachsstreifen	4,30 €
Salat mit Kartoffelrösti und Rote Bete	5,90 €
Vorspeisenteller du Chef	8,90 €
Tagliatelle mit Rehragout	11,90 €

9.7.11 Zellen hinzufügen und entfernen

Beim Erstellen einer neuen Tabelle legen Sie die Anzahl der Zellen häufig nur grob fest. Stellt sich später heraus, dass Sie weitere oder weniger Spalten bzw. Zeilen benötigen, ist das kein Problem:

1. Markieren Sie die Tabelle. Im Bedienfeld EIGENSCHAFTEN lesen Sie nun die Anzahl der Zeilen und Spalten ab.

Abb. 9.32:
Tabellengröße

2. Um die Anzahl der Zeilen zu ändern, geben Sie einen neuen Wert in das Feld ZEILEN ein.

3. Die Anzahl der SPALTEN ändern Sie im Feld darunter.

4. Bestätigen Sie mit ⏎ oder klicken Sie auf die ZUWEISEN-Schaltfläche am linken Bedienfeldrand.

Dreamweaver fügt die Zeilen unten an die Tabelle an, Spalten kommen rechts hinzu. Analog dazu werden Zellen entfernt. Hierin platzierter Inhalt geht dabei verloren.

Zeilen und Spalten an einer bestimmten Stelle einfügen

Zeilen oder Spalten können Sie auch innerhalb der Tabelle an einer bestimmten Stelle einfügen.

1. Klicken Sie in die Zelle, neben der die Sie neue Zeilen oder Spalten einfügen möchten.

2. Wählen Sie nun in der Menüleiste MODIFIZIEREN / TABELLE / ZEILEN ODER SPALTEN EIN-FÜGEN.

3. Bestimmen Sie im Dialogfenster, ob Dreamweaver weitere ZEILEN oder SPALTEN in die Tabelle einfügen soll.

   Geben Sie im Feld darunter die ANZAHL an.

Die neuen Zellen können OBER- ODER UNTERHALB der Markierung eingefügt werden.

Abb. 9.33: Neue Zellen einfügen.

4. Klicken Sie auf OK.

Öffnen Sie das Kontextmenü mit einem rechten Mausklick in die Tabelle. Hier finden Sie sämtliche Befehle aus der Menüleiste. Alternativ können Sie die Buttons in der Kategorie LAYOUT des Bedienfelds EINFÜGEN verwenden (Abbildung 9.34).

Abb. 9.34: Zellen über das EINFÜGEN-Fenster integrieren.

Zellen innerhalb der Tabelle löschen

Einzelne Zellen können Sie nur durch Verbinden aus der Tabelle »entfernen« (vgl. Kapitel 9.7.3). Komplette Zeilen oder Spalten entfernen Sie folgendermaßen:

1. Markieren Sie die Zeile(n) oder Spalte(n), die Sie löschen wollen oder klicken Sie in eine entsprechende Zelle.

2. Wählen Sie in der Menüleiste MODIFIZIEREN / TABELLE / ZEILE LÖSCHEN bzw. MODIFIZIEREN / TABELLE / SPALTE LÖSCHEN. Dreamweaver entfernt die nicht mehr benötigten Zellen. Darin platzierte Inhalte gehen verloren.

9.8   Tabellendaten sortieren

Umfangreiche Tabellen werden schnell unübersichtlich. Sortieren Sie die Daten in einer bestimmten Reihenfolge, finden sich User besser zurecht. Dabei funktioniert der Sortier-Befehl nur in Tabellen, die keine verbundenen Zellen enthalten. Bevor Sie also loslegen, müssen Sie solche Zellen zuerst teilen (vgl. Kapitel 9.7.4).

1. Platzieren Sie den Mauszeiger in der Tabelle, die Sie sortieren möchten.

2. Wählen Sie BEFEHLE / TABELLE SORTIEREN.

Abb. 9.35:
Tabelle
sortieren

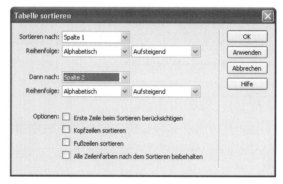

3. Bestimmen Sie im oberen Menü die Spalte, die Dreamweaver zuerst sortieren soll. Darunter legen Sie die gewünschten Sortierkriterien fest. Bestimmen Sie eine *alphabetische* oder *numerische* REIHENFOLGE in *ab- oder aufsteigender* Abfolge.

    In den Menüs darunter legen Sie eine weitere Spalte fest, die nach der ersten entsprechend sortiert wird.

    Standardmäßig werden Kopf- und Fußzeilen beim Sortieren nicht berücksichtigt. Mit den Optionen darunter ändern Sie dies. Hier können Sie auch festlegen, dass Zeilenfarben nicht an den Inhalt gebunden sind und ihre Position beibehalten.

4. Drücken Sie auf Anwenden, sehen Sie eine Vorschau im Entwurfsfenster. Sind Sie mit dem Ergebnis zufrieden, bestätigen Sie mit OK.

Überprüfen Sie das Ergebnis. Möchten Sie beispielsweise die Speisekarte nach der Preisspalte sortieren, erkennt Dreamweaver nicht den gesamten Betrag, sondern sortiert nach einzelnen Ziffern. Damit ist der Wert 11 kleiner als der Wert 8.

9.9 Kleine Erfolgskontrolle

28. Was ist der Unterschied zwischen Zellraum und Zellauffüllung?

a) Den Zellraum bestimmen Breite und Höhe einer Zelle. Die Zellauffüllung ist die Rahmenstärke.

b) Während der Zellraum den Abstand zwischen den Zellen beschreibt, bezieht sich die Zellauffüllung auf den Abstand des Zelleninhaltes zum Rahmen.

c) Zellraum beschreibt den Abstand zwischen Tabellen, wobei die Zellauffüllung den Abstand zum Rest der Seite definiert.

29. Was ist der Unterschied zwischen dem Standard- und dem erweiterten Tabellenmodus?

a) Im Standardmodus kann man nur mit Text arbeiten. Im erweiterten Tabellenmodus werden Bilder gezeichnet.

b) Im Standardmodus erscheint die Seite wie im Webbrowser. Im erweiterten Tabellenmodus werden Umrisse und Abstände in der Tabelle betont, weshalb die Darstellung nur bedingt mit der Browserdarstellung vergleichbar ist.

c) Nur im erweiterten Tabellenmodus können Zelleninhalte formatiert werden.

30. Der Hintergrund einer Zelle ist im HTML-Modus des Inspektors grün eingefärbt. Außerdem ist ein Hintergrundbild für die Tabelle mit CSS bestimmt. Zusätzlich sind alle Zellen gelb eingefärbt. Auf welchem Hintergrund steht denn jetzt der Text in der Zelle?

a) Auf dem Hintergrundbild der Tabelle

b) Auf Gelb

c) Auf Grün

Formulare für Feedback

Über Formulare können Besucher Ihrer Site ein Feedback abgeben, einen Tisch im Restaurant bestellen, im Online-Shop einkaufen, sich für bestimmte Veranstaltungen anmelden oder einfach nur eine Frage an Sie stellen. Mit Formularen machen Sie Ihre Website interaktiv. In diesem Kapitel erfahren Sie, wie Sie Formulare mit unterschiedlichen Formularelementen erstellen. Dabei erweitern wir unsere Beispielwebsite um eine Seite für die Tischreservierung.

Sie lernen in diesem Kapitel

- Formular erstellen
- Formularelemente einsetzen
- Formulare verarbeiten und Daten versenden.

10.1   Vorbereitung: Dokument anlegen

Ist die Speisekarte aus dem letzten Workshop noch offen? Prima, dann speichern Sie diese zunächst unter dem Dateinamen *speisen.htm* im Verzeichnis *speisen*.

1. Anschließend sichern Sie diese noch als *reservieren.htm* im Verzeichnis *reservieren*. Dabei überschreiben Sie die in Kapitel 7.4 angelegte leere Datei. In dieses Dokument erstellen wir auf den nächsten Seiten das Formular für die Tischreservierung im Restaurant. Bestätigen Sie die beiden Dialogfenster mit JA.

Abb. 10.1:
Datei über-
schreiben und
Links aktuali-
sieren

2. Entfernen Sie hierfür die Speisekarte und ändern Sie die Überschrift in *Reservierung*.

3. Anschließend passen Sie die Navigationsleiste wie in Kapitel 8.8.2 beschrieben an.

4. Zudem entfernen Sie die Klasse `.highlight` für das a-Element des Buttons *Speisekarte*, indem Sie dieses markieren und dann im HTML-Modus des Bedienfelds EIGENSCHAFTEN im Menü KLASSE die Option *Keine* wählen (Abbildung 10.2). Das Ergebnis sehen Sie dann in Abbildung 10.3.

Abb. 10.2:
Doppelte
Markierung
entfernen

Seite mit vorhandenem Stylesheet verknüpfen:

Selbstverständlich können Sie auch mit einem neuen Dokument arbeiten. Dies ist jedoch nur sinnvoll, wenn Sie die Container eines vordefinierten CSS-Layouts weitgehend beibehalten haben und keine weiteren Boxen hinzugekommen sind. Ansonsten wäre der Arbeitsaufwand wesentlich größer, da Sie erneut alle Container anlegen müssten. Im Folgenden verknüpfen wir ein neues Dokument mit einem bereits vorhandenen Stylesheet, so dass auf entsprechende Seitenelemente die gleichen Design-Regeln wie auf anderen, bereits vorhandenen Seiten angewendet werden.

1. Wählen Sie DATEI / NEU oder drücken Sie auf den Button NEU 🗋 in der Symbolleiste STANDARD.

2. Bestimmen Sie SEITENTYP und LAYOUT. Diese sollten mit denen der bereits vorhandenen Seiten übereinstimmen.

3. Wählen Sie im Menü CSS-LAYOUT *Verknüpfen mit bestehender Datei*.

Abb. 10.4:
Dokument an-
legen und mit
Stylesheet ver-
knüpfen

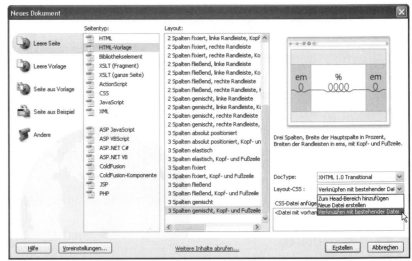

Abb. 10.4:
Dokument an-
legen und mit
Stylesheet ver-
knüpfen

4. Anschließend drücken Sie auf und wählen die gewünschte Stylesheet-Datei im Dialogfenster unter DATEI/URL aus.

Abb. 10.5:
Stylesheet
anfügen

5. Unter MEDIEN können Sie das Anzeigemedium bestimmen. Für die Bildschirm-darstellung wählen Sie *screen*.

6. Bestätigen Sie mit OK und klicken Sie dann auf ERSTELLEN. Die CSS-Regeln werden automatisch auf die neue Seite angewendet.

Wenn Sie das angehängte Stylesheet bearbeiten, wirken sich Änderungen auf alle Webseiten aus, die mit dieser CSS-Datei verbunden sind.

10.2   Ein Formular erstellen

Ein Formular können Sie sowohl in eine bestehende Webseite integrieren als auch in ein leeres HTML-Dokument einfügen.

1. Setzen Sie den Cursor an die Stelle im Dokument, an der das Formular beginnen soll. Dies wäre in unserem Beispiel unter der Überschrift *Reservierung*.

2. Öffnen Sie im Bedienfeld Einfügen (Fenster / Einfügen) die Kategorie Formulare. Hier sind alle Formularelemente aufgelistet (vgl. Kapitel 10.3).

3. Klicken Sie auf den Button Formular ▣. Den entsprechenden Befehl finden Sie in der Menüleiste unter Einfügen / Formular / Formular. Dreamweaver fügt das Formular ins Dokument ein.

Im Entwurfsfenster markiert die rote Linie das noch leere Formular. Die einzelnen Elemente fügen wir auf den nächsten Seiten ein. Sollten Sie diese Linie nicht sehen, aktivieren Sie das Kontrollkästchen Formularbegrenzer in der Kategorie Unsichtbare Elemente im Dialogfenster Voreinstellungen (Bearbeiten / Voreinstellungen). Überprüfen Sie auch, ob die unsichtbaren Elemente unter Ansicht / Visuelle Hilfsmittel aktiviert sind.

Wenn Sie in das Formular hineinklicken, erkennen Sie im Tag-Selektor, dass Dreamweaver automatisch die ID form1 für das form-Element vergeben hat. Damit ist das Formular eindeutig identifizierbar. Integrieren Sie auf der Webseite ein weiteres Formular, bei dem die Daten beispielsweise an eine andere Adresse gesendet werden, erhält dieses automatisch die ID mit der nächsten Nummer (form2, form3, etc.).

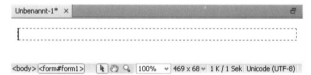

Abb. 10.6: Formularrahmen im Entwurfsfenster

Standardmäßig erstreckt sich ein Formular über die ganze Breite des zur Verfügung stehenden Platzes. Mit Hilfe einer Tabelle oder CSS-Regel schränken Sie dessen Größe ein. Das entsprechende width-Attribut definieren Sie entweder in der Kategorie Box oder unter Positionierung der CSS-Regel-Definition. Außerdem strukturieren Sie damit Ihr Formular.

Ist das Formular markiert, können Sie im Bedienfeld Eigenschaften bestimmen, wie und wohin die eingegebenen Daten versendet werden. Weitere Informationen zu diesem Thema erhalten Sie in Kapitel 10.4

10.3   Formularelemente einfügen

Sämtliche Formularelemente, wie beispielsweise Textfelder, Kontrollkästchen, Optionsschalter oder Schaltflächen, finden Sie in der Kategorie FORMULARE des Bedienfelds EINFÜGEN. Diese fügen Sie folgendermaßen in ein Formular ein:

1. Klicken Sie innerhalb des roten Formular-Rahmens an die Stelle, an der Sie das Element einfügen möchten.

2. Drücken Sie im EINFÜGEN-Fenster auf das Formularelement, das Sie einfügen möchten. Alle Formularelemente finden Sie auch in der Menüleiste unter EINFÜGEN / FORMULAR.

Formularelemente können Sie auch in Ihre Seite einfügen, ohne dass Sie zuvor ein Formular angelegt haben. In einem Meldefenster fragt Dreamweaver, ob das form-Tag in den Quelltext eingefügt werden soll. Klicken Sie auf JA, damit Sie die benötigten Informationen zum Versenden der Formulardaten definieren können. Da später alle vom User eingetragenen Informationen durch Drücken der entsprechenden Schaltfläche versendet werden sollen, müssen sich alle Formularelemente im gleichen Formular befinden. Wenn Sie zuerst das Formular anlegen, stellen Sie sicher, dass nicht versehentlich mehrere Einzelformulare in der Seite enthalten sind.

Abbildung 10.7 zeigt ein Formular, in das eine Tabelle eingefügt wurde. In dieser Tabelle sind alle möglichen Formularelemente aufgelistet. Die Reihenfolge entspricht der Anordnung in der Kategorie FORMULARE des Bedienfelds EINFÜGEN.

Bei den unterschiedlichen Spry-Elementen handelt es sich um visuelle Java-Script-Effekte, die Benutzereingaben im Browser überprüfen können. Exemplarisch binden wir hier die Spry-Überprüfung für ein Textfeld ein. Ausführliche Informationen zu diesem Thema finden Sie im Kompendium.

Ein Formular kann alle HTML-Elemente (z. B. Texte, Bilder, Absätze, Tabellen) enthalten. Allerdings können Sie kein Formular in ein Formular stellen. Zwei oder mehr getrennte Formulare auf einer Seite sind dagegen zulässig.

Auf den folgenden Seiten erstellen wir das Formular für die Tischreservierung im Restaurant. Dabei können Sie die einzelnen Elemente in einer Tabelle anordnen und damit die Seite strukturieren. Soll auch diese Kontaktseite auf CSS basieren, fügen Sie die einzelnen Elemente zunächst untereinander in einzelne Absätze ein. Das sieht zunächst nicht besonders ansprechend aus. In Kapitel 10.5 definieren wir dann das Stylesheet für Spaltendarstellung und Design.

Abb. 10.7:
Formular-
elemente in der
Live-Ansicht

Abb. 10.8:
Die fertige
Tischreser-
vierung im
Restaurant

233

10.3.1 Textfelder für die Zeichen-Eingabe

Textfelder werden in Formularen häufig eingesetzt. Neben Buchstaben können User auch Zahlen und andere Zeichen, die der Seitenkodierung entsprechen, eintragen. Neben einzeiligen und Textfeldern zur Kennwort-Eingabe gibt es auch mehrzeilige Textfelder. Dabei können Sie den Typ eines vorhandenen Elements schnell im Inspektor ändern.

Einzeilige Textfelder für wenige Zeichen

In unserem Beispiel werden diese einzeiligen Felder für die Angabe der Uhrzeit, der Personenanzahl sowie der Kontaktdaten benötigt.

1. Klicken Sie auf den Button TEXTFELD [□] im Bedienfeld EINFÜGEN.

2. Dreamweaver öffnet die EINGABEHILFEN. Hier tragen Sie wichtige Informationen über das Textfeld für Bildschirmlesegeräte ein.

Abb. 10.9:
Eingabehilfe
für das Textfeld

– Möchten Sie das Formularelement mit einem Stylesheet oder einem Skript gezielt formatieren, geben Sie eine ID an. Auch das `label`-Tag bezieht sich auf diese (s. u.). Lassen Sie dieses Feld leer, vergibt Dreamweaver automatisch einen durchnummerierten Wert. Auf diese Weise können Sie später die empfangenen Informationen eindeutig dem Formularelement zuordnen.

– Unter BESCHRIFTUNG tragen Sie den Namen für das Formularelement ein. Dieser Text ist im Browser sichtbar. Das erste Textfeld soll die gewünschte *Uhrzeit* abfragen.

- Das label-Tag stellt einen logischen Bezug zwischen Beschriftung und Formularelement her. Dabei bestimmen Sie unter Stil wie dieses Tag in den Quelltext eingebunden wird:

    Label-Tag mit 'for'-Attribut anhängen gilt als benutzerfreundlicher als die Option darüber, da der Beschriftungstext in einem Rechteck angezeigt wird und Benutzer auch auf diesen klicken können, um das Formularelement zu aktivieren. Allerdings gibt es Unterschiede zwischen den einzelnen Browsern.

    Da die Uhrzeit jedoch in zwei Textfeldern mit verschiedenen IDs angegeben wird, ist die Beschriftung nicht eindeutig einem Element zuzuordnen. Deshalb wählen Sie hierfür die Option Umbruch mit Label-Tag.

Entwickeln Sie eine Webseite für Menschen, die aufgrund einer Behinderung eine andere Form der Informationsvermittlung benötigen (so genanntes barrierefreies Webdesign), sollten Sie dem Formular bzw. den einzelnen Formularelementen Beschriftungen bzw. Legenden zuweisen. Dieser label-Text wird von den Bildschirmlesegeräten interpretiert. Labels können Sie auch nachträglich einfügen, indem Sie das Formular oder das Element markieren und im Bedienfeld Einfügen auf den Button Bezeichnung 🔤 klicken. Im Anhang sind einige Online-Quellen zum Thema Barrierefreiheit aufgelistet.

- Geben Sie die Position der Beschriftung an. Diese kann vor oder nach dem Formularelement stehen.

- Drückt der User die angegebene Zugriffstaste, wird das Formularelement ausgewählt. Geben Sie beispielsweise *U* an, muss der User im Internet Explorer ⟨Alt⟩ + ⟨U⟩ drücken. Vermeiden Sie gängige Tastaturkürzel für allgemeine Funktionen.

- Unter Reihenfolgenposition geben Sie an, in welcher Abfolge die einzelnen Elemente mit der ⟨⇄⟩-Taste ausgewählt werden können. Diesen Tabulator-Index sollten Sie auch für andere Formularelemente und Hyperlinks in der Webseite bestimmen.

Informationen über Zugriffstaste und Reihenfolgenposition finden Sie auch in Kapitel 8.2.2.

3. Klicken Sie auf OK. Das Formularelement wird eingefügt. Im Code steht hierfür das input-Tag, das übrigens auch für andere Formularelemente verwendet wird.

Benötigt Ihre Webseite Eingabehilfe-Informationen nicht, klicken Sie auf die Schaltfläche Abbrechen. Anschließend geben Sie die Beschriftung in das Dokumentfenster ein.

4. Markieren Sie das Textfeld im Entwurfsfenster und legen Sie die gewünschten Attribute im Bedienfeld EIGENSCHAFTEN fest. Dabei wird die ID links unter TEXTFELD angezeigt:

– ZEICHENBREITE: Geben Sie die Anzahl der sichtbaren Zeichen ein. Möchten Sie eine prozentuale Textfeldbreite bestimmen, platzieren Sie das %-Zeichen direkt hinter dem Wert. Wie Sie die Breite mit CSS festlegen, erfahren Sie in Kapitel 10.5.

– ZEICHEN MAX.: Beschränken Sie die Anzahl der eingebbaren Zeichen, haben Sie eine bessere Kontrolle über die Eingabe des Users. Beispielsweise sollte die Stunde mit höchsten zwei Zeichen angegeben werden.

Abb. 10.10:
Eigenschaften
eines Textfelds

– Geben Sie einen ANFANGSWERT an, erscheint dieser nach dem Laden der Seite in dem Textfeld. Füllt der User das Textfeld aus, soll er gleichzeitig diese Information überschreiben. Allerdings denken viele, sie dürften hier nicht hineinschreiben oder überschreiben diesen Text nicht. Besser, Sie geben eine Erklärung des Textfeldes davor oder dahinter ab.

Die Optionen DEAKTIVIERT und SCHREIBGESCHÜTZT sollten Sie nur in Verbindung mit einem entsprechenden Skript verwenden, da Sie damit die Usereingaben verhindern.

Damit ist das erste Textfeld fertig. Wiederholen Sie die vorherigen Arbeitsschritte zunächst für die Abfrage der Minute. Da diese direkt hinter der Stunde eingetragen wird, benutzen Sie das gleiche `label`-Tag und geben in den Eingabehilfen hierfür KEIN LABEL-TAG an. Für die übrigen Elemente verwenden Sie dann das `for`-Attribut.

Im Inspektor ändern Sie schnell den TYP des Textfeldes. Fragt ein einzeiliges Feld sensible Daten, wie etwa ein Passwort ab, aktivieren Sie den TYP KENNWORT. Dabei erscheinen im Browser Sternchen oder Punkte statt der eingegebenen Zeichen.

Soll der User eine bestimmte Art von Daten in das Feld eintragen, können Sie mit einem Spry-Textfeld diese Eingabe überprüfen. Wie das geht, erfahren Sie in Kapitel 10.3.8.

Mehrzeilige Textfelder für umfangreichen Text

Ein einzeiliges Textfeld wandeln Sie im Bedienfeld EIGENSCHAFTEN unter TYP schnell in ein MEHRZEILIGES TEXTFELD um.

▓ Um direkt ein mehrzeiliges Textfeld anzulegen, klicken Sie im Bedienfeld EINFÜGEN auf den Button TEXTBEREICH 🔲 .

Die Eingabehilfen kennen Sie bereits. In unserem Beispiel wird ein solches Feld für die Übermittlung von Nachrichten benötigt.

Abb. 10.11: Eigenschaften eines mehrzeiligen Textfelds

Im Bedienfeld EIGENSCHAFTEN bestimmt die Anzahl der Zeilen (ANZ. ZEILEN) die Textfeldhöhe. Bei der Dateneingabe wird die Zeile automatisch umbrochen. Scrollbalken werden sichtbar, wenn der User mehr Zeichen eingibt als in die sichtbaren Zeilen passen.

10.3.2   Versteckte Formularfelder für zusätzliche Infos

Versteckte Formularfelder benötigen Sie, wenn Sie neben den Daten, die vom User eingetragen werden, weitere Informationen erhalten möchten. Beispielsweise können Sie mit einem versteckten Feld (und einem Skript) die Bildschirmauflösung ermitteln oder Daten von einer Webseite in eine andere übertragen. Weitere Informationen hierzu finden Sie im Kompendium. Ein verstecktes Formularfeld ist im Browserfenster nicht sichtbar.

1. Klicken Sie auf den Button VERSTECKTES FELD 🖼 im Bedienfeld EINFÜGEN.

   Haben Sie die visuellen Hilfsmittel aktiviert (ANSICHT / VISUELLE HILFSMITTEL / UNSICHTBARE ELEMENTE) sehen Sie im Entwurfsfenster das Symbol VERSTECKTE FORMULARFELDER 🔳 .

2. Geben Sie im Bedienfeld EIGENSCHAFTEN einen eindeutigen Namen für das Feld an. Überschreiben Sie ggf. den englischen Standardnamen *hiddenField*.

3. Geben Sie dahinter den gewünschten WERT ein. Möchten Sie beispielsweise gemeinsam mit den übrigen Formulardaten die URL der Seite übermitteln, geben Sie diese hier ein. Damit behalten Sie auch bei zahlreichen Kontaktformularen den Überblick.

Abb. 10.12: Eigenschaften eines versteckten Felds

Inhalte aus versteckten Feldern werden nur mit dem MIME-Kodierungstyp *multipart / form-data* korrekt übertragen. Weitere Informationen hierzu erhalten Sie in Kapitel 10.4.

10.3.3 Kontrollkästchen für mehrere Angaben

Akademischer Grad:
☐ Prof.
☐ Dr.

Soll der Benutzer mehrere Kriterien auswählen, werden in einem Formular Kontrollkästchen eingesetzt. Im gezeigten Beispiel kann der User damit seinen akademischen Grad präzise angeben.

1. Klicken Sie im Bedienfeld Eɪɴꜰ̈ᴜɢᴇɴ auf den Button Kᴏɴᴛʀᴏʟʟᴋ̈ᴀsᴛᴄʜᴇɴ ☑, wenn Sie ein einzelnes Element einfügen möchten.

   Benötigen Sie dagegen mehrere Kontrollkästchen, wie im gezeigten Beispiel, klicken Sie auf Kᴏɴᴛʀᴏʟʟᴋ̈ᴀsᴛᴄʜᴇɴɢʀᴜᴘᴘᴇ ▣.

2. Das bekannte Dialogfenster für die Eingabehilfe wird nur beim Einfügen eines einzelnen Kontrollkästchens geöffnet. Hinterlegen Sie wie in Kapitel 10.3.1 beschrieben die hier erforderlichen Angaben und klicken Sie dann auf OK. Das Kontrollkästchen wird eingefügt.

   Bei einer Kontrollkästchengruppe erscheinen Eingabehilfen dagegen nicht. Stattdessen wird das Dialogfenster Kᴏɴᴛʀᴏʟʟᴋ̈ᴀsᴛᴄʜᴇɴɢʀᴜᴘᴘᴇ geöffnet, in dem Sie zunächst den Nᴀᴍᴇɴ eingeben.

Abb. 10.13:
Kontrollkäst-
chengruppe
definieren

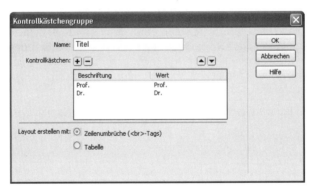

 Alle Kontrollkästchen dieser Gruppe wird der gleiche Name zugewiesen. Damit ein Element daraus eindeutig identifizierbar ist, ist dieser auch Bestandteil der ID, gefolgt von einem Unterstrich mit fortlaufender Nummer.

3. Im Bereich Kᴏɴᴛʀᴏʟʟᴋ̈ᴀsᴛᴄʜᴇɴ überschreiben Sie zunächst die Standard-Bᴇsᴄʜʀɪꜰᴛᴜɴɢ für jedes einzelne Element und geben dahinter dessen Wert an. Dieser wird später per E-Mail übermittelt, wenn der User das Kontrollkästchen aktiviert hat.

   Benötigten Sie weitere Kontrollkästchen, klicken Sie auf ⊞.

Möchten Sie überflüssige Elemente entfernen, markieren Sie diese und klicken dann auf ⊟.

Die Reihenfolge ändern Sie mit den Pfeiltasten. Dabei verschieben Sie ausgewählte Elemente entweder nach oben ⊠ oder nach unten ⊠.

Mit der ⇄-Taste wechseln Sie schnell von einem Feld in das nächste.

4. Die Kontrollkästchen einer Gruppe werden standardmäßig untereinander platziert. Dabei bestimmen entweder ZEILENUMBRÜCHE oder eine TABELLE das LAYOUT.

5. Klicken Sie auf OK. Die Kontrollkästchengruppe wird eingefügt.

Die Beschriftung eines Kontrollkästchens innerhalb der Gruppe wird automatisch mit dem STIL UMBRUCH MIT LABEL-TAG integriert (vgl. Kapitel 10.3.1). Dies können Sie nur manuell im Code ändern.

Sollen die Kontrollkästchen einer Gruppe nebeneinander stehen, entfernen Sie entsprechende Zeilenumbrüche ⊞ oder die Layout-Tabelle.

Damit ein Kontrollkästchen standardmäßig ausgewählt ist, markieren Sie es und aktivieren im Bedienfeld EIGENSCHAFTEN den entsprechenden ANFANGSSTATUS.

Hier können Sie auch nachträglich noch den AKTIVIERTEN WERT des ausgewählten Elements ändern. Dieser Wert wird an den Server bzw. an Sie per E-Mail übermittelt, wenn der User das Kontrollkästchen aktiviert hat und das Formular versendet.

Den Namen eines Elements können Sie im Bedienfeld ganz links unter KONTROLLKÄSTCHEN noch ändern. Dabei sollten alle Elemente einer Gruppe den gleichen Namen haben.

Abb. 10.14: Eigenschaften eines Kontrollkästchens

10.3.4 Optionsschalter für die Auswahl einer Option

Anders als bei den Kontrollkästchen kann innerhalb einer Optionsschaltergruppe immer nur eine vordefinierte Option ausgewählt werden. Beispielsweise kann der User in einer entsprechenden Gruppe die passende Anrede wählen. Markiert er die Anrede *Frau*, hebt er automatisch die Markierung der Option *Herr* auf. Diese **Ja-Nein-Zuweisung** realisieren Sie, indem Sie allen Buttons dieser Gruppe den gleichen Namen zuweisen.

Anrede:
◉ Herr
○ Frau

Unabhängig davon können Optionsschalter mit unterschiedlichen Namen gleichzeitig im Browser ausgewählt werden. Alternativ können Sie hier auch

Kontrollkästchen verwenden. Das ist reine Geschmackssache und Sie entscheiden, ob Sie lieber runde oder eckige Elemente haben möchten.

1. Klicken Sie im Bedienfeld Einfügen auf den Button Optionsschalter ⊙, wenn Sie ein einzelnes Element einfügen möchten.

   Drücken Sie dagegen auf den Button Optionsschaltergruppe ▣, um eine Gruppe von Optionsschalter in die Seite zu integrieren. Diese benötigen wir für die Restaurant-Seite.

2. Füllen Sie das Dialogfenster für die Eingabehilfe aus (vgl. Kapitel 10.3.1) und klicken Sie auf OK. Der Optionsschalter wird eingefügt.

   Bei einer Optionsschaltergruppe erscheinen Eingabehilfen nicht. Stattdessen öffnet Dreamweaver das Dialogfenster Optionsschaltergruppe, in dem Sie zunächst den Namen eingeben.

Abb. 10.15:
Options-
schaltergruppe
definieren

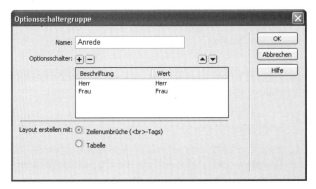

3. Definieren Sie für jeden Optionsschalter eine Beschriftung und einen Wert. Die Beschriftung ist im Browser sichtbar. Den Wert sehen Sie als Information, wenn Sie die Angaben Ihres Besuchers empfangen (z. B. per E-Mail). Überschreiben Sie den bereits vorhandenen Text. Arbeiten Sie analog zum vorherigen Kapitel.

4. Bestätigen Sie mit OK, fügt Dreamweaver die Optionsschaltergruppe ein.

5. Fügen Sie die Beschriftung der Gruppe (*Anrede*) vor das erste Element (*Herr*) ein. Zuvor wechseln Sie in die Code-Ansicht und platzieren die Einfügemarke vor dem label-Tag des ersten Optionsschalters.

6. Damit standardmäßig bereits ein Element aktiviert ist, markieren Sie es und wählen dann im Bedienfeld Eigenschaften den entsprechenden Anfangsstatus. Der User kann diese Markierung durch die Aktivierung eines anderen Optionsschalters aufheben.

Abb. 10.16:
Eigenschaften
eines ausge-
wählten Op-
tionsschalters

Die Gruppe können Sie jederzeit erweitern: Hierzu platzieren Sie die Einfügemarke an der entsprechenden Stelle und drücken dann auf den Button ◉. Anschließend weisen Sie diesem Element im Bedienfeld EIGENSCHAFTEN den gleichen Namen wie den übrigen Gruppenelementen zu.

10.3.5   Auswahllisten und Menüs

Menüs und Listen präsentieren mehrere Auswahlkriterien auf engstem Raum. Während in einem aufgeklappten Menü immer nur eine Auswahl möglich ist, können in Listen mehrere Optionen ausgewählt werden. Die einzelnen Listenpunkte markiert der User dann durch gleichzeitiges Drücken der ⌈Strg⌉ bzw. ⌈⇧⌉-Taste. Dabei kann die Auswahlliste entweder als ein- oder mehrzeiliges Listenfeld angelegt sein.

Für die Tischreservierung im Restaurant benötigen wir drei unterschiedliche Menüs für die Auswahl des gewünschten Besuchsdatums.

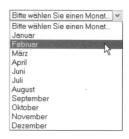

Abb. 10.17:
Liste und Menü
(rechts)

Neben diesen einfachen Auswahlmenüs gibt es noch die so genannten Sprungmenüs, die Navigationselemente enthalten. Damit wählt der User wie bei einem Hyperlink das gewünschte Ziel aus. Im Exkurs erfahren Sie mehr.

Ein einfaches Menü erstellen

Auch wenn Sie eine Liste erstellen möchten, müssen Sie zuerst ein Menü einfügen. Im Inspektor nehmen Sie dann die entsprechenden Änderungen vor.

1. Klicken Sie im Bedienfeld EINFÜGEN auf den Button LISTE/MENÜ ▦.

2. Füllen Sie das Dialogfenster für die Eingabehilfe aus (vgl. Kapitel 10.3.1) und klicken Sie auf OK.

3. Markieren Sie das eingefügte Menü und klicken Sie im Bedienfeld EIGENSCHAFTEN auf den Button ⌈ Listenwerte... ⌉. Das Dialogfenster LISTENWERTE wird geöffnet.

4. Geben Sie an der Stelle des blinkenden Cursors die Beschriftung des ersten Listenelements ein.

   Ordnen Sie dieser ELEMENTBEZEICHNUNG einen WERT zu. Den WERT sehen Sie als Information, wenn Sie das Formular empfangen, das vom User abgeschickt wurde (z. B. per E-Mail).

241

Um weitere Elemente einzugeben, klicken Sie auf den Button ⊞ oder springen schneller mit der ⇄-Taste weiter. Wenn Sie einen Eintrag löschen wollen, markieren Sie diesen und klicken Sie anschließend auf ⊟. Mit ▲ und ▼ ändern Sie die Reihenfolge der Liste.

In unserem Beispiel benötigen wir zunächst ein Menü mit den Tagen eines Monats (1–31).

Abb. 10.18:
Listenwerte
für den Tag

5. Wenn Sie fertig sind, klicken Sie auf OK. Wie Sie weitere Eigenschaften bestimmen, erfahren Sie im nächsten Abschnitt.

6. Wiederholen Sie die vorherigen Arbeitsschritte und erstellen Sie ein weiteres Menü für die Angabe des Monats und ein weiteres für das Jahr.

Menü in Liste umwandeln und Eigenschaften festlegen

Überprüfen Sie die Einstellungen im Bedienfeld Eigenschaften. Abbildung 10.19 zeigt die Einstellungen für das erste Menü, über das Besucher den Tag auswählen können. Analog dazu definieren Sie die Menü-Attribute für Monat und Jahr.

▨ Benötigen Sie statt des Menüs eine Liste, aktivieren Sie den gewünschten Typ.

▨ Soll in der Liste bzw. im Menü bereits ein Eintrag Zuerst ausgewählt sein, markieren Sie diesen im unteren Bereich des Inspektors. Da es sich hierbei um ein häufig ausgewähltes Kriterium handeln sollte, erleichtern Sie dem User die Arbeit. Der Benutzer kann diesen Eintrag selbstverständlich ändern.

▨ Haben Sie eine Liste erstellt, aktivieren Sie das Kontrollkästchen Mehrere zulassen, wenn der User mehrere vorgegebene Einträge auswählen darf.

▨ Legen Sie die Höhe der Liste fest. Dieser Wert gibt an, wie viele Einträge gleichzeitig sichtbar sind.

Abb. 10.19:
Eigenschaften
eines Menüs

Soll der User einen erklärenden Listen- bzw. Menüeintrag nicht auswählen können, geben Sie im Dialogfenster LISTENWERTE den WERT *disabled* ein. Im Quelltext ist damit das <option>-Tag durch das Attribut disabled ergänzt:

```
<option value="disabled " selected="selected">
  Bitte wählen Sie einen Monat...
</option>
```

Exkurs: Sprungmenü mit Verweisen

Klickt der User auf einen bestimmten Eintrag in einem Menü oder in einer Liste, kann ein bestimmtes Dokument geöffnet oder eine E-Mail erstellt werden. Liste und Menü sind hierbei als Sprungmenü angelegt worden und erfüllen damit die gleiche Funktion wie ein Hyperlink. Das dazu notwendige JavaScript erstellt Dreamweaver automatisch.

Zur Verdeutlichung fügen wir unter die in Kapitel 8 erstellte Imagemap ein Sprungmenü mit den gleichen Verweisen ein. In Formularen werden Sprungmenüs nicht eingesetzt, da sie keine Daten übermitteln.

1. Hierzu öffnen Sie bitte die entsprechende Datei *tour.htm* und platzieren die Einfügemarke unter dem Bild.

2. Klicken Sie im Bedienfeld EINFÜGEN auf den Button SPRUNGMENÜ 🖾. Das Dialogfenster SPRUNGMENÜ EINFÜGEN erscheint.

3. Geben Sie in das Feld TEXT die Elementbezeichnung ein (vgl. Kapitel 10.3.5).

4. Anschließend bestimmen Sie den URL, der aufgerufen werden soll (WENN AUSGEWÄHLT, GEHE ZU). Dabei können Sie ein siteinternes Dokument über die Schaltfläche DURCHSUCHEN auswählen.

5. Bestimmen Sie im Menü ÖFFNE URLS IN, in welchem Frame bzw. Browserfenster das Zieldokument geladen werden soll (vgl. Kapitel 8.3). *Hauptfenster* öffnet die Datei im gleichen Fenster. Bei Frames sind hier weitere Optionen möglich.

   Ihre Eingaben übernimmt Dreamweaver automatisch ins Feld MENÜOBJEKTE.

6. Um weitere Elemente einzugeben, klicken Sie auf den Button ➕.

   Wenn Sie einen markierten Eintrag löschen wollen, klicken Sie auf ➖. Mit ▲ und ▼ ändern Sie die Reihenfolge im Menü.

7. Aktivieren Sie die Option SCHALTFLÄCHE 'GEHE ZU' HINTER MENÜ EINFÜGEN, wenn der User den Sprung erst bestätigen muss. Ansonsten wird der Button nicht angezeigt und die Zieldatei wird sofort geladen. Ist eine E-Mail-Adresse angegeben, startet das Mailprogramm.

   Falls Sie eine Aufforderung zur Menüauswahl verwenden möchten (z. B. *Bitte wählen Sie...*), aktivieren Sie das Kontrollkästchen ERSTES OBJEKT NACH URL-ÄNDERUNG AUSWÄHLEN.

8. Klicken Sie auf OK.

Abb. 10.20:
Sprungmenü
definieren

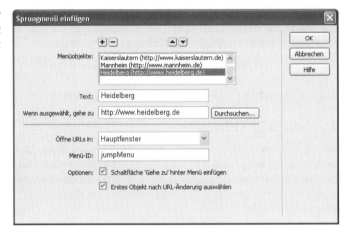

9. Im Bedienfeld EIGENSCHAFTEN definieren Sie nun das Aussehen bzw. den TYP des Sprungmenüs. Wählen Sie zwischen MENÜ und LISTE. (vgl. Kapitel 10.3.5).

 Auf der CD-ROM finden Sie die aktuelle Datei *tour.htm* mit dem Sprungmenü im Verzeichnis zu diesem Kapitel *kap10*.

10.3.6   Dateifeld für die Datenübertragung einfügen

Enthält eine Webseite ein Dateifeld, können User ihre Festplatte nach Dateien durchsuchen und per Datei-Upload an den Server übertragen. Dabei besteht ein Dateifeld aus einem leeren Textfeld, in dem die Datei angegeben wird und einem Button, über den der User diese auswählen kann.

▨ Mit dem Button 🔲 fügen Sie ein Dateifeld in das Entwurfsfenster ein. Auch hier können Sie entsprechende Eingabehilfen definieren.

Abb. 10.21:
Datei für den
Upload aus-
wählen.

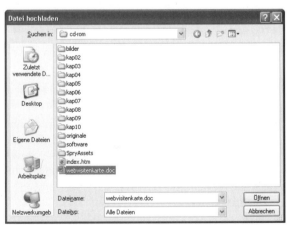

Wegen des Dateifeldes muss die Methode des Formulars (vgl. Kapitel 10.4) auf POST gesetzt werden. Die ausgewählte Datei wird gemeinsam mit den übrigen Formulardaten an die angegebene Adresse verschickt, sobald der User auf die Senden-Schaltfläche klickt (vgl. Kapitel 10.3.9).

10.3.7 Feldgruppen für eine übersichtliche Struktur

Feldgruppen gliedern lange, unübersichtliche Formulare. Dabei liegt ein Rahmen um den ausgewählten Bereich, den Sie mit CSS formatieren können. Darüber befindet sich eine Überschrift, die jedoch nichts mit den in Kapitel 2.6.1 definierten Headlines zu tun hat. Auf der Reservierungsseite kann eine Feldgruppe beispielsweise die persönlichen Daten des Besuchers zusammenfassen.

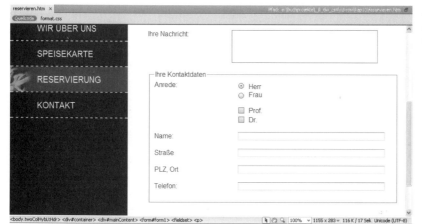

Abb. 10.22:
Feldgruppe für
einen Bereich

1. Markieren Sie den Bereich Ihres Formulars, der umrahmt werden soll. Im gezeigten Beispiel sind das die Anrede, Name und Anschrift sowie Telefonnummer des Restaurant-Kunden.

2. Drücken Sie im Bedienfeld EINFÜGEN auf den Button FELDGRUPPE ⬜ .

3. Geben Sie im Dialogfenster FELDGRUPPE die Beschriftung (ÜBERSCHRIFT) ein (z. B. *Ihre Kontaktdaten*).

Abb. 10.23:
Legende für
den Kontakt-
bereich

4. Klicken Sie auf OK. Die Feldgruppe umfasst nun die zuvor ausgewählten Formularelemente.

Ist das Formular in einer Tabelle platziert, bezieht sich die Feldgruppe stets auf die gesamte Tabelle. Ausgewählten Tabellenzellen können Sie keine Legende zuweisen.

10.3.8 Spry-Überprüfung – Textfeld

Im Bedienfeld EINFÜGEN finden Sie sowohl in der Kategorie FORMULARE als auch unter SPRY zahlreiche Elemente, bei denen die Benutzereingaben im Browser überprüft werden. Exemplarisch fügen wir hier ein Spry-Textfeld in die Tischreservierung ein, bei dem die korrekte Eingabe der E-Mail-Adresse überprüft wird. Macht der User keine oder eine falsche Angabe, erscheint eine entsprechende Meldung im Browserfenster.

1. Platzieren Sie die Einfügemarke an der Stelle, an der Sie das Spry-Element einfügen möchten, und klicken Sie im Bedienfeld EINFÜGEN auf den Button SPRY-ÜBERPRÜFUNG – TEXTFELD .

2. Geben Sie die Informationen in den Eingabehilfen an und bestätigen Sie mit OK. Dreamweaver fügt das Textfeld ein. Dieses besteht aus zwei Teilen:

   – Das blaue Register zeigt Typ und Namen des Elements an. Wenn Sie hierauf klicken, ist das Spry-Textfeld ausgewählt. Das Bedienfeld EIGENSCHAFTEN zeigt die Attribute des Spry-Elements.

   – Markieren Sie stattdessen das Textfeld selbst, zeigt der Inspektor die bekannten Attribute (vgl. Kapitel 10.3.1).

Abb. 10.24:
Spry-Textfeld
im Entwurfs-
fenster
(Zustand:
Anfänglich)

3. Markieren Sie das Spry-Element und definieren Sie die Funktionalität für die Überprüfung der Benutzereingabe im Eigenschafteninspektor: Geben Sie im Menü TYP an, dass eine *E-Mail-Adresse* in das Feld eingegeben werden soll.

4. Standardmäßig wird die Eingabe mit dem Drücken der Senden-Schaltfläche überprüft. Darum ist das Kontrollkästchen ONSUBMIT ausgewählt und geschützt.

   Aktivieren Sie zusätzlich ONBLUR, wird die Eingabe bereits kontrolliert, wenn der Benutzer den Mauszeiger vom aktivierten Textfeld weg bewegt. Eine Dateneingabe ist hierbei nicht erforderlich.

   Mit ONCHANGE wird das Feld dagegen nur überprüft, wenn der Benutzer Inhalt eingetragen oder geändert hat.

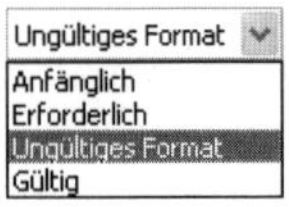

5. Mit dem Menü ZUSTANDSVORSCHAU steuern Sie die interaktive Darstellung der Seite im Entwurfsfenster. Diese hängt später vom Verhalten bzw. von den Eingaben des Benutzers ab:

   – *Anfänglich*: Dieser Status gibt die Seite wie direkt nach dem Aufruf im Browser wieder. Eine Interaktion hat hier noch nicht stattgefunden.

- *Erforderlich*: Will der User das Formular versenden, ohne seine E-Mail-Adresse angegeben zu haben, erscheint die im Entwurfsfenster gezeigte Meldung (*Es muss ein Wert angegeben werden.*). Diese können Sie jetzt ändern. Das Textfeld wird mit einem roten Hintergrund dargestellt.

- *Ungültiges Format*: Der User hat bei dieser Anzeige eine falsche E-Mail-Adresse eingetragen. Auch hier wird das Textfeld rot hervorgehoben.

- *Gültig*: Dieser Status zeigt keinen Text ein. Stattdessen ändert sich die Hintergrundfarbe des Textfelds.

Die Darstellung von Spry-Textfeld und Fehlermeldung sind mit CSS formatiert. Das angehängte Stylesheet können Sie im Bedienfeld CSS-STILE bearbeiten. Am besten arbeiten Sie hier im Modus AKTUELL und stellen im Entwurfsfenster dann die ZUSTANDSVORSCHAU ein, die Sie bearbeiten möchten.

6. Speichern Sie die Datei, öffnet Dreamweaver das Dialogfenster ABHÄNGIGE DATEIEN KOPIEREN. Bestätigen Sie mit OK, werden ein Stylesheet und eine für die Funktionalität erforderliche JavaScript-Datei im Verzeichnis *SpryAssets* gespeichert. Dieses Verzeichnis wird automatisch angelegt.

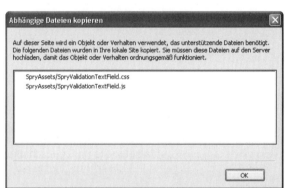

Abb. 10.25:
Abhängige Dateien speichern

Über dem Dokumentfenster wechseln Sie schnell in die eingebundenen, abhängigen Dateien. Dabei handelt es sich um Dokumente, die nur in der Code-Ansicht geöffnet und bearbeitet werden können. Das Stylesheet wird zudem im Bedienfeld CSS-STILE dargestellt.

Abb. 10.26:
Abhängige Dateien im Dokumentfenster

10.3.9   Buttons zum Senden und Löschen der Daten

Damit die Tischreservierung beim Restaurant ankommt, benötigt das Formular noch einen Button zum Verschicke der eingegebenen Daten. In den meisten Formularen finden Sie rechts daneben eine weitere Schaltfläche, mit der Benutzer die eingegebenen Informationen entfernen können. Diese Anordnung sollten Sie nicht ändern. Benutzer haben sich mittlerweile daran gewohnt und Abweichungen von dieser Konvention sorgen eher für Irritation und gelten nicht als benutzerfreundlich.

Schaltflächen können entweder als Text- oder als Bildbuttons definiert sein.

Textbuttons erstellen

Textbuttons basieren ausschließlich auf HMTL. Diese fügen Sie folgendermaßen in die Webseite ein:

1. Platzieren Sie den Cursor an die Stelle Ihres Formulars, an der Sie die Schaltfläche einfügen möchten.

2. Klicken Sie im Bedienfeld EINFÜGEN auf den Button SCHALTFLÄCHE ☐.

3. In den Eingabehilfen genügt die Angabe von ID, Zugriffstaste und Reihenfolgenposition. Die Beschriftung erfolgt über das Bedienfeld EIGENSCHAFTEN. Bestätigen Sie mit OK, fügt Dreamweaver die Schaltfläche in das Dokument ein.

4. Die Beschriftung des Buttons bestimmt der im Eigenschafteninspektor angegebene WERT. Diesen Text können Sie hier ändern.

5. Dahinter geben Sie die Funktion der markierten Schaltfläche an. Zum Versenden der Formulardaten muss die AKTION ABSCHICKEN definiert sein.

   Sollen dagegen Daten entfernt werden, aktivieren Sie die Option ZURÜCKSETZEN. Passen Sie ggf. den Wert (*Zurücksetzen*) entsprechend an.

Abb. 10.27:
Eigenschaften
eines Senden-
und Löschen-
Buttons

Für die Tischreservierung fügen wir zwei Textbuttons ein. Das Ergebnis finden Sie in der Datei *reservieren.htm* im Verzeichnis *kap10*. Das Erscheinungsbild von Textbuttons können Sie mit CSS ändern. Definieren Sie eine Klasse oder einen ID-Stil mit den gewünschten Attributen (vgl. Kapitel 10.5).

Bildbuttons erstellen

Auch eingefügte Grafiken können Sie mit Schaltflächen-Funktionen belegen:

1. Setzen Sie den Cursor in den Formularrahmen Ihres Dokuments.

2. Klicken Sie im Bedienfeld EINFÜGEN auf BILDFELD ⊡ .

3. Bestimmen Sie die Bildquelle und klicken Sie auf OK.

4. Füllen Sie das Dialogfenster für die Eingabehilfe aus (vgl. Kapitel 10.3.1) und klicken Sie auf OK.

Der Bildbutton wird in das Dokument eingefügt. Dabei wird diesem Formularelement die Funktion zugewiesen, die als AKTION für das Formular hinterlegt ist (siehe Kapitel 10.4).

Abb. 10.28:
Eigenschaften
eines Bildfelds

Nicht alle Browser stellen Bild-Schaltflächen richtig dar. Testen Sie Aussehen und Funktion!

Einen Bildbutton *bildfeld.gif* finden Sie eingebunden in der Übersichtsseite *formularelemente.htm* im Kapitelverzeichnis *kap 10* auf der CD-ROM.

10.4 Formulare verarbeiten

Den Inhalt des Formulars haben wir in den letzten Kapiteln festgelegt. Nun müssen wir noch Angaben für die Verarbeitung der Daten hinterlegen. Häufig wird hierzu eine Anwendung geschrieben, die dem Server Anweisungen für die Verarbeitung liefert. Die Daten können aber auch ganz einfach per E-Mail an Sie verschickt werden. Auch für die Tischreservierung wählen wir hier diese Methode.

1. Markieren Sie das Formular, indem Sie entweder auf die rote Linie im Dokumentfenster oder auf \<form\> im Tag-Selektor klicken.

2. Überprüfen Sie den Formularnamen im Bedienfeld EIGENSCHAFTEN und überschreiben Sie ggf. den Standardnamen *form 1*. Wenn die Daten per E-Mail an Sie geschickt werden, wissen Sie auf diese Weise immer, welches Formular der User ausgefüllt hat. Wichtig ist, dass diese ID nur einmal auf der Webseite verwendet wird.

Abb. 10.29:
Formular-
eigenschaften

3. Bestimmen Sie die auszuführende Aktion. Hinterlegen Sie hier Ihre E-Mail-Adresse. Stellen Sie *mailto:* ohne Leerzeichen nach dem Doppelpunkt davor!

4. Bestimmen Sie die auszuführende Methode. Da wir die Daten per E-Mail verschicken, entscheiden wir uns für Post. Diese Methode ist auch bei einem Dateifeld erforderlich (vgl. Kapitel 10.3.6).

■ *GET*: Die Daten werden an die angegebene URL geschickt und dort gespeichert. Ein Skript verarbeitet den Inhalt.

■ *POST*: Die Methode stellt Daten auf dem Server-Rechner bereit. Das Skript interpretiert diese dann wie eine Benutzereingabe, die auf der Kommandozeile vorgenommen wurde. Die Formulardaten werden in die HTTP-Anforderung eingebettet.

5. Verwenden Sie als Kod.-Typ (MIME-Kodierungstyp) die Einstellung *application/x-www-form-urlencoded*.

   Haben Sie jedoch ein Feld zum Übertragen einer Datei erstellt, müssen Sie hier *multipart/form-data* als MIME-Typ angeben.

6. Testen Sie das Formular!

Im Internet Explorer informiert ein Dialogfenster den Nutzer, dass die Daten per E-Mail verschickt werden. Klickt er auf Abbrechen, werden die Daten nicht übermittel.

Abb. 10.30:
Meldung im In-
ternet Explorer

Außerdem werden per E-Mail verschickte Formulardaten häufig in einer separaten Datei im Anhang versendet (**.att*). Diese öffnen Sie in einem einfachen Texteditor. Wundern Sie sich nicht über die Verknüpfungszeichen und die Kodierung von Sonderzeichen und Umlauten.

Abb. 10.31:
Versand der
Formulardaten
in einer
ATT-Datei

Diese Nachricht wurde noch nicht gesendet.	
An...	'mail@susanne-rupp.de'
Cc...	
Betreff:	Formular bereitgestellt von Windows Internet Explorer.
Anfügen...	POSTDATA.ATT (4 KB)

Diese Probleme können Sie nur umgehen, wenn Formulardaten nicht beim User, sondern direkt auf dem Server verarbeitet werden. Hierzu muss auf dem Server ein entsprechendes Skript installiert sein. Klären Sie mit Ihrem Provider, ob Sie darauf Zugriff haben.

Alternativ schreiben Sie in Dreamweaver Ihr eigenes Skript, beispielsweise mit PHP. Allerdings würde dies den Rahmen dieses Buches bei Weitem sprengen. Weitere Informationen erhalten Sie dazu im Kompendium.

Für den User ist eine Bestätigungsseite sehr hilfreich. Er weiß dann, dass das Formular verschickt wurde. Den Aufruf der Seite erledigt ein Skript auf dem Server. Erkundigen Sie sich bei Ihrem Administrator nach den Details. Fortgeschrittene Anwender können diese Seite auch selbst in Dreamweaver erstellen.

10.5   Formulare mit CSS gestalten

Noch stehen alle Formularelemente in den einzelnen Absätzen wirr untereinander. (Zugegeben: Bei einigen vorherigen Abbildungen habe ich Ihnen schon das fertige Ergebnis präsentiert. ;-))

Abb. 10.32: Noch sind die Elemente chaotisch angeordnet.

10.5.1   Spaltenlayout entwickeln

Zunächst realisieren wir das zweispaltige Layout. Hierzu wird die Beschriftung links ausgerichtet und das entsprechende Textfeld in einem bestimmten Abstand daneben platziert:

1. Drücken Sie im Bedienfeld CSS-Stile auf 🖽 und legen Sie die Klasse *.spalte1* in der bereits vorhandenen externen CSS-Datei *format.css* an.

2. In der Kategorie Box der CSS-Regel-Defintion definieren Sie die Breite (WIDTH)der ersten Spalte. Im gezeigten Beispiel wählen Sie *200 Pixel*. Im Menü FLOAT bestimmen Sie mit *left* die linksbündige Ausrichtung.

3. Drücken Sie auf OK.

4. Anschließend weisen Sie die CSS-Klasse der Bezeichnung zu, die mit dem for-Attribut einem Formularelement eindeutig zugewiesen werden kann. Hierzu drücken Sie auf <label> im Tag-Selektor und wählen im Bedienfeld EIGENSCHAFTEN die Klasse .*spalte1* aus. Im HTML-Modus benutzen Sie hierzu das Menü KLASSE, im CSS-Modus das Menü ZIELREGEL.

5. Anschließend definieren Sie eine weitere Klasse (.*spalte2*) für Optionsschalter und Kontrollkästchen, die durch einen Zeilenumbruch nicht in einer Zeile mit der Beschriftung stehen.

6. Auch hier wählen Sie in der Kategorie BOX der CSS-Regel-Definition FLOAT *left*. Den Abstand zur vorherigen Spalte geben Sie mit MARGIN *left* an. Tragen Sie hier den Wert *200 Pixel* ein.

7. Anschließend weisen Sie die Klasse den Formularelementen mit der Bezeichnung *Frau*, *Prof.* und *Dr.* zu.

8. Die Uhrzeit erfassen zwei Textfelder, die ein label-Tag umschließt. Die beiden Klassen führen hier nicht zum gewünschten Ergebnis. Definieren Sie eine neue CSS-Regel für die ID #stunde. In der Kategorie BOX der CSS-Regel-Definition geben Sie den linken Außenabstand (MARGIN *left*) mit 144 Pixel an. Schließen Sie das Dialogfenster, wird die CSS-Regel automatisch auf das Textfeld angewendet.

Wenden Sie dieses Stylesheet auch auf den Optionsschalter mit dem label *Herr* an und verzichten Sie hier auf die Anwendung einer Klasse. Die Abstände passen dann besser.

9. Wenden wir uns jetzt noch dem Datum zu. Auch hier definieren wir eine neue CSS-Regel für das erste Menü mit der ID select1, das den Tag erfasst. Für MARGIN *left* geben Sie 146 Pixel an. Da Browser die Abstände bei Textfeldern und Menüs unterschiedliche darstellen, können Sie hier nicht den gleichen Wert wie in Arbeitsschritt 8 wählen.

Abschließend können Sie noch wie gewohnt Zeilenhöhe bzw. vertikale Abstände bestimmen und den Text oder die Feldgruppe (fieldset) formatieren. Damit in die Textfelder eingegebene Zeichen mit der gleichen Schriftart wie der übrige Text dargestellt werden, definieren Sie eine CSS-Regel für die Elemente input und textarea. In der CSS-Regel-Definition bestimmen Sie die entsprechenden Einstellungen in der Kategorie SCHRIFT.

10.5.2 Breite unterschiedlicher Textfelder anpassen

Stehen ein- und mehrzeilige Textfelder untereinander, sind diese auch bei identischer Zeichenbreite häufig nicht gleich groß. Mit CSS sind prozentuale Breitenangaben möglich, die sich auf die Seitenbreite bzw. auf die Breite des übergeordneten Elements (div-Container, Tabellenzelle, Ebene, u. ä.) beziehen.

1. Erstellen Sie eine neue CSS-Klasse über das Bedienfeld CSS-STILE. Diese nennen wir hier .*textfeld*.

2. In der CSS-Regel-Definition hinterlegen Sie die gewünschte Breite (*350 Pixel*) in die Kategorie Box. Basiert Ihre Seite auf prozentualen Breitenangaben, sollten Sie hier einen geeigneten Prozentwert wählen. Dieser steht in Relation zum übergeordneten Element.

3. Bestätigen Sie mit OK.

4. Nun müssen Sie die neue CSS-Definition noch dem ausgewählten Textfeld zuweisen. Benutzen Sie hierzu wie gewohnt das Bedienfeld EIGENSCHAFTEN.

5. Wiederholen Sie den vorherigen Arbeitsschritt für alle Textfelder in der Webseite.

Mit dieser Klasse können Sie auch den Rahmen der Textfelder verändern und interessante Effekte erzielen. Ausführliche Informationen über CSS-Rahmen finden Sie in Kapitel 4.7.3.

Abb. 10.33:
Das Workshop-
Ergebnis

Die fertige Seite für die Tischreservierung ist auf der CD-ROM unter *reservieren.htm* gespeichert. Darin ist das Stylesheet *format.css* eingebunden.

10.6   Kleine Erfolgskontrolle

24. Ein Formular enthält eine Kontrollkästchen- und eine Optionsschalter-gruppe. In welcher Gruppe können Sie mehrere Elemente auswählen?

   a) In der Kontrollkästchengruppe

   b) In der Optionsschaltergruppe

25. Was ist der Unterschied zwischen einer Liste und einem Menü?

   a) Die Liste muss mindestens drei Auswahlkriterien enthalten.

   b) Bei einer Liste können mehrere Werte ausgewählt werden.

   c) Beim Menü können Sie die Höhe angegeben.

26. Was ist eine Feldgruppe?

   a) Mehrere Optionsschalter, die eine Optionsschaltergruppe bilden.

   b) Begrenzungslinie beim Fußballspiel.

   c) Element zur thematischen Gliederung eines Formulars

27. Welche Aussage ist richtig?

   a) Eine Formularaktion funktioniert nur online.

   b) Mit den einzelnen Formularelementen sind unterschiedliche Formular-aktionen verbunden.

   c) Die Formularaktion beinhaltet die Methode, nach der das Formular ver-arbeitet wird.

AP-Elemente für dreidimensionale Effekte

Mit absolut positionierten div-Containern erzielen Sie durch das Überlagern anderer Elemente dreidimensionale Effekte auf Ihrer Webseite. Diese Container bezeichnet man auch als Layer, Ebenen oder CSS-P-Elemente. Dabei kann eine komplette Webseite darauf basieren. In diesem Workshop lernen Sie also ein anderes Verfahren der Layoutgestaltung kennen, das Sie gut mit den bereits vorhandenen Containern kombinieren können.

Sie lernen in diesem Kapitel

- AP-Elemente erstellen und positionieren
- das Bedienfeld AP-ELEMENTE verwenden
- verschachtelte Ebenen erstellen
- AP-Elemente positionieren und ausrichten
- Elemente übereinander mit dem Z-Index anordnen
- Hintergrund und Sichtbarkeit bestimmen
- Überlauf und Ausschnitt angeben.

11.1 AP-Elemente erstellen und verwalten

Auf den folgenden Seiten erweitern wir die in Kapitel 8 erstellte Imagemap (*tour.htm*). Dabei sollen an geeigneter Stelle Bilder und weitere Informationen über der entsprechenden Region eingeblendet sein. Ebenen können Sie sowohl im Standard- als auch im erweiterten Modus des Entwurfsfensters erstellen.

Sollen sich die Ebenen nicht überlappen, aktivieren Sie in der Menüleiste MODI-FIZIEREN / ANORDNEN / AP-ELEMENTÜBERLAPPUNGEN VERHINDERN. Alternativ aktivieren Sie das Kontrollkästchen im Bedienfeld AP-ELEMENTE (s. u.).

1. Klicken Sie in der Kategorie LAYOUT des Bedienfelds EINFÜGEN auf den Button AP DIV ZEICHNEN ▦.

2. Ziehen Sie mit gedrückter linker Maustaste den Umriss des AP-Elements im Entwurfsfenster auf. Der Cursor verwandelt sich dabei in ein Fadenkreuz.

3. Lassen Sie die Maustaste los. Die Ebene ist erstellt. Das `div`-Element ist mit der ID `apDiv1` in den Quelltext integriert. Die CSS-Regel steht im `head`-Bereich des Dokuments.

4. Wiederholen Sie die Arbeitsschritte, um weitere AP-Elemente zu erstellen. Für diesen Workshop benötigen wir insgesamt drei Ebenen. Dabei wird die gleiche ID mit fortlaufender Nummer vergeben (`apDivX`).

Mittels EINFÜGEN / LAYOUTOBJEKTE / AP DIV können Sie auch Ebenen mit Standard-eigenschaften in die Webseite einfügen. Alternativ ziehen Sie den Button AP DIV ZEICHNEN ▦ mit gedrückter Maustaste aus dem Bedienfeld in das Entwurfsfenster. Die Eigenschaften dieser Standardebene sind in der Kategorie AP-ELEMENTE der VOREINSTELLUNGEN (BEARBEITEN / VOREINSTELLUNGEN) hinterlegt. Die einzelnen Attribute können Sie ändern. Weitere Informationen finden Sie in Kapitel 11.3.

Abb. 11.1:
Voreinstel-
lungen für
AP-Elemente

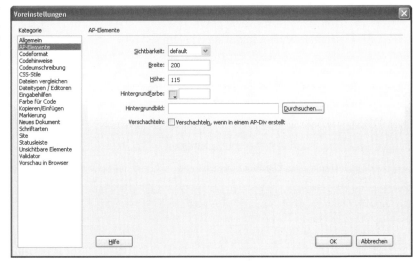

Das unsichtbare Icon zeigt an, dass eine Ebene erstellt wurde. Damit dieser Ankerpunkt sichtbar ist, müssen Sie ANSICHT / VISUELLE HILFSMITTEL / UNSICHTBARE ELEMENTE in der Menüleiste aktiviert haben. Außerdem müssen Sie in der Kategorie UNSICHTBARE ELEMENTE der VOREINSTELLUNGEN (BEARBEITEN / VOREINSTELLUNGEN) das Kontrollkästchen ANKERPUNKTE FÜR AP-ELEMENTE aktivieren.

Wie Sie überflüssige Ebenen entfernen, erfahren Sie in Kapitel 11.3.1.

11.1.1 Das Bedienfeld AP-ELEMENTE

Die einzelnen Ebenen sind im Bedienfeld AP-ELEMENTE aufgelistet. Wenn Sie ein neues AP-Element erstellen, rücken die bereits vorhandenen eine Position in der Liste nach unten. Damit wird der Z-Index, der die Stapelreihenfolge bestimmt, stets um eins erhöht.

Ist das Kontrollkästchen aktiviert, schließen Sie Überlappungen für eine neu zu erstellende Ebene mit bereits vorhandenen aus (vgl. Kapitel 11.1).

▓ Öffnen Sie das Bedienfeld AP-ELEMENTE über FENSTER / AP-ELEMENTE in der Menüleiste oder drücken Sie [F2].

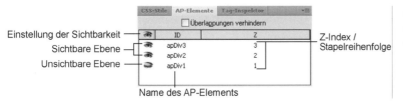

Abb. 11.2: Bedienfeld AP-ELEMENTE

Im Bedienfeld AP-ELEMENTE bestimmen Sie, ob eine Ebene sichtbar (👁) oder zunächst verborgen ist (👁). Hier bestimmen Sie die Reihenfolge bzw. Anordnung einzelner Layer und fassen diese bei Bedarf in Gruppen zusammen.

11.1.2 AP-Elemente gruppieren

Integrieren Sie ein AP-Element in ein anderes, entsteht eine Ebenen-Gruppe. Position und Sichtbarkeit der verschachtelten Ebene sind von der übergeordneten Ebene abhängig. Dabei können untergeordnete Elemente über den Rand der übergeordneten Ebene herausragen und an einer ganz anderen Stelle im Dokument positioniert sein.

So erstellen Sie eine Ebenengruppe:

▓ Eine untergeordnete Ebene erstellen Sie, indem Sie den Button AP DIV ZEICHNEN 🖺 mit gedrückter linker Maustaste Bedienfeld EINFÜGEN in die vorhandene Ebene ziehen.

Abb. 11.3:
Verschachtelte
Ebenen

In Abbildung 11.3 wurden Unterebenen in die Container *apDiv1* und *apDiv2* eingefügt. Die erste Gruppe wird im Bedienfeld vollständig angezeigt. In diesem Beispiel ist die Ebene *apDiv4* als Unterebene angelegt. Dagegen müssen Sie auf das Icon ⊞ neben *apDiv2* klicken, damit die hierin eingebundenen Ebenen aufgelistet werden. Die Darstellung im Entwurfsfenster wird dadurch nicht beeinflusst.

Auch bereits vorhandene Ebenen können Sie nachträglich ineinander verschachteln:

▨ Im Bedienfeld AP-ELEMENTE integrieren Sie eine ausgewählte Ebene in eine andere, indem Sie diese auf den entsprechenden Eintrag der anderen verschieben und dabei die ⌈Strg⌉- (Windows) bzw. ⌈⌘⌉-Taste (Macintosh) drücken. Lassen Sie die Maustaste los, wenn Sie einen Rahmen um den Namen der Zielebene erkennen. In Abbildung 11.4 wird *apDiv3* in *apDiv1* integriert.

Abb. 11.4:
Vorhandene
Ebenen ver-
schachteln

So lösen Sie eine Verschachtelung:

▨ Klicken Sie im Bedienfeld AP-ELEMENTE auf den Namen der Ebene und ziehen Sie diese an die gewünschte Position außerhalb der entsprechenden Gruppe.

Je nachdem, welche Eigenschaften Sie der Ebene zugewiesen haben, kann es passieren, dass sich die Position der Ebene ändert (vgl. Kapitel 11.3).

Wenn Sie statt übereinander gestapelter Layer verschachtelte Ebenen anlegen möchten, aktivieren Sie in den Voreinstellungen (BEARBEITEN / VOREINSTELLUNGEN) in der Kategorie AP-ELEMENTE das Kontrollkästchen VERSCHACHTELN, WENN IN EINEM AP-DIV ERSTELLT. Während des Zeichnens setzen Sie diese Einstellung vorübergehend außer Kraft, wenn Sie die ⌈Alt⌉- (Windows) bzw. ⌈⌥⌉-Taste (Macintosh) drücken.

11.2 Inhalte einfügen

Um Inhalte in eine Ebene einzufügen, klicken Sie im Dokumentfenster in das entsprechende AP-Element. In diesen so aktivierten Layer fügen Sie wie gewohnt Texte, Bilder, Tabellen und andere Seitenelemente ein. Diese Elemente können Sie wie gewohnt formatieren.

Auf der CD-ROM finden Sie für diesen Workshop im Verzeichnis *kap11* unterschiedliche Bilder (*pfalz.jpg, mannheim.jpg, schweigen.jpg*). Bitte fügen Sie jeweils ein Bild und einen erklärenden Text in eine Ebene ein. Dabei ist die Größe des AP-Elements zunächst unerheblich. In Kapitel 11.3.9 bestimmen Sie, wie Browsern zu großen Inhalt darstellen.

Abb. 11.5:
Bilder und Text
in Ebenen über
der Imagemap

11.3 Eigenschaften von AP-Elementen

Position und Größe einer Ebene sind im Entwurfsfenster schnell geändert. Genauere Angaben und weitere Attribute bestimmen Sie in den Bedienfeldern EIGENSCHAFTEN, AP-ELEMENTE und CSS-STILE.

Abb. 11.6:
Eigenschaften
einer ausge-
wählten Ebene

11.3.1 Eine Ebene markieren und entfernen

Bevor Sie ein AP-Element bearbeiten können, müssen Sie es auswählen. Markieren Sie eine Ebene, indem Sie ...

▓ auf den Namen im Bedienfeld AP-ELEMENTE klicken;

▓ auf den Ebenen-Rahmen im Entwurfsfenster klicken;

▓ auf den Markierungsgriff ⊞ einer Ebene klicken;

▓ auf das Ebenen-Icon 📖 klicken (vgl. Kapitel 11.1);

▓ in die Ebene mit gedrückter ⇧ -Taste klicken;

▓ auf das <div>-Element im Tag-Selektor klicken.

Das Bedienfeld EIGENSCHAFTEN zeigt nun die Attribute des ausgewählten AP-Elements an. Dieses wird hier als CSS-P-Element bezeichnet.

Klicken Sie mit gedrückter ⇧ -Taste im Dokumentfenster oder im Bedienfeld AP-ELEMENTE nacheinander in mehrere Ebenen, werden diese gleichzeitig markiert.

Abb. 11.7:
Die mittlere
Ebene ist
ausgewählt.

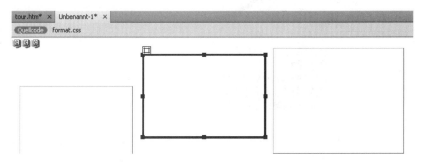

Ebene entfernen Löschen Sie eine ausgewählte Ebene, indem Sie Entf oder ← drücken. Die der ID zugeordneten CSS-Regeln im head-Bereich des Webdokuments werden dadurch nicht entfernt. Bereinigen Sie den Code entweder im Bedienfeld CSS-STILE oder direkt im Quelltext.

11.3.2 ID und CSS-Regel ändern

Dreamweaver vergibt standardmäßig einen ID-Namen mit fortlaufender Nummer (apDiv1, apDiv2, apDivX). Diesen ändern Sie folgendermaßen:

1. Markieren Sie das AP-Element (vgl. vorheriges Kapitel).

2. Überschreiben Sie den Standardnamen im Bedienfeld EIGENSCHAFTEN unter CSS-P-ELEMENT. Benutzen Sie nur alphanumerische Zeichen. Leerzeichen, Schrägstriche und allein stehende Zahlen sind nicht zulässig. Benutzen Sie stattdessen den Binde- oder den Unterstrich.

Mit der ID ändert Dreamweaver auch die dafür erstellte CSS-Regel.

Die ID benötigen wir in Kapitel 12. Hier blenden wir Ebenen mit JavaScript ein und aus. Vergeben Sie aussagekräftige IDs: *mannheim, pfalz, schweigen.*

11.3.3 Der Z-Index für die Stapelreihenfolge

Der Z-Index legt fest, ob eine Ebene über einer anderen platziert oder darunter angeordnet wird. Eine Ebene mit einem höheren Z-Wert liegt über der mit dem niedrigeren. Im Bedienfeld AP-Elemente sind die Z-Werte absteigend sortiert. Die oberste Ebene wird auch im Dokument- bzw. im Browserfenster vor allen anderen angezeigt. In Abbildung 11.8 liegt die Ebene **gruen** mit dem Z-Index 3 über dem AP-Element **rot** mit dem Index 2 und über dem Layer **blau** mit dem Wert 1.

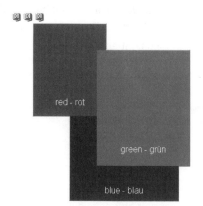

Abb. 11.8: Überlappende AP-Elemente

Gefällt Ihnen die Anordnung der drei sich überlagernden Bild-Ebenen über der Imagemap nicht, ändern Sie deren Stapelreihenfolge:

1. Markieren Sie im Bedienfeld AP-Elemente den entsprechenden Layer.

2. Verschieben Sie die Ebene im Bedienfeld an die neue Position.

3. Der Z-Wert der einzelnen AP-Elemente wird automatisch angepasst und spiegelt damit die neue Reihenfolge wider.

Den Z-Index können Sie auch manuell ändern, indem Sie im Bedienfeld AP-Elemente einmal auf den Z-Index klicken. Dieser wird dann farblich hervorgehoben und Sie können ihn überschreiben.

Auch das Bedienfeld Eigenschaften zeigt den Z-Index an. Ändern Sie ihn hier, werden die Darstellung im Dokumentfenster und der Eintrag im Bedienfeld AP-Elemente automatisch angepasst.

Der Z-Index kann positiv oder negativ sein. Je höher der Wert, desto höher liegt die Ebene an der Spitze des Stapels. Haben mehrere Ebenen den gleichen Z-Wert, wird deren Reihenfolge durch die Ebenendefinition im Quelltext bestimmt. In Listing 11.1 haben beide Ebenen den Z-Index 1. Da der blaue Layer (div id="blau") vor dem roten genannt wird, steht die rote Ebene im Vordergrund.

261

Listing 11.1:
Ebenen mit
gleichem
Z-Index

```
<div id="blau" style="z-index:1;"> </div>
<div id="rot" style="z-index:1;"> </div>
```

11.3.4 Die Größe ändern

Wählen Sie einen Layer im Dokumentfenster aus, erkennen Sie die gleichen Griffe wie bei einem Bild. Hiermit ändern Sie die Größe der Ebene. Wenn Sie an den Eck-Griffen ziehen, passen Sie Höhe und Breite gleichzeitig an.

Das Seitenverhältnis einer Ebene wird beim Ziehen an den Eckgriffen nicht gewahrt!

Wenn Sie im Bedienfeld AP-Elemente das Überlappen von Ebenen ausschließen, können Sie die Größe einer Ebene nur so weit ändern, bis sie an den Rand einer anderen Ebene stößt.

Soll eine Ebene eine konkrete Größe haben, tragen Sie diese Werte in die Felder B (Breite) und H (Höhe) des Bedienfelds Eigenschaften ein. Dreamweaver fügt als Einheit automatisch *px* – für Pixel – dahinter an. Sie können aber auch *pc* (Picas), *pt* (Punkte), *in* (Inches bzw. Zoll), *mm* (Millimeter), *cm* (Zentimeter) oder % (prozentual zur übergeordneten Ebene bzw. zur Seite) angeben. Zwischen Wert und Maßeinheit darf kein Leerzeichen sein.

Breite und Höhe können Sie auch für mehrere AP-Elemente gleichzeitig ändern und diese aneinander anpassen:

1. Markieren Sie nacheinander die Ebenen, indem Sie bei gedrückter ⇧ -Taste in die jeweilige Ebene hineinklicken. Wählen Sie zuletzt das Element aus, dessen Größe die anderen übernehmen sollen! Die Angriffspunkte sind hier blau gefüllt, bei den anderen dagegen weiß.

2. Wählen Sie unter Modifizieren / Anordnen entweder Auf gleiche Breite einstellen oder Auf gleiche Höhe einstellen. Auf diese Weise wurde in Abbildung 11.9 die Höhe des linken Containers auf die beiden rechten übertragen.

Alternativ geben Sie die gewünschte Größe im Bedienfeld Eigenschaften ein. Diese wird dann von allen Ebenen übernommen.

Abb. 11.9:
Container mit
gleichen Höhen

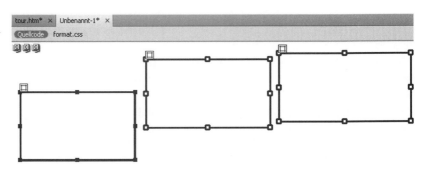

Für unseren Workshop passen Sie jetzt die Ebenengröße dem jeweiligen Inhalt an. Möchten Sie auf diese Arbeit verzichten, definieren Sie einen sichtbaren Überlauf (vgl. Kapitel 11.3.9).

11.3.5   Ebenen positionieren

Eine ausgewählte Ebene können Sie im Entwurfsfenster an jeder beliebigen Stelle platzieren – ganz unabhängig davon, welches Seitenelement (z. B. Imagemap) Sie hier bereits platziert haben.

1. Markieren Sie die Ebene, die Sie verschieben möchten.

2. Schieben Sie die Ebene mit gedrückter linker Maustaste an die gewünschte Position.

   Benutzen Sie die Pfeiltasten, wenn Sie die Ebene pixelweise verschieben möchten.

Möchten Sie eine Ebene über oder unter eine andere schieben, muss im Bedienfeld AP-ELEMENTE das Kontrollkästchen ÜBERLAPPUNGEN VERHINDERN deaktiviert sein.

Alternativ tragen Sie den neuen X- und Y-Wert in die Felder O (oben) und L (links) des Bedienfelds EIGENSCHAFTEN ein.

Die Positionswerte beziehen sich bei verschachtelten Layern auf die übergeordnete Ebene; sonst auf die obere, linke Ecke der gesamten Seite.

Legen Sie keine Einheit fest, interpretiert Dreamweaver die Angabe in Pixel. Um andere Einheiten zu verwenden, müssen Sie neben dem Wert die Maßeinheit angeben (vgl. Kapitel 11.3.4). Zwischen Wert und Einheit darf kein Leerzeichen stehen!

Ist in den SEITENEIGENSCHAFTEN ein Tracing-Bild hinterlegt (vgl. Kapitel 6.2.1), können Sie AP-Elemente besser an der richtigen Stelle platzieren, wenn visuelle Hilfsmittel ausgeschaltet sind. Dabei erleichtern Ihnen Gitternetz und Hilfslinien das genaue Anlegen und Platzieren der AP-Elemente (vgl. folgenden Abschnitt).

Liegen die drei Ebenen mit den eingebundenen Bildern noch nicht an der geeigneten Stelle über der Sitemap, ändern Sie dies jetzt bitte. Auf der CD-ROM finden Sie das Beispiel *tour.htm* in *kap11*. Möchten Sie die Elemente an einer bestimmten Seite zueinander ausrichten, lesen Sie weiter…

11.3.6   AP-Elemente ausrichten

Wenn Sie AP-Elemente in Relation zueinander ausrichten bildet die zuletzt markierte Ebene die Basis für die Ausrichtung der anderen.

1. Markieren Sie zwei oder mehr Ebenen, die Sie zueinander ausrichten möchten.

Linksbündig
Rechtsbündig
Oben ausrichten
Unten ausrichten

2. Wählen Sie die gewünschte Ausrichtung unter MODIFIZIEREN / ANORDNEN (siehe Randspalte).

In Abbildung 11.10 sind alle drei AP-Elemente unten ausgerichtet.

Abb. 11.10:
Unten aus-
gerichtete
AP-Elemente

 Verschieben Sie den übergeordneten Layer von verschachtelten Ebenen, ändern auch die integrierten Ebenen ihre Position.

Am Raster
ausrichten
Im Entwurfsfenster können Sie AP-Elemente am Raster ausrichten (vgl. Kapitel 6.2.1):

1. Wählen Sie ANSICHT / RASTER / RASTEREINSTELLUNGEN.

Abb. 11.11:
Rastereinstel-
lungen

2. Bestimmen Sie die Maßeinheit (ABSTAND) für das Gitternetz. Das Raster wird entweder durch *Linien* oder durch *Punkte* dargestellt. Ändern Sie ggf. diese ANZEIGE.

3. Aktivieren Sie die Kontrollkästchen RASTER ZEIGEN und AM RASTER AUSRICHTEN.

4. Klicken Sie auf OK.

5. Verschieben Sie im Entwurfsfenster die zu positionierende Ebene an die gewünschte Position. Die Ebene springt nun in den nächsten Einrastpunkt.

Haben Sie Hilfslinien erstellt, richten Sie die ausgewählte Ebene daran aus, indem Sie in der Menüleiste Ansicht / Hilfslinien / An Hilfslinien ausrichten aktivieren. Sperren Sie zuvor die Hilfslinien (Ansicht / Hilfslinien / Hilfslinien sperren), damit diese nicht versehentlich verschoben werden.

An Hilfslinien ausrichten

Das Ausrichten an Gitternetz- und Hilfslinien funktioniert auch, wenn diese visuellen Hilfsmittel nicht sichtbar sind. Die Sichtbarkeit steuern Sie über Ansicht / Raster und Ansicht / Hilfslinien.

11.3.7 Hintergrundfarbe und -bild bestimmen

Ist für ein AP-Element kein Hintergrund definiert, erscheint die Ebene transparent. Abhängig von den darunter liegenden Elementen kann dann ein Ebenentext schwer lesbar sein. Dies vermeiden Sie durch eine geeignete Hintergrundfarbe. Sie können auch einem AP-Element ein Hintergrundbild zuweisen:

1. Markieren Sie das AP-Element.

2. Legen Sie die Farbe für den Hintergrund im Bedienfeld Eigenschaften fest (Hg-Farbe). Arbeiten Sie wie in Kapitel 3.3.3 beschrieben.

   Ein Hintergrundbild geben Sie im Feld Hg-Bild des Inspektors an.

Mit CSS-Stilen weisen Sie dem Hintergrundbild weitere Attribute zu und vermeiden beispielsweise den Kacheleffekt:

3. Hierzu wechseln Sie in das Bedienfeld CSS-Stile.

4. Doppelklicken Sie auf das ID-Element, dessen Attribute Sie konkreter bestimmen möchten (z. B. #apDiv1).

5. Definieren Sie die gewünschten Eigenschaften in der Kategorie Hintergrund der CSS-Regel-Definition.

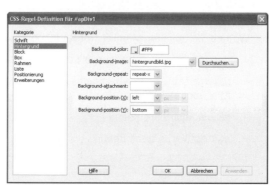

Abb. 11.12: CSS-Regel für ein AP-Element definieren.

11.3.8   Sichtbarkeit einstellen

Gerade bei verschachtelten oder überlappenden Ebenen ist es häufig eine große Hilfe, andere Ebenen zunächst auszublenden. Dadurch können Sie sich auf ausgewählte Ebenen und Seitenelemente konzentrieren und diese zuerst bearbeiten. Soll das AP-Element im Browser sofort sichtbar sein, müssen Sie diese vor dem Speichern wieder einblenden.

Verborgene Ebenen können aber auch erst durch eine bestimmte Aktion des Benutzers angezeigt werden. Beispielsweise wird eine unsichtbare Ebene nach dem Laden der Seite zunächst nicht angezeigt. Erst wenn der Benutzer eine bestimmte Aktion durchführt und etwa auf eine Schaltfläche klickt, wird die verborgene Ebene sichtbar.

 In Kapitel 12 werden wir die über der Imagemap angeordneten AP-Elemente ausblenden und eine JavaScript-Funktion definieren, mit der diese Ebenen sichtbar werden, wenn der User auf einen Hotspot klickt.

Das geschlossene Auge ![Auge] im Bedienfeld AP-ELEMENTE symbolisiert die verborgene Ebene. Das offene Auge ![Auge] steht für eine sichtbare Ebene. Ist kein Symbol vorhanden, übernimmt Dreamweaver die Eigenschaften der übergeordneten Ebene bzw. die Standardeinstellung des Browsers (= sichtbar).

So ändern Sie die Sichtbarkeit einer oder mehrer Ebenen:

▨ Klicken Sie im Bedienfeld AP-ELEMENTE so lange in die linke Spalte neben der entsprechenden Ebene, bis der gewünschte Status erscheint.

▨ Wenn alle Ebenen sichtbar oder verborgen sein sollen, klicken Sie auf das Auge in der darüber liegenden Leiste (Abbildung 11.13).

Abb. 11.13: Sichtbarkeit bestimmen

 ▨ Wählen Sie aus dem Menü SICHTB. im Inspektor eine Option:

   – *default*: Die meisten Browser interpretieren dies als *inherit*.

   – *inherit*: Die Ebene übernimmt die Eigenschaften des übergeordneten AP-Elements.

   – *visible*: Sichtbare Ebene

   – *hidden*: Verborgene Ebene

11.3.9   Überlauf des Inhalts

Im unteren Teil des Eigenschafteninspektors definieren Sie im Menü ÜBERLAUF, wie sich die Ebene verhalten soll, wenn der darin platzierte Inhalt über die Grenzen des Layers hinausgeht. Dieser Bereich kann sichtbar (*visible*), verborgen (*hidden*) oder mit Scrollbalken (*scroll*) einsehbar sein. Soll der Scrollbalken nur dann anzeigt werden, wenn diese erforderlich sind, verwenden Sie die Option *auto*. Wenn Sie keine Angabe machen, wird im Browser der gesamte Inhalt gezeigt.

Dreamweaver stellt Scrollbalken nur in der Live-Ansicht dar. In der Entwurfsansicht wird der zu große Inhaltsbereich stattdessen nicht angezeigt.

▒ Haben Sie die Boxgröße nicht angepasst, sind in unserem Workshop-Beispiel sicherlich einige AP-Elemente kleiner als das darin platzierte Bild mit dem Text. Damit dennoch der komplette Inhalt sichtbar ist, wählen Sie die Option *visible* (vgl. Abbildung 11.14 links).

Abb. 11.14:
Überlauf:
visible, hidden,
scroll (v. l. n. r.)

Hintergrundbild und Hintergrundfarbe werden bei einer zu kleinen Ebene nicht bzw. nicht vollständig dargestellt!

Überprüfen Sie die Darstellung in unterschiedlichen Browsern und Browserversionen. Beispielsweise unterstützen Opera 5 und 6 die Scroll-Option nicht; ältere IE-Versionen setzen das `visible`-Attribut nicht richtig um.

11.3.10   Ausschnitt festlegen

Soll nur ein bestimmter Bereich einer ausgewählten Ebene sichtbar sein, geben Sie dies im unteren Teil des Bedienfelds EIGENSCHAFTEN an:

Tragen Sie Werte für den Beschnitt einer Ebene in die Felder ABSCHN. ein. Hierbei legen Sie die linken (L), oberen (O), rechten (R) und unteren (U) Koordinaten fest. Gemessen wird jeweils von der oberen bzw. der linken Ebenenkante aus (vgl. Abbildung 11.15). Der Koordinatenraum der Ebene definiert also ein Rechteck.

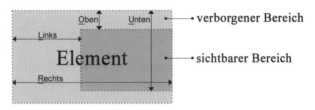

Auch wenn der abgeschnittene Bereich nicht sichtbar ist, wird er nicht entfernt. Abbildung 11.16 zeigt links das Original und rechts die beschnittene Ebene.

Abb. 11.16:
Bereich über
den Code ab-
schneiden
(rechts)

11.4 Ebenen in der CSS-Regel-Definition

Bisher haben wir die meisten Attribute von AP-Elementen entweder direkt im Entwurfsfenster oder in den Bedienfeldern EIGENSCHAFTEN und AP-ELEMENTE festgelegt. Anfänger kommen mit dieser Arbeitsweise in der Regel schnell zum gewünschten Ergebnis.

Alle Eigenschaften finden Sie auch im Dialogfenster CSS-REGEL-DEFINITION, in dem Sie auch weitere Einstellungen angeben können. Beispielsweise haben Sie In Kapitel 11.3.7 bereits Einstellungen für den Hintergrund festgelegt.

AP-Elemente werden standardmäßig mit einem div-Container eingebunden, der mehrere Seiteninhalte aufnimmt. Daneben können Sie jedes Blockelement absolut auf der Webseite positionieren. Überschriften, Absätze oder Bilder werden so an die gewünschte Position gesetzt. Dabei bezieht sich die angegebene Position auf die obere linke Ecke des übergeordneten Elements bzw. der Webseite selbst.

1. Eine vorhandene CSS-Regel bearbeiten Sie, indem Sie zunächst auf deren Namen doppelklicken oder am unteren Fensterrand auf 🖉 drücken.

   Möchten Sie eine neue Regel definieren, drücken Sie auf 🖹 und geben die gewünschten Einstellungen für den Selektor an (vgl. Kapitel 3.4.2).

Abb. 11.17:
CSS-Stile für
eine Ebene

2. Wechseln Sie in die Kategorie POSITIONIERUNG der CSS-Regel-Definition und hinterlegen Sie hier die gewünschten Attribute (Tabelle 11.1). Diese gelten nicht nur für AP-Elemente.

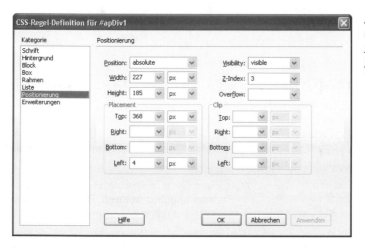

Abb. 11.18:
CSS-Regel-
Definition einer
Ebene

Attribut	Beschreibung	Kapitelverweis
POSITION	Position	Kapitel 11.3.5
WIDTH	Breite	Kapitel 11.3.4
HEIGHT	Höhe	
VISIBILITY	Sichtbarkeit	Kapitel 11.3.8
Z-INDEX	Z-Index, Stapelreihenfolge	Kapitel 11.3.3
OVERFLOW	Überlauf	Kapitel 11.3.9
PLACEMENT: TOP, RIGHT BOTTOM, LEFT	Platzierung, Ausrichtung	Kapitel 11.3.5 und 11.3.6
CLIP: TOP, RIGHT BOTTOM, LEFT	Sichtbaren Ausschnitt bestimmen	Kapitel 11.3.10

Tabelle 11.1:
Positionie-
rungs-Attribu-
te in der CSS-
Regel-Definiti-
on

Entfernen Sie für ein AP-Element im Menü Position die Option *absolute* oder wählen Sie eine andere Positionierungsart, wandeln Sie die Ebene in einen einfachen `div`-Container um. Damit entfernt Dreamweaver den entsprechenden Eintrag aus dem Bedienfeld AP-Elemente, obwohl die CSS-Regel für das ID-Element weiterhin vorhanden ist und angewendet wird. Der entsprechende Eintrag im Bedienfeld CSS-Stile bleibt erhalten. Ausführliche Informationen über weitere Positionierungsarten finden Sie im Kompendium.

Das Seitenlayout der Restaurant-Seiten basiert auf ausgerichteten `float`-Containern, für die keine Position angegeben ist.

Die fertige Seite *tour.htm* mit den AP-Elementen über der Sitemap finden Sie im Verzeichnis *kap11* auf der CD-ROM.

11.5   Kleine Erfolgskontrolle

28. Was ist eine Ebene?

   a) Container für unterschiedliche Seitenelemente

   b) Grafikelement für eine Webseite

   c) Tabelle auf der Webseite

29. Was ist der Z-Index?

   a) Wert, der die Größe eines Elements festlegt

   b) X- / Y-Wert für eine bestimmte Position eines Elements

   c) Wert für die Stapelreihenfolge bzw. die Anordnung einzelner Elemente

30. Was definiert der Überlauf?

   a) Das Aussehen einer Ebene, deren Inhalt größer als die Ebene ist.

   b) Das Scrollen innerhalb der Webseite.

   c) Die Koordinaten für den abgeschnittenen, nicht sichtbaren Bereich einer Ebene.

31. Welche Elemente können Sie absolut positionieren?

   a) Bilder

   b) Tabellen

   c) `div`-Container

   d) Absätze

Verhalten für interaktive Webseiten

In Dreamweaver integrieren Sie schnell und einfach interaktive Elemente in Ihre Webseite. Je nachdem, welche Aktivitäten der User dann im Browser ausführt bzw. welches Ereignis eintritt, werden bestimmte Aktionen auf der Seite ausgeführt. Verantwortlich dafür ist eine JavaScript-Funktion, die Sie in Dreamweaver auch ohne entsprechende Programmierkenntnisse erstellen. Verhaltensweisen können Sie allen Objekten der Webseite, wie z. B. Ebenen, Bildern und Hyperlinks, zuweisen.

JavaScript

Ein solches interaktives Element haben Sie bereits mit dem Spry-Textfeld kennen gelernt (Kapitel 10.3.8). Auch das Sprungmenü basiert auf JavaScript (Kapitel 10.3.5 – Exkurs). In diesem Workshop animieren wir zunächst die in der vorherigen Übung erstellten AP-Elemente. Diese sollen nur angezeigt werden, wenn der User auf den entsprechenden Hotspot klickt. Anschließend integrieren wir diese Webseite über ein Popup-Fenster in die Site.

Sie lernen in diesem Kapitel

- das Bedienfeld VERHALTEN einsetzen
- JavaScript-Funktionen definieren
- verschiedene Ereignisse zuweisen
- AP-Elemente ein- und ausblenden
- das Aussehen eines neuen Browserfensters festlegen.

12.1 Das Bedienfeld VERHALTEN einsetzen

Objekt
+ Ereignis
= Aktion

Mit dem Bedienfeld VERHALTEN im TAG-INSPEKTOR weisen Sie einem bestimmten Ereignis eine konkrete Aktion zu. Dreamweaver stellt Ihnen eine Palette von Verhaltensweisen zur Verfügung und erstellt automatisch die damit verbundenen JavaScript-Befehle. Auch bereits definierte Verhaltensweisen zeigt dieses Bedienfeld zur Bearbeitung an.

▓ Das Bedienfeld VERHALTEN öffnen Sie über FENSTER / VERHALTEN oder drücken Sie ⇧ + F4 .

Abb. 12.1:
Das Bedienfeld
VERHALTEN

Sind einem ausgewählten Element bereits eine oder mehrere Verhaltensweisen zugewiesen, listet das Bedienfeld diese auf. Dabei stehen Ereignisse links und die entsprechenden Aktionen rechts. Die Ereignisse sind alphabetisch angeordnet. Sind mehrere Aktionen einem Ereignis zugeordnet, erscheinen diese in der Reihenfolge, in der sie vom Browser abgearbeitet werden. In der Titelleiste dieses Fensters sehen Sie das ausgewählte HTML-Tag.

Bild-Rollover

In Abbildung 12.1 sind die aufgelisteten Ereignisse und Aktionen mit dem <img>-Tag, also mit einem Bild, verknüpft. Dabei löst der aktuelle Hyperlink-Status (<a>) folgende Aktion aus: Sobald der User die Maus über das verlinkte Bild bewegt (*onMouseOver*), wird das Bild durch ein anderes ausgetauscht. Verlässt der Mauszeiger diesen Bereich wieder (*onMouseOut*), erscheint wieder das ursprüngliche Bild. Solche Bild-Rollover werden häufig in Navigationsleisten eingesetzt. Da nicht alle Browser JavaScript unterstützen und User diese Funktionen deaktivieren können, werden Navigationselemente zunehmend mit CSS realisiert (vgl. Kapitel 8.8.2).

Auch einzelne Grafiken außerhalb einer Navigationsleiste können Sie für Rollover-Effekte verwenden: Wählen Sie EINFÜGEN / GRAFIKOBJEKTE / ROLLOVER-BILD oder drücken Sie auf ROLLOVER-BILD 🖼▾ in der Kategorie ALLGEMEIN des Bedienfelds EINFÜGEN (im BILDER-Menü).

Im folgenden Abschnitt erfahren Sie, wie Sie selbst neue Verhaltsweisen definieren. Im Anschluss daran zeige ich Ihnen, wie einfach Sie vorhandene Ereignisse und Aktionen ändern.

272

12.1.1   Verhalten erstellen: Ebenen ein- / ausblenden

Ein Verhalten weisen Sie entweder dem gesamten Dokument (also dem <body>-Tag) oder einzelnen Seiten-Elementen zu.

In unserer Beispielsseite definieren Sie dieses Verhalten für die einzelnen Hotspots über einem Bild. Klickt der User auf einen entsprechenden Bildbereich, soll das dazugehörende Bild angezeigt werden. Diese Bilder haben wir im letzten Workshop jeweils in ein AP-Element integriert (Abbildung 12.2).

Abb. 12.2:
Diese Bilder
sollen nicht
immer zu
sehen sein.

1. Öffnen Sie die Datei *tour.htm* aus dem letzten Workshop.

2. Markieren Sie das Element in dem Dokumentfenster, dem Sie die Aktion zuweisen möchten. Wenn Sie dem gesamten Dokument ein Verhalten zuweisen möchten, klicken Sie auf **<body>** im Tag-Selektor.

   Wir markieren hier jedoch zunächst den Hotspot für die Pfalz. Dieser ist nun farblich hervorgehoben und die Angriffspunkte sind sichtbar.

3. Klicken Sie im Bedienfeld VERHALTEN auf den Button VERHALTEN HINZUFÜGEN ⊞. Das Aktionen-Menü erscheint (siehe Randspalte).

4. Wählen Sie die gewünschte Aktion aus. Zum Ein- und Ausblenden einer Ebene wählen Sie ELEMENTE ANZEIGEN/AUSBLENDEN. Ein entsprechendes Dialogfenster erscheint.

Im Aktionen-Menü sind nur die Aktionen aktiv und mit einem Mausklick auswählbar, die im aktuellen Dokument auch ausgeführt werden können.

Außerdem sind diese auf bestimmte Zielbrowser abgestimmt. Dieser ist hier im Menü unter EREIGNISSE ZEIGEN FÜR eingestellt. Je älter die Browserversion, umso weniger Verhaltensweisen kann der Browser ausführen.

5. Legen Sie die gewünschten Parameter für die ausgewählte Aktion fest:

   In unserem Beispiel listet das Dialogfenster alle erkannten AP-Elemente auf. Diese habe ich zuvor noch schnell im Eigenschafteninspektor umbenannt, da die Standardnamen *apDiv1* etc. nicht schnell einem bestimmten Element zugeordnet werden können (vgl. Kapitel 11.3.2).

▨ Damit die Ebene *pfalz* eingeblendet wird, markieren Sie das div-Element und klicken dann auf die Schaltfläche EINBLENDEN darunter. Hinter dem Namen steht nun *(Einblenden)*.

▨ Markieren Sie die nächste Ebene (*mannheim*) und drücken Sie auf Ausblenden. Im Browser soll später nur eine Ebene sichtbar sein.

▨ Blenden Sie auch noch die dritte ebene *schweigen* aus.

▨ Die Standardeinstellung für die *Map* müssen Sie nicht ändern. Diese soll von dem Skript nicht erfasst werden.

Abb. 12.3: Element ein- und ausblenden

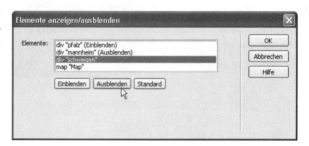

6. Bestätigen Sie mit OK.

7. Wiederholen Sie die Arbeitsschritte 4 bis 6 für die beiden anderen Hotspots, welche die Sichtbarkeit der übrigen Ebenen steuern sollen. Dabei werden stets andere div-Elemente ein- bzw. ausgeblendet.

8. Wechseln Sie jetzt in die Live-Ansicht oder starten Sie die Browservorschau mit F12. Es funktioniert nicht? Richtig! Sie müssen nämlich noch alle Ebenen ausblenden. Diese sollten nach dem Laden der Seite ja noch nicht dargestellt werden.

9. Wechseln Sie wieder in die Entwurfsansicht und öffnen Sie das Bedienfeld AP-ELEMENTE (FENSTER / AP-ELEMENTE oder F2).

10. Blenden Sie im Bedienfeld alle Ebenen aus (vgl. Kapitel 11.3.8).

Abb. 12.4: Alle AP-Elemente ausblenden

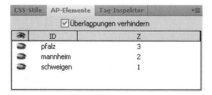

11. Überprüfen Sie nochmals die Funktionalität (Abbildung 12.5).

Abb. 12.5:
Nur ein Element
wird angezeigt.

Das hier gezeigte Beispiel zeigt auch den sinnvollen Einsatz sich überlappender AP-Elemente, da der Platz für das jeweils angezeigte Bild nur einmal benötigt wird.

12.1.2 Ereignisse ändern

Die Sichtbarkeit der AP-Elemente steuern im gezeigten Beispiel Hotspots bzw. Hyperlinks. Diese haben wir aber bereits mit externen Webseiten verknüpft. Wenn Sie auf den entsprechenden Bereich klicken, werden diese URLs immer noch geladen.

Die Ebenen werden dagegen nur angezeigt, wenn Sie den Mauszeiger über den Hotspot bewegen, aber nicht darauf klicken.

Verantwortlich dafür ist das Ereignis onMouseOver. Markieren Sie einen der Hotspots, sehen Sie im Bedienfeld Verhalten, dass dieses Ereignis mit der definierten Aktion verknüpft ist (Abbildung 12.6).

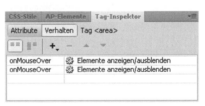

Abb. 12.6:
Ereignisse und
Aktionen für
einen Hotspot

1. Möchten Sie ein anderes Ereignis verwenden, klicken Sie auf den entsprechenden Eintrag im Bedienfeld Verhalten.

2. Anschließend wählen Sie im Menü das gewünschte Ereignis aus (Abbildung 12.7). Diese entsprechen den im Quelltext hinterlegten Attributen. Die wichtigsten erklärt Tabelle 12.1.

Abb. 12.7:
Ereignis
ändern

Einem Ereignis können Sie mehrere Aktionen zuweisen. Um die Reihenfolge der Aktionen zu verändern, markieren Sie diese und klicken Sie dann auf die Pfeiltasten ▲ ▼ im Bedienfeld VERHALTEN. Die Reihenfolge von Aktionen kann nur innerhalb eines Ereignisses verändert werden. Definierte Ereignisse sind immer alphabetisch im Bedienfeld VERHALTEN angeordnet.

Tabelle 12.1:
Beschreibung
zentraler
JavaScript-
Ereignisse

Ereignis	Beschreibung / Auslöser der Aktion
onClick	Der Benutzer klickt auf das Element.
onDblClick	Der Benutzer klickt zweimal hintereinander auf das Objekt.
onFocus	Der Benutzer aktiviert das Objekt (z. B. Textfeld).
onMouseOut	Die Maus verlässt das Element.
onMouseOver	Die Maus befindet sich über dem Element.

12.2 Weitere Anwendungsbeispiele

Auf den folgenden Seiten lernen Sie weitere JavaScript-Funktionen kennen, mit denen Sie die Anzeige und Darstellung von Browserfenstern steuern. Diese Skripte binden wir an geeigneter Stelle in unsere Restaurant-Website ein.

12.2.1 Browserfenster öffnen

Mit JavaScript können Sie Webseiten in einem separaten Browserfenster öffnen und dabei die Größe dieses Fensters festlegen. Zudem können Sie sichtbare und damit einsetzbare Browserelemente, wie Menü- oder Statusleiste, bestimmen.

In diesem Kapitel binden wir nun die Sitemap mit den Rollover-Bildern in die Website ein:

1. Öffnen Sie die Seite *kontakt.htm* in *kap12* auf der CD-ROM. Der Inhalt entspricht weitgehend der online veröffentlichten Webvisitenkarte (Kapitel 4).

2. Markieren Sie das Element, über das der User das neue Fenster öffnen soll. In unserem Beispiel markieren Sie den Text >>> *zur Karte* am unteren Seitenrand.

3. Anschließend definieren Sie im Bedienfeld EIGENSCHAFTEN im Modus HTML einen so genannten Null-Hyperlink, der kein konkretes Zieldokument anspricht. Dieses wird durch das Skript noch bestimmt. Geben Sie `java-script:;` in das Feld HYPERLINK ein.

Abb. 12.8:
Text-Verweis
definieren

4. Wählen Sie BROWSERFENSTER ÖFFNEN im Aktionen-Menü ⊞ des Bedienfelds VER-HALTEN.

5. Bestimmen Sie im Dialogfenster den URL des Zieldokuments. In unserem Beispiel ist das die Seite mit der Karte (*tour.htm*).

6. Bestimmen Sie darunter die Fenstergröße und aktivieren Sie die Attribute, die im Fenster angezeigt werden sollen.

7. Bestätigen Sie mit OK.

8. Überprüfen Sie das mit dem Textlink verknüpfte Ereignis im Bedienfeld VER-HALTEN (*onClick*) und testen Sie Hyperlink und Skript im Browser.

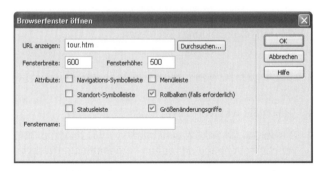

Abb. 12.9:
Attribute des
neuen Brow-
serfensters

277

Abb. 12.10:
Separates
Browser-
Fenster mit
festgelegten
Attributen

Zur Übung erstellen Sie nun ein Popup-Fenster für die in Kapitel 9 erstellte Weinkarte. Diese soll über einen neuen Link in der Speisekarte geöffnet werden. Das Ergebnis *speisen.htm* finden Sie auf der CD-ROM im Verzeichnis *kap12*.

12.2.2   Fenster schließen

window.close()   User können das zusätzlich geöffnete Browserfenster wie gewohnt über das Icon ⊠ rechts oben schließen. Benutzerfreundlicher ist jedoch, wenn Sie einen entsprechenden Hyperlink zusätzlich anbieten:

1. Fügen Sie unter die Weinkarte bzw. und die Sitemap den Text *Fenster schließen* ein und markieren Sie diesen.

2. Im Inspektor geben Sie *javascript:;* in das Feld HYPERLINK ein.

3. Wählen Sie JAVASCRIPT AUFRUFEN im Aktionen-Menü ⊞ des Bedienfelds VERHALTEN.

4. Geben Sie *window.close()* in das Textfeld ein.

5. Bestätigen Sie mit OK und testen Sie das Skript im Browserfenster.

Abb. 12.11:
Fenster
schließen

JavaScript aufrufen	⊠
JavaScript: window.close()	OK
	Abbrechen
	Hilfe

12.2.3   Popup-Fenster erstellen

Ein vordefiniertes Popup-Fenster enthält die von Ihnen festgelegte Text-Information. Dieses Fenster wird geöffnet, sobald ein bestimmtes Ereignis eingetreten ist, beispielsweise direkt nachdem die Webseite geladen worden ist. Erst wenn der User diese Mitteilung mit OK bestätigt, wird das Fenster geschlossen.

Unser Restaurant-Besitzer möchte, dass eine solche Meldung auf eine Vernissage am kommenden Freitag aufmerksam macht.

1. Öffnen Sie die Homepage (*index.htm*) und markieren Sie das body-Element im Tag-Selektor.

2. Wählen Sie Popup-Meldung im Aktionen-Menü ⊞ des Bedienfelds Verhalten.

3. Geben Sie im Dialogfenster den Text ein, der später im Fenster erscheinen soll.

Abb. 12.12:
Text für das
Popup-Fenster
eingeben.

4. Bestätigen Sie mit OK.

5. Überprüfen Sie im Bedienfeld Verhalten das Ereignis, das die Aktion auslöst. Da das Ereignis automatisch eintritt, nachdem die Webseite geladen ist, muss hier *onLoad* stehen.

Einige Browser, wie beispielsweise Firefox, ignorieren die angegebenen Zeilenumbrüche.

Abb. 12.13:
Popup-Fenster
auf der Home-
page

279

12.3   Verhalten entfernen und bearbeiten

Skript entfernen Werden einzelne Verhaltensweisen nicht mehr benötigt, entfernen Sie diese aus dem Bedienfeld VERHALTEN und damit aus dem Code der aktuellen Webseite:

1. Wählen Sie im Dokumentfenster das Objekt aus, dessen Verhaltensweise entfernt werden soll.

2. Markieren Sie im Bedienfeld VERHALTEN die entsprechende Verhaltensweise.

3. Klicken Sie auf den Button ⊟ . Das Ereignis und die damit verbundene Aktion werden aus der Liste entfernt.

Aktionen bearbeiten Wie Sie ein Ereignis und die Reihenfolge von Aktionen verändern, haben Sie bereits in Kapitel Icon HINWEIS erfahren. Ebenso können Aktionen oder deren Parameter verändert und neu bestimmt werden:

1. Doppelklicken Sie auf den Eintrag im Bedienfeld VERHALTEN.

   Oder markieren Sie den Eintrag und drücken Sie dann die ⏎ -Taste.

2. Dann verändern Sie die Parameter im geöffneten Dialogfenster.

Weitere Verhaltensweisen erläutert das Dreamweaver-Kompendium. Hier ist beispielsweise erläutert, wie Sie eine Drucken-Funktion entwickeln und die Webseite mit einem Stylesheet für den Druck optimieren.

Wählen Sie WEITERE VERHALTEN im Aktionen-Menü ➕ des Bedienfelds VERHALTEN. Die Adobe Exchange-Website wird im primären Browser geladen, von der Sie weitere Verhaltensweisen downloaden können.

12.4   Kleine Erfolgskontrolle

32. Was ist ein Ereignis?

   a) Zustand eines Seitenelements

   b) Hyperlink in einem Navigationsbutton

   c) Eine neu erstellte Ebene

33. Ein AP-Element soll eingeblendet werden, wenn der User auf ein anderes Element klickt. Welches Ereignis müssen Sie festlegen?

   a) onFocus

   b) onClick

   c) onMouseOver

34. Je älter der Browser ...

   a) ... desto mehr Verhaltensweisen werden umgesetzt.

   b) ... desto weniger Verhaltensweisen werden umgesetzt.

Abschluss-Workshop

Die Website ist jetzt fast fertig. In diesem abschließenden Workshop sorgen wir für den Feinschliff. Es fehlen noch Informationen für die Seite *Wir über uns*, der Schatten um den Inhaltscontainer und das Impressum mit dem Disclaimer. Möchten Sie die Seite dann noch in mehreren Sprachen anbieten, benötigen Sie noch die entsprechenden Flaggen an geeigneter Position.

Bitte versuchen Sie auf den folgenden Seiten die Aufgabenstellung zunächst selbstständig zu erledigen. Kommen Sie damit nicht zurecht, lesen Sie in der Anleitung nach, wie's geht. Alles, was hier besprochen wird, kennen Sie bereits aus den vorherigen Workshop-Einheiten. Testen Sie Ihr Wissen.

Alle Dateien finden Sie im Verzeichnis *kap13* auf der CD-ROM. Die für Aufgabe 2 benötigten Bilder sind im allgemeinen *bilder*-Verzeichnis gespeichert.

13.1 Aufgabe 1: Inhalte einbinden

Importieren Sie den Inhalt der Datei *wir.doc* in das leere Dokument *wir.htm* aus dem Verzeichnis *kap12*. Integrieren Sie Navigationsleiste und andere Seitenelemente in diese Seite.

Abb. 13.1:
Wir über uns

Lösungsvorschlag:

1. Öffnen Sie eine bereits fertige Webseite (z. B. *speisen.htm*) und speichern Sie diese als *wir.htm*.

2. Entfernen Sie überflüssige Inhalte.

3. Markieren Sie das Navigationselement *Wir über uns* und wählen Sie die Klasse *hightlight* im Bedienfeld EIGENSCHAFTEN. Für das andere, noch hervorgehobene Element wählen Sie hier *Keine*.

4. Platzieren Sie die Einfügemarke an der Stelle, wo der bereits vorhandene Text eingefügt werden soll.

5. Wählen Sie DATEI / IMPORTIEREN / WORD-DOKUMENT, wählen Sie das Dokument *wir.doc* aus und bestätigen Sie mit OK.

6. Formatieren Sie den importierten Text entsprechend den bisherigen Seiten.

7. Speichern Sie die Webseite.

13.2   Aufgabe 2: Schatten im Hintergrund

Im ursprünglichen Layout gibt es noch einen Schatten um den Inhaltsbereich. Durch diesen abgesofteten Rahmen erhält die gesamte Seite eine gewisse Tiefe und gleichzeitig einen Halt. Im Moment ist bei breiten Monitoren die Grenze zwischen Text und rechter Seite fließend. Mit dem Rahmen wirkt die Seite ausgeglichen und harmonisch. Sie benötigen folgende Bilder aus dem allgemeinen *bilder*-Verzeichnis:

▪ *rahmen_oben.gif* ist für das obere horizontale Rahmenteil.

▪ *rahmen_seite.gif* beinhaltet den linken und rechten Rahmen.

▪ *rahmen_unten.gif* ist für das untere horizontale Rahmenteil.

Nur wenn die seitlichen Rahmenteile getrennt von den oberen und unteren Bereichen definiert werden, passt sich der komplette Rahmen dem Inhalt an.

Lösungsvorschlag:

1. Für den **oberen Rahmen** erstellen Sie einen neuen div-Container über der bereits vorhandenen Box, die alle Inhalte annimmt. Die ID lautet rahmen_oben. · **rahmen_oben**

2. Im Hintergrund wird die Grafik *rahmen_oben.gif* angezeigt.

3. Die Box ist genauso hoch wie dieses Bild (*54px*) und 990 Pixel breit. Damit erstreckt sich die Box über den unteren Bereich.

4. Zentrieren Sie diese Box genauso wie den Inhaltscontainer: Geben Sie für Margin Top und Bottom den Wert *0* ein und setzen Sie Right und Left auf *auto*.

5. Verwenden Sie eine *relative* Position, damit die noch einzufügenden Flaggen in dieser Box absolut ausgerichtet werden können (Aufgabe 3).

6. Den **seitlichen Rahmen** definieren Sie in den Seiteneigenschaften: Geben Sie hier das Hintergrundbild *rahmen_seite.gif* an und wiederholen Sie es vertikal (*repeat-y*). · **Seiteneigenschaften**

Bindet Dreamweaver die neue CSS-Regel für das body-Element in den head-Bereich ein, verschieben Sie es in die bereits vorhandene externe CSS-Datei *format.css*. Fassen Sie alle Regeln zusammen, die für das gleiche Element gelten.

Abb. 13.2: Perfekter Übergang zwischen oberem und seitlichem Rahmen

rahmen_unten 7. Für den Rahmen unten benötigen Sie ebenfalls einen neuen div-Container außerhalb der bereits bestehenden. Erstellen Sie die CSS-Regel für die ID rahmen_unten.

8. Geben Sie das Hintergrundbild *rahmen_unten.gif* an. Es soll nicht wiederholt werden (*no-repeat*). Positionieren Sie das Bild links oben in der Box (BACKGROUND-POSITION(X): *center*, BACKGROUND-POSITION(Y): *top*).

9. Die Box muss höher sein als das Hintergrundbild, da ansonsten der seitliche Rahmen darunter wieder angezeigt wird. Ich habe 200 Pixel gewählt.

Abb. 13.3:
Schatten am
unteren Rand

13.3 Aufgabe 3: Flaggen einfügen

Integrieren Sie die beiden Flaggen für die englische und französische Sprachversion über dem Inhaltsbereich. In Ihrem eigentlichen Webauftritt sollten Sie dies nur tun, wenn es tatsächlich die entsprechende Übersetzung gibt. Ansonsten würden diese Flaggen für Verwirrung sorgen.

Lösungsvorschlag:

1. Fügen Sie die beiden Bilder *francais.gif* und *english.gif* in den Container ein. Vergeben Sie hierfür die IDs flagge1 und flagge2.

2. Definieren Sie je ein Stylesheet für diese IDs.

3. Positionieren Sie beide Bilder absolut und legen Sie einen Abstand von 18 Pixel zum oberen Rand fest.

Nur wenn Sie den Container rahmen_oben relativ positionieren (vgl. Aufgabe 2), werden die darin platzierten Elemente richtig ausgerichtet. Ansonsten bezieht sich die absolute Position auf den Seitenrand.

4. Die linke Flagge (hier *francais.gif*) ist *18 Pixel* vom linken Boxrand entfernt platziert, die rechte *56*.

5. Verlinken Sie die einzelnen Buttons Ihrer Site mit der entsprechenden Sprachversion. Darauf verzichten wir in diesem Workshop.

Abb. 13.4:
Die Sprach-
auswahl wird
links oben
angezeigt.

Alle CSS-Regeln sind in der Datei *format.css* in *kap13* auf der CD-ROM ge-speichert und auf die darin enthaltenen Webdokumente angewendet. Diese HTML-Dateien wurden entsprechend ergänzt.

13.4   Aufgabe 4: Impressum und Disclaimer

Das Impressum ist gesetzlich für alle nicht privaten Seiten vorgeschrieben. Auch wenn Sie Bannerwerbung auf Ihre privaten Seite platzieren oder an einem Part-nerprogramm teilnehmen, benötigen Sie ein Impressum.

Es muss einfach zu finden und direkt zugänglich sein. Sie können es unter Kon-takt einbinden oder auf einer separaten Seite veröffentlichen. Zu den erforder-lichen Angaben nach § 5 Telemediengesetz (TMG) zählen:

- Name und Anschrift

- E-Mail, Telefon, Fax

- Bei Kapitalgesellschaften: Höhe und Form des Stammkapitals

- Bei einem Eintrag in das Handels-, Vereins-, Partnerschafts- oder Genossen-schaftsregister geben Sie die Registernummer an.

- Berufe mit staatlich anerkanntem Befähigungsnachweis (Rechtsanwalt, Sachverständige, Ärzte) müssen neben der gesetzlichen Berufsbezeichnung auch den Staat nennen, in dem die Bezeichnung verliehen worden ist. Au-ßerdem ist die zuständige Kammer anzugeben. Ärzte, Notare, Anwälte und andere behördlich zugelassenen Berufe müssen die zuständige Aufsichts-behörde angeben.

- Gelten eine Gebührenordnung oder standesrechtliche Regelungen von Be-rufsgruppen, nennen Sie diese.

- Geben Sie die Umsatzsteuer- (UStId) oder Wirtschaftsidentifikationsnummer an.

Ausführliche Informationen finden Sie im jeweiligen Gesetzestext. Zudem soll-ten Sie eine Datenschutzerklärung abgeben, wenn Sie Formulare einsetzen oder eine Serverstatistik betreiben. Shopbetreiber sollten ihre Allgemeinen Ge-schäftsbedingungen (AGB) veröffentlichen.

Generell dürfen Sie auf allgemein zugängliche Webseiten verlinken. Allerdings können Sie den darauf platzierten Inhalt nicht beeinflussen und aus Zeitgrün-den auch nicht regelmäßig kontrollieren. Daher sollten Sie sich in einem Dis-claimer davon distanzieren. Verweisen Sie auf Unterseiten, kann dies laut der Rechtsprechung in einzelnen Ländern problematisch sein. Bei Verweisen sollte auf der Zielseite stets der Urheber bzw. die Quelle erkennbar sein.

Fragen Sie im Zweifelsfall einen Anwalt um Rat.

- Erstellen Sie Impressum und Disclaimer für das Restaurant auf einer neuen Seite. Verlinken Sie die E-Mail-Adresse.

▨ Verlinken Sie den entsprechenden Text rechts oben auf der Seite darauf. Verwenden Sie benannte Anker. Integrieren Sie auch einen zusätzlichen Link auf der Kontaktseite.

▨ Einen unvollständigen Beispieltext finden Sie auf der CD-ROM in der Datei *impressum_disclaimer.doc*. Diesen können Sie in Ihre Beispielseite importieren. Auf der CD-ROM ist dieser Text dann in der Webseite *impressum_disclaimer.htm* gespeichert.

Abb. 13.5:
Impressum und
Disclaimer

Lösungsvorschlag:

▨ Siehe Aufgabe 1; Das Impressum sollte an oberster Stelle stehen. Ändern Sie die Reihenfolge des Hyperlinks mit der Suchen- und Ersetzen-Funktion.

▨ Wenn Sie die E-Mail-Adresse verlinken, setzen Sie vor die E-Mail-Adresse *mailto:*.

▨ Damit der Textverweis *Impressum | Disclaimer* hervorgehoben wird, definieren Sie eine CSS-Klasse oder fügen Sie folgenden Inline-Stile in das a-Tag ein: `style="color:#F90"`

▨ Können Impressum und Disclaimer ebenfalls über *Kontakt* geöffnet werden, heben Sie dieses Navigationselement mit der Klasse *.hightlight* hervor.

13.5   Aufgabe 5: Titelbilder austauschen

Immer das gleiche Bild, wirkt einfallslos und langweilige. Nutzen Sie die Gelegenheit und präsentieren Sie sich, Ihre Produkte und Dienstleistungen entsprechend. Das Restaurant hat auch einige Bilder vorbereitet. Binden Sie diese auf den entsprechenden Webseiten anstelle des Bildes *essen.jpg* ein. Dieses Foto sollte dann nur noch auf der Homepage zu sehen sein. Damit werden für die Webseiten folgende Bilder benötigt:

- *Wir über uns (wir.htm): wir.jpg*

- *Speisekarte (speisen.htm): speisen.jpg*

- *Reservierung (reservieren.htm): reservieren.jpg*

- *Kontakt (kontakt.htm): kontakt.jpg*

- *Impressum | Disclaimer (impressum_disclaimer.htm): impressum.jpg*

Abb. 13.6: Titelbilder auf unterschiedlichen Seiten

Lösungsvorschlag:

1. Markieren Sie das Bild.

2. Geben Sie die neue QUELLE im Bedienfeld EIGENSCHAFTEN an.

Jetzt sind die Webseiten fertig für den Datentransfer auf den Remote-Server. Im nächsten Kapitel erfahren Sie, wie Sie die Site veröffentlichen.

13.6 Kleine Erfolgskontrolle

Konnten Sie die gestellten Aufgaben selbstständig lösen? Prima! Haperte es an einigen Stellen, haben Sie zentrale Lösungsvorschläge bereits erhalten. Benötigen Sie weitere Detailinformationen, lesen Sie bitte in den entsprechenden Kapiteln nach. Im Anhang finden Sie die Auflösung der kleinen Erfolgskontrolle aus den einzelnen Workshops. Sie können dann gezielter Ihre Stärken bzw. Schwächen erkennen und einzelne Lücken schließen.

Möchten Sie eine Webseite beispielsweise für eine Präsentation ausdrucken, müssen Sie Dreamweaver verlassen. Wenn Sie hier auf den Button 🖨 in der Symbolleiste STANDARD klicken, wird der Quelltext auf Papier ausgegeben. Alternativ wählen Sie DATEI / CODE DRUCKEN. Möchten Sie dagegen das Layout der Seite drucken, laden Sie diese im Browser und drucken von dort.

jetzt lerne ich

Website veröffentlichen

Um Ihre Webseiten der Welt zu zeigen, kopieren Sie die Dokumente auf einen Server. Dabei spielt es keine Rolle, ob die Website im geschützten Intranet oder im World Wide Web (WWW) publiziert wird. In diesem Kapitel erfahren Sie, wie Sie die Verbindung zum Webserver in Dreamweaver einrichten, die Online-Verbindung herstellen und die Dateien uploaden. Dabei ist in Dreamweaver auch ein Download der Dateien möglich. Wenn Sie sich nicht sicher sind, ob sich die aktuellen Dokumente auf dem Server oder auf Ihrer Festplatte befinden, hilft Ihnen die Synchronisation weiter.

Sie lernen in diesem Kapitel

- die Remote-Site einrichten
- Site-Einstellungen ändern
- Verbindung mit einer entfernten Site herstellen
- Dateien up- und downloaden
- Synchronisieren unterschiedlicher Site-Versionen.

14.1   Die Remote-Site einrichten

Lokale Site Alle erstellten Dateien, wie z. B. Webdokumente, PDF-Dateien und Bilder, sollten innerhalb eines Verzeichnisses gespeichert sein. In Kapitel 7 haben Sie dafür die lokale Site in Dreamweaver eingerichtet. Damit zeigen Bedienfeld DATEIEN und Sitefenster alle lokalen Dokumente der geöffneten Site an.

Das Sitefenster wird geöffnet, wenn Sie im Bedienfeld DATEIEN auf den Button 🗗 klicken.

Abb. 14.1:
Lokale Site im
Bedienfeld
DATEIEN und im
Sitefenster
(hinten)

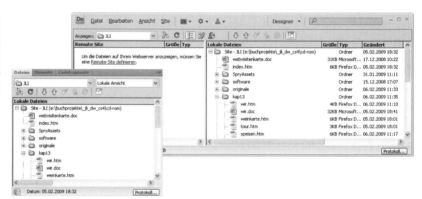

Remote-Site Wenn Sie in Dreamweaver Ihre Site uploaden oder Teile davon aktualisieren wollen, dupliziert Dreamweaver präzise die lokale Struktur auf den Webserver. Diese entfernte Site auf dem Server bezeichnet man als Remote-Site. Auf den Server können mehrere Personen gleichzeitig zugreifen und in ihrem Browser den Inhalt der Seiten betrachten.

Im Anhang finden Sie eine kleine Auswahl von Providern, die teilweise kostenlos Webspace anbieten. Lesen Sie deren AGB gründlich durch und überprüfen Sie die Informationen nach versteckten Kosten und anderen Gegenleistungen.

Damit Dreamweaver die Daten übertragen kann, geben Sie die Server-Adresse in der Site-Definition an. Die hierzu benötigten Informationen sowie die erforderlichen Zugangsdaten erhalten Sie von Ihrem Systemadministrator oder Kunden

Im Folgenden definieren wir eine FTP-Verbindung. FTP steht für *File Tranfer Protocol* und wird im Web an häufigsten verwendet. FTP ist ein standardisiertes Verfahren, um Dateien in Netzwerken zu übertragen. Per FTP werden Webdokumente auf den Server kopiert oder von dort heruntergeladen.

1. Wählen Sie SITE / SITES VERWALTEN in der Menüleiste des Dokumentfensters oder des maximierten Bedienfeldes DATEIEN. Diesen Befehl rufen Sie ebenfalls über den Button SITE am oberen Programmrand auf.

2. Wählen Sie im Dialogfenster SITES VERWALTEN eine bestehende bzw. die aktuelle Site aus und klicken Sie auf die Schaltfläche BEARBEITEN.

Abb. 14.2:
Sites verwalten

3. Öffnen Sie nun im Dialogfenster SITE-DEFINITION die Kategorie REMOTE-INFORMATIONEN.

4. Um eine FTP-Verbindung zu definieren, wählen Sie im Menü ZUGRIFF die Option *FTP* aus.

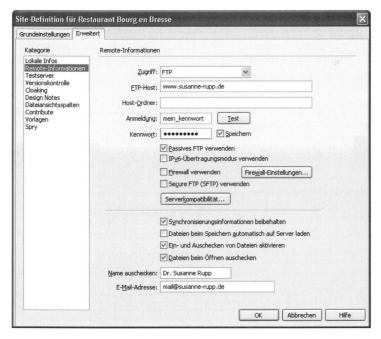

Abb. 14.3:
Remote-Infor-
mationen
angeben

Daneben gibt es noch weitere Zugriffsarten, wie *Lokal/Netzwerk*, *WebDAV* oder *RDS*, das bei einem ColdFusion-Server benötigt wird. Auf diese Zugriffsmöglichkeiten wird hier nicht weiter eingegangen, da diese hauptsächlich bei Datenbanken, die nicht Gegenstand dieses Buches sind, zum Einsatz kommen. Weitere Informationen finden Sie im Dreamweaver-Kompendium.

5. Geben Sie den FTP-HOST an. Das ist der volle Internet-Name eines Computer-Systems, wie beispielsweise *www.susanne-rupp.de.*

6. Geben Sie den HOST-ORDNER an, in den die Seiten abgelegt werden sollen. Auf dieses Verzeichnis und die darin abgelegten Dokumente kann jeder Benutzer zugreifen. Damit sind die Dateien dieses Verzeichnisses der Öffentlichkeit zugänglich. Falls Sie die Seiten im Hauptverzeichnis ablegen, lassen Sie dieses Feld einfach leer.

7. Geben Sie den Login-Namen (ANMELDUNG) und Ihr KENNWORT in die weiteren Textfelder ein.

   Aktivieren Sie das Kontrollkästchen SPEICHERN, wenn Sie das Kennwort bei einer erneuten Verbindung nicht nochmals angeben wollen.

8. Muss eine Firewall bei der Verbindung zum Remote-Server berücksichtigt werden, aktivieren Sie das Kontrollkästchen FIREWALL VERWENDEN. Einige Firewalls verlangen einen PASSIVEN FTP. Die Verbindung wird dann von Ihrer lokalen Site statt vom Remote-Server eingerichtet.

   Handelt es sich um einen IPv6-aktivierten Server, verwenden Sie den entsprechenden ÜBERTRAGUNGSMODUS und aktivieren Sie das passende Kontrollkästchen.

   Die nötigen Informationen bekommen Sie von Ihrem Systemadministrator.

 Eine Firewall ist eine Sicherheitseinrichtung (Soft- und / oder Hardware), um das interne Unternehmensnetz (Intranet) vom externen Internet zu trennen.

9. Klicken Sie auf die Schaltfläche TEST und checken Sie, ob die Verbindung zustande kommt. Erscheint das folgende Dialogfenster, ist alles bestens!

Abb. 14.4: Erfolgreich verbunden!

10. Die Option SYNCHRONISIERUNGSINFORMATIONEN BEIBEHALTEN ist standardmäßig aktiviert und erlaubt das automatische Synchronisieren von lokalen und von Remote-Dateien.

11. Aktivieren Sie das Kontrollkästchen Dateien beim Speichern automatisch auf Server laden, wenn die Remote-Site automatisch aktualisiert werden soll, sobald Sie eine Änderung in der lokalen Site vorgenommen haben. Da die Seiten noch nicht im Browser überprüft wurden, rate ich Einsteigern von dieser Option ab.

12. Arbeiten Sie im Team, aktivieren Sie das Kontrollkästchen Ein- und Auschecken von Dateien aktivieren und geben Sie in das Textfeld den Namen ein, unter dem Sie auschecken möchten. Dadurch wissen Ihre Arbeitskollegen, dass Sie diese Datei bearbeiten. In dem Textfeld E-Mail-Adresse geben Sie Ihre Kontaktdaten an, damit ein Arbeitskollege Sie bei Bedarf schnell per E-Mail erreichen kann.

Wenn Sie im Team arbeiten, sollten Sie sich **ein- und auschecken**. Damit teilen Sie den anderen mit, dass Sie eine Datei zur Bearbeitung ausgecheckt haben. Wurde eine Datei ausgecheckt, die Sie benötigen, können Sie mit dem entsprechenden Teammitglied Kontakt aufnehmen. Weiterhin kann diese Option Sie darauf hinweisen, dass Sie eine neuere Version derselben Datei auf einem anderen Computer gespeichert haben. Dreamweaver richten Sie für die Teamarbeit in Kapitel 14.5 ein.

Weitere Informationen über den Datentransfer erhalten Sie in Kapitel 14.4 und 14.6.

13. Klicken Sie auf die OK-Schaltfläche, um Ihre Angaben zu bestätigen.

14. Schließen Sie das Dialogfenster Sites verwalten, indem Sie auf die Schaltfläche Fertig klicken.

14.2 Verbindung mit einer entfernten Site herstellen

Um Dateien zu einer entfernten Site auf dem Server hoch- oder davon herunterzuladen, müssen Sie eine Verbindung mit dieser herstellen.

1. Wählen Sie im Bedienfeld Dateien oder im Sitefenster die entsprechende Site aus (Abbildung 14.5).

2. Klicken Sie auf den Button Stellt Verbindung zum entfernten Host her . Dreamweaver stellt die Verbindung her und ruft die Informationen auf dem Server ab.

   Dreamweaver verwendet für die Verbindung die Informationen, die Sie bei der Definition der Remote-Site angegeben haben (vgl. Kapitel 14.1).

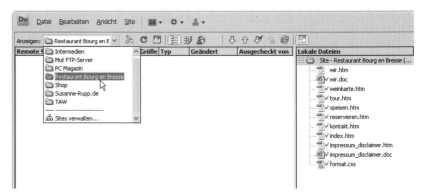

Abb. 14.5:
Site auswählen

3. Wenn Sie erfolgreich mit dem Webserver verbunden sind, zeigt der linke Bereich des Sitefensters die Remote-Dateien an (Abbildung 14.6). Die lokalen Dateien und Verzeichnisse sind standardmäßig rechts daneben aufgelistet.

Im Bedienfeld DATEIEN wechseln Sie zur *Remote-Ansicht* über das rechte Menü (Abbildung 14.7).

Der Button STELLT VERBINDUNG ZUM ENTFERNTEN HOST HER ![] wechselt in die Schaltfläche VERBINDUNG ZUM ENTFERNTEN HOST TRENNEN ![].

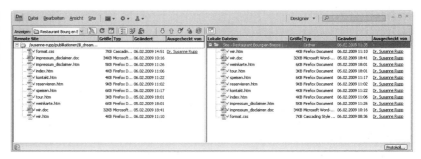

Abb. 14.6:
Verbindung zur
Remote-Site im
Sitefenster

Abb. 14.7:
Ansicht
wechseln

14.3 Voreinstellungen für die Site ändern

Passen Sie die Voreinstellungen im Sitefenster Ihren individuellen Bedürfnissen an:

1. Öffnen Sie das Fenster Voreinstellungen über Bearbeiten / Voreinstellungen in der Menüleiste. Ist das Sitefenster geöffnet, drücken Sie ⌊Strg⌋ + ⌊U⌋.

2. Wählen Sie die Kategorie Site. Das Dialogfenster öffnet sich bereits mit den FTP-Einstellungen.

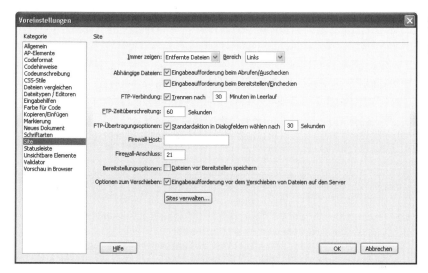

Abb. 14.8:
Voreinstellun-
gen für die Site

▨ Standardmäßig zeigt das maximierte Bedienfeld Dateien (Sitefenster) lokale Dateien im rechten Bereich und entfernte Dateien (auf dem Remote-Server) im linken an. Bevorzugen Sie eine andere Darstellung, legen Sie diese mit den Menüs Immer zeigen und Bereich fest.

▨ Aktivieren Sie die Kontrollkästchen Eingabeaufforderung beim Abrufen/Auschecken und Eingabeaufforderung beim Bereitstellen/Einchecken, damit das entsprechende Dialogfenster zu den abhängigen Dateien angezeigt wird. Weitere Informationen hierzu erhalten Sie in den Kapiteln 14.4 und 14.6.

▨ Verändern Sie die standardmäßige Trennung der FTP-Verbindung nach 30 Minuten im Leerlauf. Haben Sie einen direkten Netzwerkzugang, sollten Sie die automatische Trennung deaktivieren.

3. Um die Änderungen zu speichern, klicken Sie auf OK.

14.4 Bereitstellen: Dateien uploaden

Bevor Sie eine Website veröffentlichen, sollten Sie die Homepage in mindestens einem gängigen Browser öffnen und die einzelnen Seiten prüfen. Funktionieren alle Verweise, wird jedes Bild angezeigt und enthält die Website keine Fehler, stellen Sie die Verbindung zum Webserver her. Anschließend laden Sie Dateien von Ihrer lokalen Site auf den Remote-Server hoch (Upload). Das bedeutet, dass die lokalen Dateien auf den Server kopiert werden.

1. Stellen Sie die Verbindung zum Remote-Server her, indem Sie auf 🔗 drücken.

2. Markieren Sie im Bedienfeld DATEIEN bzw. im Sitefenster die Dateien und Ordner, welche Sie auf den Remote-Server laden möchten.

   Drücken Sie die ⎣Strg⎦ - oder ⎣⇧⎦ -Taste, um mehrere Dateien und Verzeichnisse für den Transfer auszuwählen.

   Möchten Sie die gesamte Site kopieren, wählen Sie das *Site*-Verzeichnis.

3. Klicken Sie auf den Button DATEI(EN) BEREITSTELLEN ⬆ .

4. Das Dialogfenster ABHÄNGIGE DATEIEN erscheint, wenn Bilder oder andere Dateien in einem ausgewählten Dokument verknüpft sind (Abbildung 14.9).

   – Drücken Sie auf JA, damit diese Dateien ebenfalls auf den Server übertragen werden.

   – Andernfalls klicken Sie auf die Schaltfläche NEIN, wenn Sie keine abhängigen Dateien geändert haben und beispielsweise nur Textänderungen im Webdokument aktualisieren. Die Ladezeit kann sich dadurch erheblich verringern. Ein Protokoll-Fenster informiert über den Fortschritt des Uploads.

 Abhängige Dateien sind Bilder, Animationen, Stylesheets und andere Dateien, die in HTML-Dokumente eingebunden sind. Lädt der Browser das HTML-Dokument, ruft er auch die abhängigen Dateien auf.

Abb. 14.9:
Abhängige Da-
teien kopieren

Abhängige Dateien - wird in 28 Sekunde(n) geschlossen	☒
Abhängige Dateien bereitstellen?	Ja
Sie können diese Voreinstellung im Dialogfeld "Voreinstellungen" in der Kategorie "Site" ändern.	Nein
☐ Diese Meldung nicht mehr anzeigen	Abbrechen

Übertragen Sie die gesamte Site, klicken Sie im automatisch geöffneten Dialogfenster auf OK (Abbildung 14.10).

*Abb. 14.10:
Site bereit-
stellen*

Die lokalen Dateien werden auf den Remote-Server kopiert (Abbildung 14.11).
Liegen die Dateien in einem Ordner, der auf der Remote-Site nicht existiert, legt
Dreamweaver diesen automatisch an.

Drücken Sie auf ▶ Details, zeigt das Dialogfenster weitere Informationen über
den Datentransfer an (Abbildung 14.11 rechts).

Blenden Sie das Protokoll-Fenster aus, indem Sie auf die Schaltfläche AUSBLENDEN
klicken. Am rechten unteren Rand des Sitefensters finden Sie den Button
Protokoll... . Wenn Sie hierauf drücken, wird das Protokoll-Fenster wieder angezeigt.

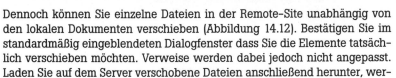

*Abb. 14.11:
Dateien wer-
den kopiert*

Verwenden Sie auf dem Remote-Server die gleiche Verzeichnisstruktur wie
auf Ihrem lokalen Rechner. Sie können dann sicher gehen, dass Hyperlinks
und Bilder korrekt im Code hinterlegt sind und angezeigt werden.

Dennoch können Sie einzelne Dateien in der Remote-Site unabhängig von
den lokalen Dokumenten verschieben (Abbildung 14.12). Bestätigen Sie im
standardmäßig eingeblendeten Dialogfenster dass Sie die Elemente tatsächlich verschieben möchten. Verweise werden dabei jedoch nicht angepasst.
Laden Sie auf dem Server verschobene Dateien anschließend herunter, werden die ursprünglichen lokalen Dokumente nicht mehr ersetzt.

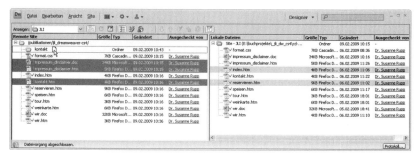

Abb. 14.12:
Remote-Datei-
en verschieben

Aktualisieren Sie regelmäßig Ihre Site. Nur wenn die Informationen zeit-
gemäß sind, werden Besucher wiederkommen. Vergessen Sie auch nicht,
Ihre Website bei den wichtigsten Suchmaschinen anzumelden. Ausführliche
Informationen über erfolgreiches Online-Marketing finden Sie im Kompendium.

14.5 Arbeiten im Team

Haben Sie in der Kategorie REMOTE-INFOMATIONEN der Site-Definition die Kontrollkästchen EIN- UND AUSCHECKEN VON DATEIEN AKTIVIEREN UND DATEIEN BEIM ÖFFNEN AUSCHECKEN
aktiviert, sehen Sie und Ihre Teammitglieder den Namen des Bearbeiters in der
Spalte AUSGECHECKT VON im Bedienfeld DATEIEN bzw. im Sitefenster. Dieser Name ist
mit der E-Mail-Adresse verknüpft, die ebenfalls in der Site-Definition hinterlegt
ist.

1. Klicken Sie auf den Namen eines Teamkollegen, der die Seite zum Bearbeiten ausgecheckt hat, öffnet Dreamweaver Ihr Mailprogramm und legt automatisch eine neue Mail mit den entsprechenden Angaben im Betreff an.

2. Sie müssen jetzt nur noch den Text der Nachricht eingeben und auf die
Schaltfläche SENDEN drücken.

Abb. 14.13:
Kontakt auf-
nehmen

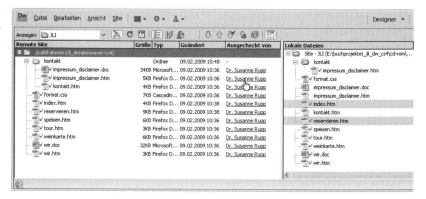

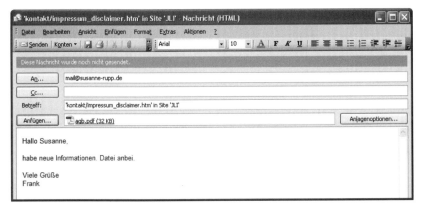

Wird die Spalte AUSGECHECKT VON nicht eingeblendet, …

1. … wählen Sie in der Menüleiste des Sitefensters ANSICHT / DATEIANSICHTSSPALTEN.
   Die Kategorie DATEIANSICHTSSPALTEN im Dialogfenster SITE-DEFINITION wird geöffnet
   (Abbildung 14.15).

2. Markieren Sie in der Auflistung im rechten Bereich den Eintrag *Ausgecheckt*
   von. Dieser steht noch auf *Ausblenden*.

3. Aktivieren Sie das Kontrollkästchen ANZEIGEN. Diese Option wird nun eingeblendet und automatisch in der oberen Liste angezeigt.

4. Bestätigen Sie mit OK. Das Dialogfenster wird geschlossen.

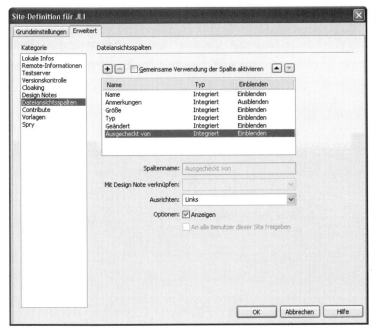

299

✓ kontakt.htm Das Bedienfeld Dateien bzw. das Sitefenster zeigen einen grünen Haken vor der Datei, die Sie ausgecheckt bzw. überprüft haben. Ist der Haken rot, hat die Datei eine andere Person ausgecheckt.

14.6 Dateien downloaden

In Dreamweaver können Verzeichnisse und Dokumente nicht nur von der lokalen Festplatte auf den Remote-Server übertragen werden. Auch der umgekehrte Weg ist möglich und Sie können Dateien und Verzeichnisse vom Remote-Server auch auf Ihre lokale Festplatte kopieren:

1. Vergewissern Sie sich, dass die Verbindung aufgebaut wurde (🔌).

2. Markieren Sie im Bedienfeld Dateien oder im Sitefenster die Dokumente oder Verzeichnisse in der Remote-Site, die Sie herunterladen möchten.

3. Klicken Sie auf die Schaltfläche Datei(en) abrufen 🔽.

4. Geben Sie im Dialogfenster Abhängige Dateien an, ob diese auch heruntergeladen werden sollen. Das Protokoll-Fenster informiert Sie über den Fortschritt des Downloads.

14.7 Synchronisation: Dateien aktualisieren

Dreamweaver kann automatisch einen Ordner oder eine ganze Site nach neueren Dateien durchsuchen und diese dann auf den Remote-Server bzw. den lokalen Rechner kopieren. Damit sind Sie immer auf dem neuesten Stand.

Vor der Synchronisation sollten Sie überprüfen, welche Dokumente aktueller sind:

1. Öffnen Sie im Sitefenster die lokale Site, die Sie synchronisieren möchten.

2. Stellen Sie die Verbindung zum entsprechenden Remote-Server her (🔌).

3. Je nachdem, welche Dateien Sie abgleichen wollen, wählen Sie in der Menüleiste des Sitefensters Bearbeiten / Neuere auswählen (lokal) oder Bearbeiten / Neuere auswählen (entfernt).

Abb. 14.16:
Dateien aus-
wählen

Hat Dreamweaver den Abgleich abgeschlossen, werden die neueren Dateien hinterlegt. Diese Dateien können Sie abrufen (vgl. Kapitel 14.6), bereitstellen (vgl. Kapitel 14.4) oder synchronisieren:

1. Damit nur bestimmte Dateien synchronisiert werden, wählen Sie diese zunächst im Sitefenster aus.

   Falls Sie die gesamte Site auf den neuesten Stand bringen möchten, beginnen Sie gleich mit dem nächsten Arbeitsschritt.

2. Wählen Sie SITE / SYNCHRONISIEREN in der Menüleiste des Sitefensters. Das Dialogfenster DATEIEN SYNCHRONISIEREN erscheint.

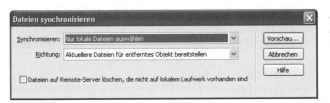

Abb. 14.17: Dateien synchronisieren

3. Im Menü SYNCHRONISIEREN geben Sie an, ob Dreamweaver die gesamte Site oder nur ausgewählte Dateien synchronisieren soll.

4. Im Menü darunter bestimmen Sie die RICHTUNG: Sie können Dateien und Verzeichnisse abrufen, bereitstellen oder in beiden Richtungen synchronisieren.

5. Aktivieren Sie das Kontrollkästchen am unteren Dialogfensterrand, um offensichtlich nicht mehr benötigte Dateien auf dem Zielrechner zu entfernen.

   Diese Option steht Ihnen nicht zur Verfügung, wenn Sie die Richtung AKTUELLERE DATEIEN ABRUFEN UND BEREITSTELLEN aktiviert haben.

6. Klicken Sie auf die Schaltfläche VORSCHAU. Die Synchronisation wird vorbereitet.

7. Sollte eine Synchronisation notwendig sein, sehen Sie in der Vorschau, welche Dateien bereitgestellt bzw. abgerufen werden müssen (Abbildung 14.18).

Abb. 14.18: Aktualisierung durch Synchronisation

Wurden keine neueren Dateien gefunden, ist keine Synchronisierung notwendig (Abbildung 14.19).

8. Soll eine aufgelistete Datei nicht verarbeitet werden, markieren Sie diese und klicken Sie auf den Button AUSGEWÄHLTE DATEIEN WÄHREND DIESER SYNCHRONISATION IGNORIEREN .

9. Klicken Sie auf die Schaltfläche OK. Dreamweaver führt die Synchronisation durch und überträgt die entsprechenden Dateien.

Wenn Sie Dateien und Verzeichnisse vom lokalen Rechner auf den Remote-Server hin und her geschoben haben, kann es sein, dass die Ansicht im Bedienfeld DATEIEN bzw. im Sitefenster nicht mehr aktuell ist. Um sicherzugehen, dass diese den letzten Stand widerspiegelt, sollten Sie die Ansicht aktualisieren, indem Sie auf den Button klicken oder F5 drücken.

Im Kompendium finden Sie weitere Informationen über die unterschiedlichen Funktionen und Möglichkeiten der Versionskontrolle.

14.8 Remote-Verbindung trennen

Sind die Dateien übertragen, trennen Sie die Verbindung zum Remote-Server folgendermaßen:

1. Versichern Sie sich in der Statusleiste am unteren Fensterrand, dass keine Dateien mehr übertragen werden. Das hier gezeigte Icon darf sich nicht verändern.

2. Klicken Sie auf die Schaltfläche VERBINDUNG ZUM ENTFERNTEN HOST TRENNEN .

Werden länger als 30 Minuten keine Daten übertragen, trennt Dreamweaver automatisch die Verbindung. In der Kategorie SITE der VOREINSTELLUNGEN erhöhen oder verringern Sie diesen Wert.

14.9   Kleine Erfolgskontrolle

35. Was versteht man unter einem Download?

   a) Das Kopieren der Dateien von dem Server in die lokale Site

   b) Das Kopieren der Dateien von der lokalen Site auf den Server

   c) Die Einrichtung des FTP-Zugangs

36. Was passiert beim Synchronisieren?

   a) Eine Webseite wird in eine andere Sprache übersetzt.

   b) Die Verbindung zur entfernten Site wird getrennt.

   c) Aktuellere Dateien werden übertragen. Dabei können ältere Dokumente
       überschrieben werden.

37. Was versteht man unter abhängigen Dateien?

   a) Abhängige Dateien sind auf dem Webserver im gleichen Verzeichnis
       abgespeichert wie die lokalen.

   b) Dateien, die mit einer Webseite verknüpft sind.

   c) Eine abhängige Dateien ist eine Webseite importierte Worddatei.

Kleine Erfolgskontrolle – Auflösung

Schön, dass Sie bei der kleinen Erfolgskontrolle am Ende jeden Workshops mitmachen. Sie sind bestimmt schon gespannt, ob Sie richtig liegen. Hier die Auflösungen:

Kapitel 1: Los geht's: Der Start

1. Das Startfenster ist nicht mehr sichtbar. Was tun?

    b) In den Voreinstellungen die Startseite aktivieren.

2. Über welches Menü öffnen und schließen Sie Bedienfelder?

    a) FENSTER

3. Wozu wird die Aktivierung benötigt?

    c) Damit ich Dreamweaver auch nach der Testphase noch nutzen kann.

Kapitel 2: Die erste Webseite: Webvisitenkarte erstellen

4. Worin liegt der Unterschied zwischen HTML und CSS? (Mehrere Antworten sind richtig!)

    a) HTML bestimmt die logische Auszeichnung einzelner Bereiche.

    c) Die Seitenstruktur wird von HTML bestimmt.

    d) CSS ist eine Formatierungssprache.

    f) HTML bestimmt das Grundgerüst einer Webseite.

5. Sie drücken [Strg] +[↵]. Hiermit erstellen Sie …

    b) …einen Zeilenumbruch.

6. Welches HTML-Format verwenden Sie sinnvollerweise für ein Glossar?

    c) Definitionsliste

7. Was ist ein `<blockquote>`?

    a) Tag, das einen Absatz einrückt

Kapitel 3: Texte und Absätze mit CSS formatieren

8. Was ist ein Tag?

    b) Eine HTML-Anweisung

9. Was versteht man unter CSS-Stilen?

    a) HTML-Erweiterung für die exakte Gestaltung der Webseite

10. Was ist eine Klasse?

    b) CSS-Regel, die mit dem `class`-Attribut zugewiesen wird

Kapitel 4: Bilder: Mehr tausend als Worte…

11. Was versteht man unter Skalieren?

    b) Verändern der Bildgröße

12. In welchem Format würden Sie einen einfarbigen Button abspeichern?

    b) GIF

13. Welcher Selektor ändert alle Bilder auf einer Seite, für die außer der Bildquelle keine weiteren Attribute angegeben sind?

    c) `img`

14. Welche Bildbearbeitungsfunktion gibt es in Dreamweaver nicht?

    a) Weichzeichnen

Kapitel 5: Mit Dokumenten arbeiten

15. Welches Format können Sie in Dreamweaver nicht direkt importieren?

    c) Powerpoint-Dateien

16. Was zeigt die Statusleiste an?

    c) Die geschätzte Ladezeit der aktuellen Seite

17. Wozu wird das Bedienfeld EINFÜGEN benötigt?

    a. Damit können schnell Elemente in die Webseite eingefügt werden.

18. Wodurch wird das Seitenlayout der vordefinierten Seiten definiert?

    b) CSS

Kapitel 6: CSS-Layout ändern

19. Wozu wird das Tracing-Bild benötigt?

   a) Damit kann die Webseite leichter nachgebaut werden.

20. Welches Tag definiert einen Container für andere Elemente?

   a) `<div>`

21. Welches Element bzw. welche Regel zentriert den Seiteninhalt?

   b) `#container`

Kapitel 7: Die lokale Site einrichten

22. Was kann das maximierte Bedienfeld DATEIEN nicht?

   c) Bilder erstellen

23. Wo öffnen Sie das Kontextmenü?

   b) Mit einem rechten Mausklick auf ein Seitenelement

Kapitel 8: Hyperlinks erstellen und bearbeiten

24. Was bedeutet `target="self"`?

   c) Das verlinkte Zieldokument ersetzt den Inhalt des aktuellen Fensters.

25. Was ist zu beachten, wenn Sie einen Link innerhalb des gleichen Dokuments setzen wollen?

   a) Anker und Hyperlink müssen gesetzt sein.

26. Ich habe eine Webseite entwickelt und möchte nun auch meine E-Mail-Adresse hinterlegen. Bei welchem Eintrag im Bedienfeld EIGENSCHAFTEN warte ich nicht vergebens?

   a) mailto:mail@susanne-rupp.de

27. Welchen Selektor müssen Sie definieren, damit sich ein Element verändert, wenn der User den Mauszeiger darüber bewegt?

   a) `a:hover`

Kapitel 9: Tabellen für Daten

28. Was ist der Unterschied zwischen Zellraum und Zellauffüllung?

   b) Während der Zellraum den Abstand zwischen den Zellen beschreibt, bezieht sich die Zellauffüllung auf den Abstand des Zelleninhaltes zum Rahmen.

29. Was ist der Unterschied zwischen dem Standard- und dem erweiterten Tabellenmodus?

 b) Im Standardmodus erscheint die Seite wie im Webbrowser. Im erweiterten Tabellenmodus werden Umrisse und Abstände in der Tabelle betont, weshalb die Darstellung nur bedingt mit der Browserdarstellung vergleichbar ist.

30. Der Hintergrund einer Zelle ist im HTML-Modus des Inspektors grün eingefärbt. Außerdem ist ein Hintergrundbild für die Tabelle mit CSS bestimmt. Zusätzlich sind alle Zellen gelb eingefärbt. Auf welchem Hintergrund steht denn jetzt der Text in der Zelle?

 c) Auf Grün

Kapitel 10: Formulare für Kontakt

24. Ein Formular enthält eine Kontrollkästchen- und eine Optionsschaltergruppe. In welcher Gruppe können Sie mehrere Elemente auswählen?

 a) In der Kontrollkästchengruppe

25. Was ist der Unterschied zwischen einer Liste und einem Menü?

 b) Bei einer Liste können mehrere Werte ausgewählt werden.

26. Was ist eine Feldgruppe?

 c) Element zur thematischen Gliederung eines Formulars

27. Welche Aussage ist richtig?

 c) Die Formularaktion beinhaltet die Methode, nach der das Formular verarbeitet wird.

Kapitel 11: AP-Elemente für dreidimensionale Effekte

28. Was ist eine Ebene?

 a) Container für unterschiedliche Seitenelemente

29. Was ist der Z-Index?

 c) Wert für die Stapelreihenfolge bzw. die Anordnung einzelner Elemente

30. Was definiert der Überlauf?

 a) Das Aussehen einer Ebene, deren Inhalt größer als die Ebene ist.

31. Welche Elemente können Sie absolut positionieren?

 a) Bilder

 b) Tabellen

 c) div-Container

 d) Absätze

 → Alle vier Antworten sind richtig.

Kapitel 12: Verhalten für interaktive Webseiten

32. Was ist ein Ereignis?

   a) Zustand eines Seitenelements

33. Ein AP-Element soll eingeblendet werden, wenn der User auf ein anderes Element klickt. Welches Ereignis müssen Sie festlegen?

   b) `onClick`

34. Je älter der Browser ...

   b) ... desto weniger Verhaltensweisen werden umgesetzt.

Kapitel 13: Abschluss-Workshop

Testen Sie Ihr praktisches Wissen und wiederholen Sie ggf. einschlägige Workshops.

Kapitel 14: Website veröffentlichen

35. Was versteht man unter einem Download?

   a) Das Kopieren der Dateien von dem Server in die lokale Site

36. Was passiert beim Synchronisieren?

   c) Aktuellere Dateien werden übertragen. Dabei können ältere Dokumente überschrieben werden.

37. Was versteht man unter abhängigen Dateien?

   b) Dateien, die mit einer Webseite verknüpft sind.

Wie viele Antworten haben Sie richtig?

0 bis 15:	Arbeiten Sie das Buch lieber noch einmal durch.
16 bis 30:	Die Grundkenntnisse haben Sie. Erstellen Sie Ihre Webseite und schauen Sie bei Bedarf noch einmal in die einzelnen Workshop-Kapitel rein.
31 bis 37:	Sehr gut! Sie sind auf dem besten Wege zum Profi-Website-Entwickler. Probieren Sie weitere Funktionen von Dreamweaver aus. Wagen Sie sich an Datenbanken ran.

Schnelle Pannenhilfe

Ich kann Dreamweaver CS4 nicht mehr verwenden.

Wahrscheinlich haben Sie das Programm noch nicht aktiviert und die 30 Tage zum Testen sind verstrichen. Wie Sie Dreamweaver aktivieren, erfahren Sie in Kapitel 1.2.

Was ist das Optionsmenü? Wo finde ich es?

Jedes Bedienfeld hat rechts oben den Button OPTIONSMENÜ 🔳. Wenn Sie hierauf klicken, öffnet sich das Optionsmenü, in dem sämtliche Befehle bzw. Einstellungen für das aktuelle Bedienfeld zusammengefasst sind.

Wie bekomme ich ein schwebendes Fenster wieder in den Verbund der Bedienfelder zurück?

Ziehen Sie das Register mit gedrückter linker Maustaste zurück in den Verbund der sichtbaren Bedienfeldgruppen. Erscheint ein blauer Balken, lassen Sie los und das Bedienfeld dockt an.

Alternativ setzen Sie das Arbeitsbereichlayout zurück, indem Sie im Menü am oberen Programmrand 'DESIGNER' ZURÜCKSETZEN wählen. Den entsprechenden Befehl finden Sie auch in der Menüleiste unter FENSTER / ARBEITSBEREICHLAYOUT.

Alle Bedienfelder sind weg! Wo ist der Eigenschafteninspektor?

Wählen Sie in der Menüleiste FENSTER / FENSTER EINBLENDEN oder drücken Sie F4 . Sollten einzelne Bedienfelder nicht sichtbar sein, können Sie diese über das Menü FENSTER auswählen und wieder einblenden. Wählen Sie hier den Eintrag EIGENSCHAFTEN, wird der Inspektor geöffnet. Arbeiten Sie mit schwebenden Fenstern, kann sich der Eigenschafteninspektor auch hinter einem solchen Bedienfeld verstecken. Schieben Sie die einzelnen Fenster zur Seite oder docken Sie diese wieder an. Auch können Sie das ursprüngliche Arbeitsbereichslayout wiederherstellen.

Ich möchte eine Webseite erstellen, die CSS verwendet, kann aber die Entwurfsansicht nicht benutzen. Im Code will ich nicht arbeiten.

Dann haben Sie bestimmt ein neues CSS-Dokument angelegt. Sie können auf diese Dokumente verweisen, aber keine kompletten Webseiten in diesem Format abspeichern. Legen Sie eine neue HTML-Seite an. Jetzt können Sie die Inhalte in der Entwurfsansicht zusammenstellen und mit CSS formatieren.

Ich möchte den Inhalt einer Tabellenzelle rechts ausrichten. Jetzt werden jedoch die übrigen Inhalte nicht mehr links angeordnet. Was ist da los?

Sie haben eine CSS-Regel für das td-Tag definiert. Möchten Sie nur einen ausgewählten Inhalt formatieren, erstellen Sie eine neue CSS-Klasse und wenden diese dann darauf an.

Wieso sehe ich das Tracing-Bild im Browser nicht?

Das Tracing-Bild ist eine Layout-Hilfe, die nur in Dreamweaver sichtbar ist. Das Bild ist zwar im Quelltext hinterlegt, kann aber von einem Browser nicht interpretiert werden.

Ich habe eine Datei verschoben, doch nun stimmen alle Verweise nicht mehr.

Dann haben Sie Ihre Site nicht aktualisiert. Am besten verschieben Sie die Datei noch einmal an ihren ursprünglichen Speicherort zurück. Wählen Sie SITE / SITES VERWALTEN. Markieren Sie Ihre Site im Dialogfenster und klicken Sie auf die Schaltfläche BEARBEITEN. In der Kategorie LOKALE INFOS der erweiterten Site-Definition aktivieren Sie das Kontrollkästchen CACHE AKTIVIEREN. Klicken Sie auf OK und im Folgefenster auf FERTIG. Der Cache wird erstellt. Wenn Sie nun eine Datei verschieben, fragt Dreamweaver, ob Sie Dokumente, die auf diese verweisen, aktualisieren möchten. Bestätigen Sie die Aktualisierung.

Ich möchte ein Symbol einfügen, das ich nicht unter den Sonderzeichen in Dreamweaver finde.

Auf der CD-ROM finden Sie eine Liste mit weiteren Sonderzeichen. Kopieren Sie den dort angegebenen Code einfach in das Feld EINFÜGEN links oben im Dialogfenster ANDERES ZEICHEN EINFÜGEN.

Ich habe ein Bild bearbeitet, doch mit dem Ergebnis bin ich nicht zufrieden? Wie bekomme ich wieder die ursprüngliche Originaldatei?

Wählen Sie wie gewohnt in der Menüleiste BEARBEITEN / RÜCKGÄNGIG. Da Dreamweaver die Bilddatei verändert, sollten Sie auf jeden Fall vor der Bildbearbeitung die Originaldatei in einem sicheren, schreibgeschützten Verzeichnis abspeichern. Haben Sie von einem Photoshop-Bild ein Webbild exportiert, sind diese so genannten Smart-Objekte weiterhin miteinander verbunden. Das Original ist im Inspektor eingetragen und kann hier geöffnet werden.

Ich habe ein Web-Fotoalbum erstellt, doch nun sind alle Originalbilder geändert. Wie bekomme ich diese wieder?

Wenn Sie die Bilder nicht noch einmal woanders abgespeichert haben, leider gar nicht mehr. Die Dateien werden überschrieben, wenn Sie im Dialogfenster WEBFOTOALBUM ERSTELLEN im Feld ZIELORDNER das gleiche Verzeichnis angeben wie unter ORDNER FÜR QUELLBILDER. Achtung!

Ich habe einen Link innerhalb des gleichen Dokuments gesetzt, doch er funktioniert nicht. Was habe ich falsch gemacht?

Benannte Anker bestehen aus zwei Teilen. Überprüfen Sie, ob Sie Hyperlink und Sprungmarke gesetzt haben (vgl. Kapitel 8.4).

Obwohl ich Rahmen und alle Ränder der Tabelle auf 0 gesetzt habe, zeigt Dreamweaver diese an. Woran liegt das?

Sie befinden sich im erweiterten Modus. Wechseln Sie in der Kategorie LAYOUT des Bedienfelds EINFÜGEN in den Modus STANDARD. Alternativ wählen Sie ANSICHT / TABELLENMODUS / STANDARDMODUS.

Wenn ich auf meiner Webseite einen aktivierten Optionsschalter doch nicht auswählen möchte, kann ich das nicht mehr rückgängig machen.

Wollen Sie auf der Webseite eine aktivierte Option wieder deaktivieren, verwenden Sie Kontrollkästchen statt Optionsschalter.

Ich habe ein Spry-Textfeld eingefügt, kann aber nur Attribute für ein einfaches Textfeld angeben.

Markieren Sie im Entwurfsfenster statt des Textfeldes Spry-Element, indem Sie auf dessen Register klicken oder das übergeordnete span-Tag im Tag-Selektor auswählen.

Auf meiner Seite sind zwei Ebenen, die sich etwas überdecken sollen. Ich kann diese jedoch nicht übereinander legen.

Deaktivieren Sie im Bedienfeld AP-ELEMENTE das Kontrollkästchen ÜBERLAPPUNGEN VERHINDERN.

Ich kann keine Dateien auf den Server übertragen. Die FTP-Verbindung kommt nicht zustande.

Bitte überprüfen Sie, ob die Online-Verbindung steht. Falls da alles in Ordnung ist, überprüfen Sie die Site-Definition. Haben Sie dort die richtigen Zugangsdaten angegeben, müssen Sie eventuell noch Angaben zur Firewall hinterlegen. Erkundigen Sie sich bei Ihrem Systemadministrator.

Interessante Websites

Homepage der Autorin: *http://www.susanne-rupp.de*
Homepage des Verlags: *http://www.mut.de*

Online-Quellen für Bilder

Erkundigen Sie sich auf der Site nach den Lizenzbestimmungen. Nicht alle Bilder gibt es kostenlos!

http://www.adpic.de
http://www.bilderbox.de
http://www.bildmaschine.de
http://www.digitalstock.de
http://www.fotodatenbank.com
http://www.fotolia.de
http://www.fotosearch.de
http://www.imagepoint.biz
http://www.istockphoto.com
http://www.panthermedia.net
http://www.photofuchs.de
http://www.photostock.de
http://www.pitopia.de
http://www.shotshop.com
http://www.sxc.hu

Fonts – Schriftarten

http://www.adobe.com/type/
http://websitetips.com/fonts/
http://www.kiwi-media.com/fonts.html

Cascading Stylesheets – Fehlersuche

Cascading und Vererbung:
http://www.w3.org/TR/CSS2/cascade.html

CSS-Code überprüfen:
http://jigsaw.w3.org/css-validator

Beschreibung typischer IE-Bugs:
http://www.positioniseverything.net

CSS-Zengarden:
http://www.csszengarden.com

Barrierefreie Webseiten

Web Content Accessibility Guidelines (WCAG) 2.0:
http://www.w3.org/TR/WCAG20/

eEurope, Tätigkeitsberichte der EU:
http://europa.eu/scadplus/leg/de/lvb/l24221.htm

i2010: *http://europa.eu/scadplus/leg/de/cha/c11328.htm*

BIENE, Initiative der Deutschen Behindertenhilfe - Aktion Mensch e.V.:
http://www.einfach-fuer-alle.de

Verordnung zur Schaffung barrierefreier Informationstechnik nach dem
Behindertengleichstellungsgesetz (BITV): *http://bundesrecht.juris.de/bitv*

Domains, Marken und Recht

Recherche nach de-Domains bei Denic: *http://www.denic.de*

Internationale Domain-Recherche:
http://www.internic.net, *http://www.networksolutions.com*

Bevor Sie eine Domain reservieren, sollten Sie überprüfen, ob dieser Name als
Marke geschützt ist:

Deutsche Marken und Patente: *http://www.dpma.de* und
https://dpinfo.dpma.de

Internationale Marken- und Patentrecherche: *http://www.wipo.int*

Gesetzestexte: *http://www.dejure.org*

Kostenloser Webspace

Folgende Anbieter hosten Ihre Website weitgehend kostenlos. Prüfen Sie die Informationen und AGB gründlich. Bei einigen ist der Speicherplatz limitiert, bei anderen der Datentransfer. Auch Werbung wird gerne eingeblendet und wirkt auf Ihrer Seite dann nicht besonders professionell. Jeder Seitenaufruf verursacht so genannten Traffic:

http://www.fasthoster.de
http://www.lima-city.de
http://www.space4free.net
http://www.beepworld.de
http://www.12see.de
http://www.cabanova.de

Lexikon

Abhängige Dateien – Bilder, Stylesheets und andere Dateien, die in HTML-Dokumente eingebunden sind. Lädt der Browser das HTML-Dokument, ruft er auch die abhängigen Dateien auf.

ActiveX – Programmiersprache von Microsoft, die komplexe Anwendungen ermöglicht, welche mit einem Browser abgerufen werden können. ActiveX ist eine Konkurrenz zu Java.

Anti-Aliasing – Übergang zwischen Objekt- (Bild) und Hintergrundfarbe. Damit erscheint ein Objektrand glatter.

AP-Elemente (Layer, Ebene, CSS-P-Element) – Behälter in der Webseite, die ebenfalls Inhalte enthalten können und sich beliebig positionieren lassen. Ebenen werden dreidimensional angelegt, wobei der Z-Index das Überlappen mehrerer Ebenen erlaubt.

ASCII – *American Standard Code for Information Interchange*; Codierungsschema, das jedem Zeichen aus dem standardisierten Zeichensatz eine Zahl zuordnet. Dabei sind bis zu 256 Zeichen darstellbar. Der erweiterte ASCII-Zeichensatz, der nicht 7, sondern 8 Bit verwendet, kann 128 weitere Zeichen darstellen.

Attribut – Eigenschaft eines Elements

Bit – *Binary digit*, digitale Informationseinheit

Boxmodell – Container mit unterschiedlichen Seiteninhalten werden mit CSS auf der Webseite platziert.

Browser – Programm für die Darstellung von Webseiten, z. B. Microsoft Internet Explorer, Mozilla Firefox

Button(s) – Schaltfläche(n)

Byte – 1 Byte = 8 Bit, siehe Bit

Cascading Style Sheets (CSS) – *Staffelbare Formatvorlagen*; HTML-Erweiterung, die eine präzise Gestaltung der Webseite ermöglicht.

CGI – *Common Gateway Interface*; Softwareschnittstelle zur Übergabe von Parametern an Programme und Scripts auf dem Server. Damit werden Informationen (aus Formularen) verarbeitet; CGI-Scripts werden z. B. in Perl, C++, Java oder JavaScript geschrieben.

Client – Innerhalb eines Client/Server-Systems ist der Client der Rechner, mit dem der Benutzer Daten mit dem Server austauscht. Demnach ist ein Browser ein Client.

ColdFusion – Server mit Datenbanken, die mit der Skriptsprache ColdFusion Markup Language (CFM) in Webseiten eingebunden werden.

Copy & Paste – *Kopieren und Einfügen*; Seitenelemente auswählen, in die Zwischenablage kopieren und an anderer Stelle einfügen.

CSS – siehe Cascading Style Sheets

CSS-P-Element – Ein mit CSS absolute positioniertes Element. Dieses wird auch als AP-Element, Ebene, Layer bezeichnet.

Cursor – Blinkender Balken, der Ihnen die Position für die Eingabe von Text, Bild und anderen Elementen anzeigt.

Cut & Paste – *Ausschneiden und Einfügen*; vgl. Copy & Paste

Datei – Ansammlung von Informationen, die auf einem Speichermedium unter einem bestimmten Namen gesichert sind und von Programmen erstellt und interpretiert werden.

Datenbank – Sammlung mehrerer Daten in einer Tabelle. Jede Zeile bildet einen Datensatz und jede Spalte ein Datensatz-Feld. Eine Datensatzgruppe umfasst einen Teil dieser Daten. Durch eine Datenbankabfrage werden bestimmte Datensatzgruppen aus einer Datenbank herausgefiltert.

Debuggen – Den Code von Fehlern befreien.

Download – Herunterladen von Webseiten, Dokumenten, Bildern, Animationen, Sound-Dateien u. ä., wobei auf einen entfernten Server zugegriffen wird.

dpi – *Dots per Inch*, Punkte pro Zoll

dwt – Dateiformat für eine Dreamweaver-Vorlage

Ebene – siehe AP-Element

Extension – *Erweiterung*; Programmerweiterungen finden Sie auf der Adobe-Website bzw. unter Befehle / Mehr Befehle in der Menüleiste.

Firewall – Sicherheitseinrichtung (Soft- und / oder Hardware), um das interne Netz eines Unternehmens (Intranet) vom externen Internet zu trennen.

Fließtext – Bezeichnung für Absätze und längere Textblöcke

Frame – *Rahmen*; Frames bestehen aus zwei Teilen: einem Frameset und den Inhaltsdokumenten, den eigentlichen Frames. Im Frameset ist definiert, welche Dokumente angezeigt werden und wo diese mit welchem Umfang platziert sind. Die Frameset-Datei legt die Struktur der sichtbaren Dokumente (Frames) fest. Ein Frame ist also ein einzelnes Dokument. Das Frameset als eine Art Kontrollinstanz agiert im Hintergrund und hält die Dokumente zusammen. Das Frameset wird auch als **übergeordneter Frame** bezeichnet und ein Frame als **untergeordneter Frame**. Frames werden zunehmend durch CSS-Layouts ersetzt.

Frameset – siehe Frame

FTP – Das *File Transfer Protocol* ist ein standardisiertes Verfahren, um Dateien in Netzwerken zu übertragen. Per FTP können Webdokumente auf den Server kopiert oder von dort heruntergeladen werden.

GIF – Dateiformat von CompuServe, das bis zu 256 Farben und transparente Bild-Bereiche speichern kann.

Headline – Überschrift

Hexadezimalcode – Mit diesem Code können bis zu 16,7 Millionen Farben definiert werden. Jede Farbdefinition ist sechsstellig und nach dem Muster #XXXXXX aufgebaut. Dabei werden als 16 Ziffern 0-9 und die Buchstaben A-F verwendet. Für jeden Farbwert (Rot, Grün, Blau) stehen zwei Ziffern zur Verfügung. Sind zwei Ziffern identisch wird in der kurzen Schreibweise jeweils eine eingespart und so nur durch drei Stellen dargestellt (#XXX).

Homepage – Einstiegsseite eines Internet- oder Intranetauftritts; Erscheint, wenn man die eingegebene Adresse (URL) aufruft.

Host, Hosting – *Gastgeber*; Bezeichnung für einen Server in einem Netzwerk

Hotspot – siehe Imagemap

HTML – *Hypertext Markup Language*; Führende Sprache im Web. Dokumentenbeschreibungs- bzw. Auszeichnungssprache, die Hyperlinks unterstützt.

Hyperlink (Link) – Verweis von einer Webseite zu anderen Dokumenten, bestimmten Textstellen oder zu einer E-Mail-Adresse

Hypertext Markup Language – siehe HTML

Icon – Symbolbild

IE – *Internet Explorer*, Webbrowser von Microsoft

Imagemap – Bild, in dem einzelne Bildbereiche (sog. Hotspots) definiert worden sind. Diese Hotspots sind jeweils mit unterschiedlichen Seiten verlinkt.

Intranet – Ein abgeschlossenes Rechner-Netzwerk, das wie ein kleines, eigenständiges Internet funktioniert. Meist ist es mit dem Internet zwar verbunden, aber durch Firewalls gesichert und nur einem exklusiven Nutzerkreis zugänglich.

IPv6 – *Internet Protocol Version 6*, Standard für den Datentransfer im Web

Java – Objektorientierte, plattformübergreifende Programmiersprache, die von Sun Microsystems entwickelt wurde und auf C++ basiert.

Java Applet – Kleines Java-Programm, das für den Einsatz im Web programmiert wird.

JavaScript – Skriptsprache, die vom Browser interpretiert und ausgeführt wird. Mit JavaScript lassen sich interaktive Elemente einer Webseite programmieren. Mit dem Bedienfeld VERHALTEN können Sie den entsprechenden Code sehr einfach erstellen.

JPG, JPEG – Von *Joint Photographic Experts Group* entwickeltes Bildformat, das bis zu 16 Millionen Farben und damit gute Detaildarstellung unterstützt. Allerdings gehen mit der Komprimierung auch Farb-Informationen verloren. Je stärker Sie ein JPG komprimieren, desto kleiner wird zwar die Dateigröße, aber gleichzeitig gehen immer mehr Farben verloren. Das Bild wird unscharf und verpixelt.

KB – Kilobyte (= 1.024 Byte; 1 Byte = 8 Bits)

Kbps – *Kilobits per second*; Maßangabe für die Übertragungsrate.

Layer – siehe AP-Element

Link – siehe Hyperlink

Logo – Firmenzeichen, Wort- / Bildmarke eines Unternehmens

MouseOver – siehe Rollover

Plug-In – Zusatzmodul für eine Software, das direkt in die Oberfläche eingebaut ist. Beispielsweise können Flash-Animationen nur abgespielt werden, wenn das Flash-Plug-In im Browser installiert ist.

PNG – Bildformat, das Indexfarben-, Graustufen-, True-Color-Bilder und Alpha-Kanal unterstützt. Durch die Komprimierung entsteht kein Qualitätsverlust. Auch ist das Format nicht auf eine bestimmte Anzahl von Farben beschränkt. Allerdings wird das PNG-Format nicht einheitlich interpretiert.

Provider – Anbieter von Speicherplatz auf einem Webserver

Remote-Site – *Entfernte Dateien*, die auf dem Server, dem Remote-Server (Webserver) abgespeichert sind und auf die nur online zugegriffen werden kann.

Rollover – Bild, das sich ändert, wenn man im Browser den Mauszeiger darüber bewegt. Ein Rollover besteht aus mindestens zwei Bildern: dem primären Bild (dieses Bild wird angezeigt, wenn die Seite geladen wird) und dem Rollover-Bild, das nach einer Aktion des Users angezeigt wird.

Root-Verzeichnis – *Stammordner* oder Hauptverzeichnis, in dem alle Site-Dateien auf Ihrem Server abgespeichert sind. Es handelt sich also um das Verzeichnis auf der obersten Ebene.

Screenreader – *Bildschirmlesegerät*, das von sehbehinderten Menschen eingesetzt wird und den Inhalt von Webseiten wiedergibt.

Screenshot – *Bildschirmschuss*; Abbildung des Bildschirmes bzw. eines Teils. In diesem Buch finden Sie zahlreiche Abbildungen, die so entstanden sind.

Scrollen – Ein Dokument über die Pfeiltasten oder den Scrollbalken am rechten oder unteren Rand vertikal oder horizontal bewegen.

Server – Rechner, der in einem Netzwerk Daten, Programme oder Dienste für Client-Rechner zur Verfügung stellt. Wird eine Website auf einem Server bereitgestellt, kann sie aus dem Netz abgerufen werden.

SGML – *Standard Generalized Markup Language*, normierte verallgemeinerte Auszeichnungssprache (z. B. HTML)

Shortcut(s) – Tastaturkurzbefehl(e), z. B. $\boxed{\text{Strg}}$ + $\boxed{\text{C}}$

Site(s) – siehe Website

Site-Root – Stammordner, in dem alle Site-Dateien auf Ihrem Server abgespeichert sind.

Skalieren, Skalierung – Die Höhe und / oder Breite eines Bildes oder eines anderen Seitenelementes ändern (vergrößern / verkleinern).

Skriptsprache – Der Code dieser einfachen Programmiersprache (z. B. JavaScript) wird nicht kompiliert, sondern vom Browser interpretiert.

Sound – Audiodateien / Tondokumente

Stammverzeichnis – siehe Root-Verzeichnis

Tag – HTML-Element zur strukturellen Beschreibung einer Webseite; Häufig umschließen ein öffnendes und ein schließendes Tag eine zu formatierende Dokumentenstelle:

```
<b>Dieser Text wird fett geschrieben.</b>
```

Template – Layout-Vorlage für mehrere Webseiten; enthält unveränderbare und bearbeitbare Elemente. Vorlagen werden in Dreamweaver im DWT-Format abgespeichert.

TMG – Telemediengesetz

Tracing-Bild – Grafik, die im Hintergrund der Webseite platziert wird, damit die tatsächliche Webseite leichter nachgebaut werden kann. Diese Seiteneigenschaft stellt der Webbrowser nicht dar.

Traffic – Verkehr, gemeint ist der Datentransfer zwischen zwei Rechnern

Trial – Versuch, Probe; Testversion einer Software, die zeitlich befristet funktionsfähig ist.

Upload – Dateien und Verzeichnisse auf einen entfernten Rechner (Remote-Server) hochladen bzw. kopieren. Gegenteil von Download (Herunterladen).

URL – *Uniform Resource Locator;* Adressformat, nach dessen Standarddefinition alle Webadressen gleich aufgebaut sein müssen
```
(Dienst://Server/Domain.TopLevelDomain/Verzeichnis/Datei);
```
z. B. `http://www.susanne-rupp.de/publikationen/publikationen.htm`

323

User – *Anwender*; Jemand, der durch das Web (Internet, Intranet) surft. Ein User ist der Besucher Ihrer Webseite.

Web – Abkürzung für *World Wide Web*, vgl. auch WWW

Webpage – siehe Webseite

Webseite – Eine einzelne HTML-Seite.

Webserver – Software, die vom Browser angeforderte Seiten zur Verfügung stellt und zuschickt (z. B. Internet Information Server, Apache-Webserver).

Website – Beinhaltet alle Webseiten und Dokumente eines Webauftritts, die miteinander verbundenen (verlinkt) sind. Der Begriff Website wird häufig mit Site abgekürzt.

Webspace – Speicherplatz auf dem Webserver eines Providers

World Wide Web – siehe WWW

WWW – *World Wide Web*; Multimedia-Dienst im Internet. Verteiltes Hypertext-Informationssystem auf Client/Server-Architektur über HTTP-Protokoll.

WYSIWYG – *What You See Is What You Get*; Editor mit einer grafischen Benutzeroberfläche. Das, was Sie in der Anwendung (Dreamweaver) erstellen und sehen, wird genauso auf der Website erscheinen. Allerdings kann es Unterschiede bei den einzelnen Browsern geben.

XHTML – *Extensible Hypertext Markup Language*; XHTML folgt den Standards von HTML, berücksichtigt aber gleichzeitig die strikte XML-Syntax. XHTML ist abwärtskompatibel und kann auch von Geräten gelesen werden, die XML (*Extensible Markup Language*) interpretieren können.

XML – *Extensible Markup Language*; Markup-Sprache für strukturierte Dokumente, in der individuelle Tags definiert werden können; basiert auf SGML.

Zwischenablage – Computerspeicher, über den Daten von einer Anwendung in eine andere kopiert werden.

Stichwortverzeichnis